OPEN HOUSE 2

jovis

OPEN HOUSE 2

**Gestaltungskriterien
für eine neue Architektur**

**Design Criteria
for a New Architecture**

Florentine Sack

jovis

EINLEITUNG

Open House bedeutet wörtlich, sein Haus für andere Menschen zu öffnen, Großzügigkeit, Gastfreundschaft und Gemeinschaft zu üben. Der Begriff beschreibt darüber hinaus eine grundlegende Haltung, die den Menschen nicht getrennt von seiner
Umwelt, sondern in Beziehung mit dieser begreift: ein „offenes Haus" also, das nicht
unabhängig ist von, sondern verbunden mit unserem Lebensraum, mit einer sich
ständig wandelnden Natur und den unscheinbaren, aber wichtigen alltäglichen Dingen des Lebens. Eine Architektur, die dieses Konzept des offenen Hauses verwirk-
licht, kann uns die Gesamtzusammenhänge unseres Universums erleben lassen.
Der allumfassende Zusammenhang unserer Welt, der Einklang von Mensch und
Umwelt kann nur eine selbsterfahrene Erkenntnis sein, die durch unterschiedliche Umstände ausgelöst und wiederum von jedem Menschen individuell erlebt
wird. Sie ist jedoch grundsätzlich überall möglich und kann durch eine bewusste
Gestaltung evoziert werden. Nach einer solchen Erfahrung streben alle Religio-
nen, aber auch Kunst und Architektur. Das Streben nach Schönheit, dem Erhabe-
nen, einem tieferen Sinn sowie Transzendenz sind Erfahrungsmöglichkeiten, zu
denen sich in der Architektur ein Zugang eröffnen lässt. Immer schon versuchten
herausragende Architekten, mit ihren Bauwerken einen offenen Raum zu schaffen, der eine mystische Erfahrung ermöglicht, indem er die Grenzen zwischen
Mensch und Umwelt, Innen und Außen aufhebt und in dem alles gleichzeitig und
miteinander verbunden existiert. All diese Inhalte sind einer ganzheitlichen Erfahrung zuzuschreiben, also sinnlich und geistig, intuitiv und intellektuell zu gleichen
Teilen. Diese Möglichkeit der ganzheitlichen Erfahrung – die unabhängig ist von
Bauaufgabe, kulturellem Kontext und lokalen Begebenheiten – verstehe ich als
Indikator für hohe Qualität und zeitlose Schönheit der Architektur. Erst durch die
bewusste Wahrnehmung des allumfassenden Zusammenhangs entsteht Sicher-
heit und Freiheit in der Baukunst.
Die Architektur kann uns diesen Zusammenhang besonders erfahrbar machen;
ihre immanente Kraft wirkt ständig und überall auf uns ein. Im Gegensatz zu den
anderen bildenden Künsten können wir uns der Architektur nicht entziehen, da sie
unseren gesamten alltäglichen Lebensraum prägt. Somit beeinflusst sie als Kunst
unser Selbstverständnis und trägt gleichzeitig in hohem Maße Verantwortung für
die Entwicklung der Gesellschaft. Denn unser gesamtes menschliches Sein reagiert
auf den gebauten Raum, wird durch ihn geprägt und geformt. Alle Künste arbeiten
als Spiegel und Erweiterung der menschlichen Wahrnehmung, in der Architektur
aber stellt das Produkt, der Raum, eine Erweiterung des menschlichen Körpers,
eine zweite Hülle dar. Architektur wird also mit allen Sinnen erfasst, sie fließt in uns
und durch uns hindurch, hinterlässt Eindrücke und löst unterschiedlichste Empfin-
dungen aus. Die Konstruktion und Beschaffenheit des Raumes hat Einfluss darauf,

INTRODUCTION

Open House literally means to open the house for other people, to practice generosity, hospitality, and community. The term also describes a fundamental attitude that understands people as not isolated from the environment, but in relationship to it: thus, an "open house" that is not independent of, but connected to our living space, to constantly changing nature, and to the inconspicuous yet important things in everyday life. An architecture that realizes this concept of the open house can allow us to experience the overall context of our universe.

The all-encompassing context of our world—the harmony between human beings and the environment—can only be an experiential insight that is triggered by different circumstances and in turn experienced by each person individually. In principle, however, it is possible everywhere and can be evoked by conscious design. All religions, but also art and architecture, strive for such an experience. The pursuit of beauty, the sublime, a deeper meaning, and transcendence are possibilities of experience, to which architecture can open access. With their buildings, prominent architects have always tried to create an open space that enables a mystical experience, by removing the boundaries—between humans and the environment, between interior and exterior—and in which everything exists simultaneously and interconnectedly. All of which is attributable to a holistic experience, thus sensory and spiritual, intuitive and intellectual in equal parts. I understand this possibility of the holistic experience—which is independent of the building task, cultural context, and local occurrences—as an indicator of the high quality and timeless beauty of architecture. Only through the conscious perception of the all-encompassing context can security and freedom emerge in architecture.

Architecture can make this context particularly tangible for us; its immanent force affects us constantly and everywhere: in contrast to the other visual arts, we cannot elude architecture, because it shapes our entire everyday living environment. Thus, as art it affects our self-image and, to a large extent, simultaneously bears responsibility for the development of society, because our entire human existence reacts to the built environment and is shaped and molded by it. All art acts as a mirror and extension of human perception, but in architecture the product—the space— represents an extension of the human body, a second shell. Hence, architecture is detected with all of the senses, it flows in us and through us, leaves behind impressions, and triggers highly diverse sensations. The design and quality of the space influences how people feel within it, how they relate to themselves and to their environment. I consider architecture's highest aim to be in drawing attention to this connection between people and the environment, and strengthening it.

An attitude that emphasizes connecting, even if separates when necessary, is a sign of cultivation. It is the basis for hospitality, exchange, and cultural diversity.

wie der Mensch sich in ihm fühlt, in welchem Bezug er zu sich selbst und zu seiner Umwelt steht. Auf diese Verbindung zwischen Mensch und Umwelt aufmerksam zu machen, sie zu verstärken, sehe ich als höchstes Ziel der Architektur.

Eine Haltung, die Verbindendes betont, auch wenn sie notwendig Trennendes bereitstellt, ist Zeichen von Kultiviertheit. Sie ist Grundlage für Gastfreundschaft, Austausch und kulturelle Vielfalt. Integration und Austausch haben historisch zur Entwicklung aller Kulturen beigetragen. Sie sind notwendig für das Leben in einer globalisierten Welt, da im vielfältigen Miteinander Verständnis und Toleranz unerlässlich sind. Austausch ist nur im gegenseitigen Anerkennen und Wertschätzen möglich. Auch das Selbstverständnis des Menschen ist durch die Ambivalenz von Trennung und Verbindung geprägt: Der Mensch muss sich stets von anderen absetzen, um sich als unabhängiges Einzelwesen warhzunehmen, zugleich kann er nur als Teil einer Gemeinschaft und Bestandteil eines universellen Kontinuums existieren.

Es scheint, als ob uns erst im Zuge der wirtschaftlichen und kulturellen Globalisierung bewusst geworden ist, dass alles auf der Welt miteinander in Beziehung steht, dass lokale Entscheidungen oder Verhaltensweisen immer auch globale Auswirkungen haben. Unsere Kultur ist heute intensiver denn je durch gegenseitigen Austausch geprägt, jedoch unterliegt sie ebenso eindeutig den Gesetzen des Marktes: Effizienz, Angebot und Nachfrage bestimmen das Feld. Diese Kriterien können aber die gesellschaftliche Diskussion über Werte und Rahmenbedingungen nicht ersetzen. Wichtige Grundfragen des menschlichen Daseins – wie: Wer bin ich? Woher komme ich? Wohin gehe ich? – werden zunehmend vernachlässigt.

Alte Menschen hatten früher aufgrund ihrer Lebenserfahrung eine hohe Stellung in der Gesellschaft inne, heute werden sie zunehmend an den Rand gedrängt. Dabei ist unser Lebensprozess und damit auch das Altern Teil des natürlichen Gesamtzusammenhangs. Gegen diese natürlichen Vorgänge richtet sich unser ganzes gesellschaftliches System: Der Alterungsprozess unseres Körpers soll möglichst lange aufgehalten werden; zugleich versuchen wir, uns mit dauerhaften, pflegeleichten und sich nicht verändernden Materialien zu umgeben. Dieses Festhalten an einer Vorstellung ewiger Jugend und Lebensdauer entspricht einem geistigen Stillstand. Der Traum von der eigenen Unzerstörbarkeit richtet sich gegen unsere geistige und körperliche Wandlung und damit gegen uns selbst. Nur indem wir die natürlichen Prozesse akzeptieren und anerkennen, können wir zu einer Aussöhnung mit Krankheit und Tod als den unausweichlichen Bestandteilen unseres Lebens gelangen. Und erst dann können Lebensbedingungen geschaffen werden, die mit der Natur arbeiten und nicht gegen sie.

In Verbindung mit dem Ideal der ewigen Jugend steht auch der zunehmende Verbrauch der begrenzten Naturresourcen: Das diffuse Gefühl des spirituellen Mangels und der fehlenden Verbundenheit wird durch ungehemmtes Konsumverhalten kompensiert. Noch gut funktionierende Produkte werden ständig durch neuere

Integration and exchange have historically contributed to the development of all cultures. They are necessary for life in a globalized world, because understanding and tolerance are essential in diverse human interaction. Exchange is only possible when mutual recognition and appreciation are present. Even the self-image of human beings is shaped by the ambivalence of separation and connection: one must always stand out from others in order to perceive oneself as an independent individual; at the same time, one can only exist as part of a community and element of a universal continuum.

It seems as if we have become aware—only in the course of economic and cultural globalization—that everything in the world is related to each other, that local decisions and behaviors always have global impacts. Due to globalization, today our culture is more intensively shaped by mutual exchange than ever, yet it is clearly governed by the laws of the market: efficiency, supply, and demand determine the field. However, these criteria cannot replace the public debate about values and framework conditions. Important fundamental questions of human existence—such as, Who am I? Where do I come from? Where am I going?—are increasingly neglected.

Formerly, elderly people held a high position in society because of their life experience; today they are increasingly marginalized. This impacts our life process, and thus also aging as a part of the natural overall context. Our entire social system is directed against these natural processes: the aging process of our body should be delayed as long as possible; at the same time, we try to surround ourselves with durable, low-maintenance, and unchanging materials. This clinging to an idea of eternal youth and life corresponds to a spiritual standstill. The dream of our indestructibility is directed against our spiritual and physical transformation and thus against ourselves. Only by accepting and recognizing the natural processes can we come to a reconcilement with illness and death as inevitable components of our lives. And only then can living conditions be created that work with nature rather than against it.

Also connected with the ideal of eternal youth is the increasing consumption of limited natural resources: the vague feeling of spiritual deficiency and lack of connectedness is compensated by unrestrained consumerism. Products that are still in good working order are constantly being replaced by newer versions; accordingly, more and more is produced and consumed. The appreciation of the individual object diminishes.

Our cities are also increasingly shaped by commercialization and gentrification, which are aimed at short-term profits rather than long-lasting strategies. The shocking result of this profit-oriented building practice is an increasingly more monotonous mass architecture. Consequently, a profoundly inhumane development is occurring, which separates society and cannot convey appreciation, even to the winners. Appreciation is something that we as architects have to evoke today. We

Versionen ersetzt; es wird entsprechend immer mehr produziert und verbraucht. Die Wertschätzung des einzelnen Gegenstands nimmt immer mehr ab.

Auch unsere Städte sind zunehmend geprägt von Kommerzialisierung und Gentrifizierung und somit auf kurzfristigen Gewinn und nicht auf langlebige Strategien ausgerichtet. Das erschreckende Ergebnis dieser gewinnorientierten Baupraxis ist eine immer monotoner werdende Massenarchitektur. Es findet damit momentan eine zutiefst inhumane Entwicklung statt, die die Gesellschaft separiert und selbst den Gewinnern keine Wertschätzung vermitteln kann. Wertschätzung ist etwas, woran wir als Architekten heute erinnern müssen. Wir benötigen eine Diskussion über das, was uns wichtig ist, was Lebensräume angenehm macht und eine humane Umwelt ausbildet.

In der Vielfalt der freien Gesellschaft existiert kein einheitliches Weltbild mehr und deshalb auch keine verallgemeinerbare Architektursprache. Dies ist ganz natürlich; auch in der Natur gibt es jeweils den Gegebenheiten und der Zeit angepasste Lebensformen, die nicht übertragbar sind. Trotzdem ist es wichtig, in einen Dialog darüber zu treten, was wir von unserer Architektur erwarten und was sie zur Formung der Gesellschaft beitragen kann. Es geht in der Architektur letztlich immer um dasselbe: die Verbindung des Menschen mit der Umwelt, auch wenn sie zuvor erst einmal Abgrenzungen schafft, um ein geschütztes Lebensumfeld bereitzustellen. Denn das ist – wie oben schon angedeutet – Ausdruck ihrer Kultiviertheit. Es geht darum, eine Geisteshaltung zu zeigen, die Grenzen zwischen Innen und Außen zurücktreten lässt und das Verbindende im notwendig Trennenden betont. Das Bewusstsein eines großen, allumfassenden Zusammenhangs muss auf möglichst vielen Ebenen unserer Wahrnehmung erfahrbar werden, damit wir es am Leben erhalten können. Wie dies möglich ist, soll in diesem Buch gezeigt werden – anhand von Gestaltungskriterien und zeitgenössischen Beispielen, die eine Momentaufnahme einer gegenwärtigen „offenen Architektur" darstellen.

Das vorliegende Buch ist als Weiterführung meines ersten Buches *Das offene Haus – Für eine neue Architektur* (2006) konzipiert. Abgeleitet von Grundsätzen der japanischen Architektur, zeige ich darin auf, wie in der Architektur vielfältige Bezüge zwischen Mensch und Umfeld geschaffen werden können. Hierzu habe ich Gestaltungskriterien definiert, welche diese Bezüge erfassen können. *Open House 2* widmet sich erneut der Frage nach den vielfältigen Bezügen zwischen Mensch und Umfeld in der Architektur. Dabei werden überwiegend dieselben Gestaltungskriterien wie im Vorgängerband zugrundegelegt: Architektur und Natur, Gegensätze, Wandel, Innen und Außen, Ambivalenz, Unvollkommenheit, Einfachheit, Wachstum, Durchlässigkeit, Leere, Authentizität. Diese Gestaltungskriterien sollen helfen, die „offene Architektur", die Mensch und Umfeld in Beziehung setzt, verbal zu fassen und begreiflich zu machen. Internationale Gebäudetypologien aus dem Wohnungsbau, dem öffentlichen Bau und dem öffentlichen Raum werden im Hinblick auf diese Gestaltungskriterien untersucht. Sie zeigen, wie Architektur heute auf die

need a discussion about what is important to us, what makes living spaces pleasant and forms a humane environment.

In the diversity of free societies, a unified worldview no longer exists and thus no generalizable architectural language. This is quite natural, because in nature there are also in each circumstance and time, adapted life forms that are not transferable. Nevertheless, it is important to enter into a dialogue about what we expect of our architecture and what it can contribute to shaping society. Ultimately, architecture always involves the same thing: the connection of people with their surroundings, even if it previously distanced itself from them in order to provide a protected living environment. Because that is—as already mentioned above—the expression of its cultivation. It is a matter of showing an attitude that allows the boundaries between inside and outside to recede, and emphasizes the connecting in the necessarily separating. The consciousness of a large, all-encompassing context has to be ex-perienceable on as many levels of our perception as possible, so that we can keep it alive. How this is possible is to be shown in this book—based on design criteria and contemporary examples that represent a snapshot of current "open architecture."

This book is conceived as a continuation of my first book, *Open House—For a New Architecture* (2006). Derived from principles of Japanese architecture, in my first book I show how a variety of connections between people and their surroundings can be created in architecture. For this purpose, I defined design criteria that cap-tured these connections. *Open House 2* is also dedicated to this subject. Here, the same design criteria are largely applied as in the previous band: architecture and nature, opposites, change, inside and outside, ambivalence, imperfection, simplic-ity, growth, permeability, void, authenticity. These design criteria are intended to help verbally express "open architecture"—which relates people to their surround-ings—and make it comprehensible. International building typologies from residen-tial construction, public buildings, and public space are examined with regard to these design criteria; they show how architecture can respond to the diverse lives of people today, and at the same time allow an experienceable connection to the environment. They show that the language of an open house—as a representative of an open society—is as complex and varied as the places where it stands or the uses that it fulfills. Above all, they make it clear that a fine web of connections is needed to address the perception of observers and users, with their different re-spective requirements. Such a network offers us a new perspective on our environ-ment—allowing it to appear in a different light—and can even possibly open access to a transcendent dimension. Thus, a certain density of relationships enhances the quality of architecture.

"The open work ... takes on a mediating role between the abstract categories of science and the living matter of our sensibility; it almost becomes a sort of tran-scendental scheme that allows us to comprehend new aspects of the world."[1] Um-berto Eco thus formulated the power of artistic design in his book *The Open Work*.

vielfältigen Lebensumstände der Menschen eingehen kann und zugleich die Verbindung zur Umwelt erfahrbar werden lässt. Sie zeigen, dass die Sprache eines offenen Hauses, als Vertreter einer offenen Gesellschaft, so komplex und vielfältig ist, wie die Orte, an denen es steht oder die Nutzung, die es erfüllt. Vor allem machen sie deutlich, dass ein feines Netz an Bezügen nötig ist, um Betrachter und Nutzer mit ihren jeweiligen unterschiedlichen Voraussetzungen in ihrer Wahrnehmung anzusprechen. Solch ein Netz eröffnet uns einen neuen Blick auf unsere Umgebung, lässt sie uns in einem anderen Licht erscheinen und kann sogar eventuell einen Zugang in eine transzendente Dimension eröffnen. Gerade eine gewisse Dichte an Bezügen steigert somit die Qualität von Architektur.

„Ein offenes Kunstwerk … vermittelt zwischen der abstrakten Kategorie der Wissenschaft und der lebendigen Materie unserer Sinnlichkeit und erscheint so als eine Art von transzendentalem Schema, das es uns ermöglicht, neue Aspekte der Welt zu erfassen."[1] So formulierte Umberto Eco die Kraft künstlerischer Gestaltung in seinem Buch *Das offene Kunstwerk*. Auch die Architektur hat eine künstlerische Dimension, welcher sie sich bewusst bedienen kann. Und es ist die Aufgabe von uns Architekten, sich aktiv einzubringen, da wir mit unserer „Kunst" die Lebensumwelt maßgeblich mitgestalten. Wie es die Künstlerin Patti Smith 2012 in einem Interview in Louisiana forderte: „We don't need artists mirroring the world, we need artists transforming the world."[2] Zu dieser Veränderung will dieses Buch selbst etwas beitragen, vor allem aber Anstoß für eigene Umsetzungen geben.

---

1   Umberto Eco: *Das offene Kunstwerk*. Suhrkamp 1977, S. 165
2   Patti Smith, Louisiana Literature Festival 2012, Interview mit Christian Lund:
    Patti Smith: I will always live like Peter Pan. https://www.youtube.com/
    watch?v=b6nlhaagnbA

Architecture also has an artistic dimension, of which it can consciously avail itself. Moreover, it is our task as architects to participate actively, because with our "art" we help shape the living environment significantly. As the artist Patti Smith proclaimed in an interview in Louisiana 2012: "We don't need artists mirroring the world, we need artists transforming the world."[2] This book also wants to contribute something to this change, but above all to provide an impetus for one's own implementations.

———

1   Umberto Eco, *The Open Work* (Cambridge, MA: Harvard University Press, 1989), 90.
2   Patti Smith, Louisiana Literature Festival 2012, Interview with Christian Lund: Patti Smith: I will always live like Peter Pan. https://www.youtube.com/watch?v=b6nIhaagnbA (accessed April 25, 2016).

GESTALTUNGSKRITERIEN

Um die architektonischen Gestaltungsmöglichkeiten für eine offene Architektur verstehen und vermitteln zu können, werden hier eine Reihe von Gestaltungskriterien vorgestellt, welche sie verbal zu erfassen und begreiflich zu machen suchen. Wo sich Gestaltungskriterien überlagern, wird im Text über ein Kriterium auf das jeweils andere verwiesen. Die Kriterien greifen einzelne Aspekte der Gestaltung heraus, die vom Betrachter in seiner Wahrnehmung immer als Ganzes erfasst wird. Sie sind als Annäherung zu verstehen an eine Erfahrung, die erst im Zusammenwirken von Objekt und Betrachter entsteht. Die Kriterien werden jeweils kurz theoretisch erläutert und ihre Anwendung anhand von drei architektonischen Beispielen verdeutlicht, wobei auch ihre Wirkung auf den Betrachter und Nutzer in Einzelaspekten und Eigenschaften beschrieben wird. Die teils sehr unterschiedlichen Beispiele verdeutlichen, dass die Kriterien in ihrer Anwendung formal zu sehr unterschiedlichen Umsetzungsmöglichkeiten führen können. So bildet sich eine architektonische Sprache, die im Gegensatz zu Christopher Alexanders „Pattern Language" nicht formal durch Muster festgelegt und somit vielseitiger anwendbar ist.
Architektur und Natur ist das allgemeinste meiner Gestaltungskriterien und dient als eine Einführung in alle anderen. Authentizität stellt eine Art Zusammenfassung aller Kriterien dar und steht daher am Schluss.

Architektur und Natur
Unsere Natur bietet ein Repertoire an unterschiedlichen Formen, Strukturen, Materialien, Größen und Farben. Dem kann die Architektur durch ihre Konstruktionsweise und durch die Verwendung fragmentarischer oder wandelbarer Elemente entsprechen. Wenn der Architektur diese Entsprechung gelingen soll, muss sie die zwei Grundprinzipien des menschlichen Geistes beachten: das intuitive ganzheitliche Erfassen und das rationale Auswerten. Die instinktive Wahrnehmung erfolgt vor jeglicher intellektueller Betrachtung. Sie ist unabhängig von Bildung oder Intelligenz und eminent wichtig, um die unmittelbare Wirkung der Architektur zu erfahren. Weist ein Gebäude vielschichtige Bezüge auf, erhöht dies die Wahrscheinlichkeit, in ihm intuitiv die Einheit der Natur zu erkennen und sich als Teil derselben zu empfinden. Neben einer Entsprechung der natürlichen Vielfalt in Größen, Formen, Materialien, Strukturen und Farben lässt sich der Bezug von Mensch und Umwelt in der Architektur auch durch ein Ineinandergreifen von architektonischem und natürlichem Raum erreichen, durch das Zurücktreten von tatsächlichen Grenzen und das Betonen von Verbindungen. Inbesondere in einem städtischen Umfeld ist der architektonische Bezug auf die Natur wichtig, da natürliche Lebewesen und Objekte wie Tiere, Pflanzen und Landschaftsformationen

DESIGN CRITERIA

In order to understand and communicate the architectural design possibilities for an open architecture, a series of design criteria are presented here, which aim to grasp them verbally and make them comprehensible. Where design criteria overlap, this will be cross-referenced in the text. The criteria single out individual aspects of the design, which are comprehended from the observer's perception as a whole. They should be regarded as an approach to an experience that arises only in the interaction between object and observer. The criteria are each briefly discussed theoretically and their application illustrated based on three architectural examples, whereby their effect on the observers and users is described in individual aspects and properties. It is made clear with these, in part, very different examples, that in their application the criteria can formally lead to very different implementation possibilities. Thus, an architectural language evolves that—in contrast to Christopher Alexander's *Pattern Language*—is not formally fixed by patterns and therefore more versatile.

"Architecture and nature" is the most general of my design criteria and serves as an introduction to all of the others. "Authenticity" represents a kind of summary of all the criteria and it thus comes at the end.

Architecture and Nature

Nature offers a repertoire of different shapes, structures, materials, sizes, and colors. Architecture can correspond to this with its construction method and with the use of fragmentary or changeable elements. If architecture is to succeed in this correlation, it has to consider two basic principles of the human mind: intuitive holistic understanding and rational evaluation. The instinctive perception takes place prior to any intellectual consideration. It is independent of education or intelligence, and extremely important to experience the direct effect of the architecture. If a building displays multifaceted relationships, this increases the likelihood of intuitively recognizing in it the unity with nature and perceiving oneself as part of the same. In addition to a correlation of the natural diversity in sizes, shapes, materials, textures, and colors, the relationship of people and the environment is also achieved in architecture through an interlocking of architectural and natural space, the receding of actual boundaries, and the emphasizing of connections. The architectural relationship to nature is particularly important in an urban environment, because natural creatures and objects—such as animals, plants, and landscape formations—are scarce. Qualities can be introduced through architecture, which would otherwise be entirely absent.

In our buildings, the natural diversity of sizes should be found as much as possible, so that they correspond to the balance of the surroundings, and one can perceive

rar sind. Durch die Architektur können Qualitäten eingebracht werden, die sonst gänzlich fehlen würden.

In unseren Bauten sollte sich die natürliche Vielfalt der Größen möglichst wiederfinden, damit diese dem Gleichgewicht der Umgebung entsprechen und der Mensch in harmonischer Balance Gebäude und Umfeld wahrnehmen kann. Umfasst ein Gebäude in seiner Außenform und im Maß seiner einzelnen Bauteile auch kleinere Bezugsgrößen wie das menschliche Körpermaß oder pflanzliche Größenverhältnisse, so entsteht eine Verbindung zu den vielfältigen Maßstäben der Natur und das Haus fügt sich angenehm in seine weitere Umgebung ein.

Zusätzlich zu seiner Größe kann sich ein Gebäude durch seine Form in die Landschaft oder städtische Umgebung einfügen. Hierzu kann es traditionelle Bautypologien, landschaftliche Elemente oder die Typologie des städtischen Kontextes aufgreifen. Die Beschaffenheit von Oberflächen, Stützen oder Verstrebungen kann beispielsweise Bezüge zu Bäumen im direkten Umfeld schaffen, die Gesamtform oder das Dach etwa zu Landschaftsformationen der Umgebung. Die natürlichen Erscheinungsformen der Pflanzen- und Tierwelt sind von höchster Effizienz, Stabilität und Eleganz; da sie mit den heutigen technischen Möglichkeiten in allen Materialien nachbildbar sind, bieten sich uns unzählige Bezugsmöglichkeiten.

Auch über natürliche Materialien wird ein direkter Bezug zur Landschaft und zum menschlichen Körper hergestellt. Hierbei spielen die Alterungsprozesse der Materialien eine wichtige Rolle. Sie zeugen nicht nur vom steten Wechsel der Jahreszeiten, sondern auch vom immer währenden Werden und Vergehen. Nur durch die Annahme dieser Prozesse und das bewusste Leben mit ihnen können wir zu innerer Ruhe finden. Aus diesem Grund ist es wichtig, von Materialien umgeben zu sein, die diesen Alterungsprozess zulassen, im Gegensatz zu solchen, die ihm scheinbar nicht ausgesetzt sind. So entsteht eine Achtung vor der Natur und ein Bewusstsein für uns selbst.

Die Grenze zwischen natürlichen und künstlich hergestellten Materialien kann nicht immer eindeutig gezogen werden. Verspiegelte Säulen – ein künstlich hergestelltes Bauteil – können beispielsweise die Wirkung des Hindurchfließens, die Verbindung und Verschmelzung mit der Landschaft, die Ambivalenz von Innen und Außen verstärken. Dennoch sollte das uns umgebende Material zum größten Teil natürlich sein. Nur so kann die Tatsache, dass auch wir ein Teil der Natur sind, adäquat gespiegelt werden. Denn die an unserer Haut sichtbaren Lebensspuren finden in natürlichen und künstlichen Materialien verschiedene Entsprechungen. Das Gefühl des Unbehagens, das uns in einer künstlichen Umgebung beschleicht, rührt daher, dass sich unsere äußere Wahrnehmung auf die innere Wahrnehmung überträgt. Wirft dieser „innere Spiegel" ein Zerrbild zurück, haben wir Schwierigkeiten, unseren Standort zu bestimmen.

Jedes Element der Natur ist gleichzeitig vollkommen und unvollkommen. Die Unzulänglichkeiten nötigen es zur Interaktion mit anderen Elementen, was wiederum

buildings and the environment in a harmonious balance. If, in its external form and in the measure of its individual components, a building also encompasses smaller reference values—such as human body measurements or plant proportions—a connection to the diverse scales of nature emerges, and the building blends pleasantly into its wider environment.

In addition to its size, a building can blend into the landscape or urban environment through its form. For this purpose, it can pick up on traditional building typologies, landscape elements, or the typology of the urban context. For example, the texture of surfaces, supports, or braces can provide references to trees in the immediate environment, or the overall form of the roof to the surrounding landscape formations. The natural manifestations of flora and fauna are of the highest efficiency, stability, and elegance: because with the current state of technology they are reproducible in every material, they present us with countless relationship possibilities.

A direct relationship to the landscape and the human body is also produced through natural materials. Here, the aging processes of materials play an important role. They testify not only to the constant changing of the seasons, but also perpetual becoming and decaying. Only by accepting these processes and the conscious life with them can we find inner peace. For this reason, it is important to be surrounded by materials that allow this aging process, as opposed to those that are apparently not subjected to it. Thus emerges a respect for nature and an awareness of ourselves.

The boundary between natural and artificial materials is not always clearly drawn. For example, mirrored columns—an artificially produced building component—can intensify the effect of the flowing through, the connecting and merging with the landscape, the ambivalence of interior and exterior. Nevertheless, the material that surrounds us should for the most part be natural. This is the only way that the fact that we are a part of nature can be adequately reflected. Because the life traces visible on our skin find different correlations in natural and artificial materials. The sense of unease that creeps over us in an artificial environment is thus based on the fact that our external perception is transferred to the internal perception. This "internal mirror" reflects a distorted image, we find it difficult to determine our location.

Each element of nature is perfect and imperfect at the same time. The imperfections urge it to interact with other elements, which in turn lead to a momentary perfection of the whole. This can also be a model for architecture: a defect or an imperfection creates an open dynamic from which something new can emerge. In contrast, true perfection is always static.

Despite their constant repetition, all of nature's phenomena are absolutely unique. Every day the sun goes down, and yet each sunset is different. In an apple orchard, the trees can be planted according to fixed rules, yet they constantly develop their individual form. With industrialization, the use of standard sizes spreads. But in an architecture of mass production, human beings also feel like a mass product,

zu einer momentanen Vollkommenheit des Ganzen führt. Auch dies kann Vorbild für die Architektur sein: Ein Mangel oder eine Unvollkommenheit erzeugt eine offene Dynamik, aus der etwas Neues entstehen kann. Reine Perfektion dagegen ist immer statisch.

Trotz ihrer stetigen Wiederholung sind alle Erscheinungen der Natur absolut einmalig. Jeden Tag geht die Sonne unter und doch ist jeder Sonnenuntergang anders. In einer Apfelplantage können die Bäume nach festen Regeln gepflanzt sein, sie entwickeln dennoch immer ihre individuelle Form. Mit der Industrialisierung verbreitete sich die Verwendung genormter Größen. Aber in einer Architektur der Massenproduktion fühlt sich auch der Mensch als Massenware, weil sie seiner Individualität nicht entspricht. Ein Kompromiss zwischen Normung und gänzlich individuellen Eigenschaften findet sich in der traditionellen japanischen Modulbauweise. Sie bezieht feste Normen zunächst auf das Maßsystem und das Material des Hauses, in ihrer völlig freien Anordnung lässt sie jedoch Raum für die natürliche Vielfalt und Einzigartigkeit.

Sowohl Regularität als auch Irregularität sind also natürliche Phänomene. Regularität bestimmt die zeitbezogenen natürlichen Phänomene wie Tageslicht, Wechsel der Jahreszeiten und Mondzyklen. Regularität oder Symmetrie fallen uns an

ICD/ITKE Research Pavilion, Stuttgart, 2011,
Achim Menges und and **Jan Knippers**

because this type of architecture does not correspond to a person's individuality. A compromise between standardization and entirely individual properties can be found in traditional Japanese modular construction. It initially relates fixed standards to the measuring system and the material of the house; however, in its completely free arrangement, it allows space for natural diversity and uniqueness.

Hence, both regularity and irregularity are natural phenomena. Regularity determines the time-related natural phenomena such as sunlight, changing seasons, and lunar cycles. At the first glance at natural objects, regularity or symmetry gets our attention—for instance, the symmetrical structure of trees, leaves, or the human body. In contrast, we perceive irregularity or asymmetry only in the course of a more detailed examination. Nevertheless, irregularity determines the most shapes and surfaces of nature, connections, growth, and transformation of many physical formations, as well as unforeseeable events. Irregular structures in architecture can evoke a direct relationship between people and nature, because they correspond to the character of natural forms, blend in easily, and can adapt to different surroundings and changes of life. Spatial boundaries function diffusely in these structures, because they cannot be clearly grasped visually. Thus, they create a close connection between places, interior and exterior, people and the environment.

A building can feature in its supporting structure, organizational structure, structure of individual components, or structure of surfaces, parallels to structures of nature or the local environment. On the one hand, these parallels may arise through the construction, and on the other, through construction principles. In bionics, for instance, natural principles, structures, and processes are transferred to the field of technology. Parameters are converted into mathematical formulas. Thus, computer models can be controlled and modified, and highly complex designs generated. Due to modern production engineering, these designs are also materially feasible—as the fascinating pavilions by Achim Menges at the Institute for Computational Design at Stuttgart University clearly indicate:

The ICD/ITKE Research Pavilion by Achim Menges and Jan Knippers was developed based on the shell of a sea urchin. From this small-scale biological structure, an impressively beautiful lightweight plywood construction was made with digital development and production methods. It consists of interdigitated polygonal plates. Three segments always converge at one point, which produces high stability. The pavilion from 2011 is part of a series of test buildings and appropriately continues Frei Otto's research at the Stuttgart Institute for Lightweight Structures and Conceptual Design.

The Liyuan Library was built in 2011 in Huairou, a mountainous suburb of Beijing. Even as a cubic structure with a steel skeleton, the library shows subtle references to nature. Thus, the glass façade is overlaid with a sun shield of fine, vertically arranged branches. This is inspired by bundles of brushwood that are typical in the

natürlichen Objekten auf den ersten Blick auf, wie etwa die symmetrische Struktur von Bäumen, Blättern oder des menschlichen Körpers. Irregularität oder Asymmetrie nehmen wir dagegen erst bei einer detaillierteren Betrachtung wahr. Trotzdem bestimmt Irregularität die meisten Formen und Oberflächen der Natur, Verbindungen, Wachstum und Wandel von vielen physischen Formationen sowie unvorhersehbare Ereignisse. Irreguläre Strukturen in der Architektur können eine direkte Beziehung zwischen Mensch und Natur hervorrufen, da sie mit dem Charakter natürlicher Formen korrespondieren, sich leicht einfügen und sich an verschiedene Umgebungen und Veränderungen des Lebens anpassen können. Räumliche Grenzen sind in diesen Strukturen diffus, da sie sich visuell nicht klar fassen lassen. So erzeugen diese Strukturen eine nahe Verbindung zwischen Orten, Drinnen und Draußen, Mensch und Umgebung.

Ein Gebäude kann in seiner Tragstruktur, Organisationsstruktur, der Struktur einzelner Bauteile oder der Oberflächenstruktur Parallelen zu Strukturen der Natur oder des lokalen Umfelds aufweisen. Zum einen können diese Parallelen durch den Aufbau, zum anderen durch Konstruktionsprinzipien entstehen. In der Bionik etwa werden natürliche Prinzipien, Konstruktionen und Verfahren in das Feld der Technik übertragen. Parameter werden in mathematische Formeln umgewandelt. So lassen sich Computermodelle steuern und variieren und hochkomplexe Entwürfe generieren. Aufgrund moderner Fertigungstechniken sind diese Entwürfe auch materiell umsetzbar, wie sich an den faszinierenden Pavillons von Achim Menges am Institute for Computational Design der Universität Stuttgart gut erkennen lässt:

Der ICD/ITKE Research Pavilion von Achim Menges und Jan Knippers wurde auf Grundlage der Schale eines Seeigels entwickelt. Aus dieser biologischen Kleinstruktur wurde mit digitalen Entwicklungs- und Fertigungsmethoden ein beeindruckend schöner Leichtbau aus Sperrholz gefertigt. Dieser besteht aus miteinander verzahnten polygonalen Platten. Immer drei Segmente laufen in einem Punkt zusammen, was eine hohe Stabilität erzeugt. Der Pavillon von 2011 steht in einer Reihe von Versuchsbauten und setzt zeitgemäß Frei Ottos Forschung am Stuttgarter Institut für Leichte Flächentragwerke fort.

Die Liyuan-Bibliothek wurde 2011 in Huairou, einem bergigen Vorort Pekings errichtet. Auch als kubischer Baukörper mit einem Stahlskelett zeigt die Bibliothek feine Referenzen an die Natur. So wird ihre Glasfassade von einem Sonnenschutz aus feinen vertikal angeordneten Ästen überlagert. Dieser ist von in der Gegend üblichen Reisigbündeln inspiriert. Die Äste ziehen sich in drei Reihen pro Stockwerk um das Gebäude. Sie schaffen in ihren Details einen Bezug zu den umliegenden Bäumen und als Gesamtstruktur zu den Felswänden der weiteren Umgebung. Die Beschaffenheit der vorgelagerten Außenwand wirkt unscheinbar wie bei einer einfachen Schutzhütte. Im Inneren entsteht durch sie ein schönes Licht- und Schattenspiel. Die Tragstruktur aus einem Raster dicker Holzbalken gliedert Decke und

Liyuan-Bibliothek
Liyuan Library,
Peking Beijing,
2011,
Li Xiaodong Atelier

Konzerthalle
Music Hall,
Algueña, 2011,
**COR ASOCIADOS
ARQUITECTOS**

Wände und schafft so Raum für die Bücher. Auch Boden, Sitzstufen und einige wenige Möbel sind ganz in Naturholz gehalten. So entsteht eine Umgebung, die Karton und Papier der Bücher als Produkte dieses Naturmaterials selbstverständlich in sich aufnimmt.

Die Konzerthalle von COR ASOCIADOS ARQUITECTOS (2011) in Algueña, Spanien erzielt durch die Beschaffenheit ihrer Außenwand einen wandelbaren Bezug zwischen Gebäude und Umgebung. Der rechteckige Baukörper ist komplett mit Fliesen verkleidet, die eine perlmuttartig schimmernde Oberfläche aufweisen. So entsteht eine Oberfläche, die von Ferne gesehen je nach Lichteinfall wie ein

area. The branches extend in three rows on each floor around the building. In their details, they create a reference to the surrounding trees, and as overall structure to the rock faces of the surrounding area. The quality of the upstream exterior wall functions inconspicuously, like a simple shelter. Inside, it creates a beautiful interplay of light and shadow. The supporting structure—composed of a grid of thick wooden beams—divides ceilings and walls, creating space for the books. The floor, tiered seating, and a few furnishings are all finished in natural wood. Thus, an environment emerges that, as a matter of course, internalizes the cardboard and paper of the books as products of the same natural material.

The music hall by COR ASOCIADOS ARQUITECTOS (2011) in Algueña, Spain achieves through the quality of its exterior wall, a changeable relation between building and environment. The rectangular building is completely covered with tiles, which feature a pearlescent, shimmering surface. Thus a surface emerges, which—seen from a distance and depending on the light—takes up the colors of its surroundings like a chameleon. From close up, it has the effect of a precious gem.

These three very different examples are intended to give a short insight on how a merging of architecture and nature can succeed in different ways. Using the knowledge about the impact and influence of natural elements—combined with traditional and new construction techniques—built environments can be created with a conscious and sensitive design, which harmonize with nature and effectively create space for people.

Opposites

If we assume that in nature, everything comes into being from the interaction of simultaneously existing opposites, then an architecture rich in contrast not only can correspond to the natural, but can also increase its impact. With the aesthetic means of repetition, reflection, or reduction, the diversity and uniqueness of nature can be represented architecturally. An architecture of opposites can make it clear that isolated phenomena, also in their imperfection, merge into a whole.

Let us first proceed from an ideal case: nature's most different shapes and sizes turn up again in structural design. The colors are also chosen in relation to the size ratio of the area and like the material, also correspond to the natural model. All of these components together could result in a perfect equivalent of nature. Yet, this would neglect an important aspect: the perfection of what is built is in contrast to the inadequacy of the natural individual element. Furthermore, attraction, interaction, and connection emerge precisely from this "deficiency"—which results in the perfection of nature.

Industrial mass production produces perfect parts that are completely equal to each other. As individual elements, they can—in their equality and evenness—reveal a nice contrast to nature. But they seem completely lifeless in the mass, because their perfection does not allow interaction with others.

Chamäleon die Farbigkeit ihrer Umgebung annimmt. Von Nahem wirkt sie kostbar wie ein Schmuckstück.

Diese drei sehr unterschiedlichen Beispiele sollen einen kurzen Einblick geben, wie auf verschiedene Weise eine Verschmelzung von Architektur und Natur gelingen kann. Aus dem Wissen um Wirkung und Einfluss natürlicher Elemente können, verbunden mit traditionellen sowie neuen Bautechniken, bei einer bewussten und sensiblen Gestaltung gebaute Umgebungen geschaffen werden, die mit der Natur harmonisieren und wirkungsvoll Raum für den Menschen schaffen.

Gegensätze

Wenn wir annehmen, dass in der Natur alles aus der Wechselwirkung gleichzeitig existierender Gegensätze entsteht, dann kann auch eine kontrastreich angelegte Architektur dem Natürlichen nicht nur entsprechen, sondern seine Wirkung noch steigern. Mit den ästhetischen Mitteln der Wiederholung, der Spiegelung oder der Reduktion lassen sich die Vielfalt und Einzigartigkeit der Natur architektonisch darstellen. Eine Architektur der Gegensätze kann deutlich machen,

Neues Museum, Berlin, 2009, David Chipperfield Architects + Julian Harrap

The contrast that lies in reduction can also make the richness of nature particularly clear. This does not mean the excessive abstraction of modernism, which has over-stretched reduction so that the relationship possibilities of humans to architecture, and through it the reflected nature, were completely lost. Only when these relationship possibilities are also retained in the reduction can they develop the power to increase the natural.

Neues Museum in Berlin was rebuilt by David Chipperfield Architects in collaboration with Julian Harrap and opened in 2009. A complex system was developed that connects the repair and restoration of the preserved sections, the supplement of old spaces with modern building elements and a completely new building part with each other. In the resulting conglomerate of the original state with the new installations and additions, there is an exciting balance between past and present. Each element exists independently for itself, and at the same time harmonizes with the others. With its coloring, which has been deliberately left visible, the change of time is expressed. Neues Museum is again experienceable as a whole, has been adapted to today's museum standards, and leaves room for the creativity of the observers.

Haus im Oderbruch House in the Oderbruch, Brandenburg, 2009, HEIDE & VON BECKERATH

dass sich Einzelerscheinungen auch in ihrer Unvollkommenheit zu einem Ganzen zusammenfügen.

Gehen wir zunächst vom vermeintlichen Idealfall aus: Die unterschiedlichsten Formen und Größen der Natur finden sich in der baulichen Konstruktion wieder. Auch die Farben sind in Abhängigkeit zum Größenverhältnis der Fläche gewählt und entsprechen ebenso wie das Material dem natürlichen Vorbild. All diese Komponenten könnten zusammen eine perfekte Entsprechung der Natur ergeben. Aber dabei würde ein wichtiger Aspekt vernachlässigt: Die Perfektion des Gebauten steht im Gegensatz zur Unzulänglichkeit des natürlichen Einzelelements. Und gerade aus diesem „Mangel" entsteht Anziehung, Wechselwirkung und Verbindung, was erst das Vollkommene der Natur ergibt.

Die industrielle Massenfertigung produziert perfekte, einander sich vollständig gleichende Teile. Als Einzelelemente können sie in ihrer Gleichheit und Ebenmäßigkeit einen schönen Kontrast zur Natur ergeben. Aber in der Masse wirken sie völlig leblos, weil ihre Perfektion keine Wechselwirkung mit anderem zulässt.

Auch die Gegensätzlichkeit, die in einer Reduzierung liegt, kann den Reichtum der Natur besonders deutlich machen. Wobei hiermit nicht die übersteigerte Abstraktion der Moderne gemeint ist, die die Reduktion so überspannt hat, dass die Bezugsmöglichkeiten des Menschen zur Architektur und zur durch sie gespiegelten Natur vollständig verloren gingen. Nur wenn die Bezugsmöglichkeiten auch in der Reduktion erhalten bleiben, kann sie die Kraft zur Steigerung des Natürlichen entfalten.

Das Neue Museum in Berlin wurde von David Chipperfield Architects in Zusammenarbeit mit Julian Harrap wieder aufgebaut und 2009 eröffnet. Es wurde ein komplexes System entwickelt, das die Reparatur und Restaurierung der erhaltenen Teile, die Ergänzung alter Räume durch moderne Bauteile bis hin zu einer kompletten Neubauergänzung miteinander verbindet. Im so entstandenen Konglomerat von Originalzustand mit neuen Einbauten und Ergänzungen findet sich ein spannungsvolles Gleichgewicht von Geschichte und Gegenwart. Dabei besteht jedes Element eigenständig für sich und harmoniert zugleich mit den anderen. Mit der bewusst sichtbar belassenen Farbigkeit wird der Wandel der Zeit zum Ausdruck gebracht. Das Neue Museum ist nun wieder als ein Ganzes erfahrbar, wurde den heutigen Museumsstandards angepasst und lässt Raum für die Kreativität des Betrachters.

Die Bruder-Klaus-Feldkapelle (2007, Raum Köln) wurde von Peter Zumthor für einen lokal ansässigen Landwirt als Familienkapelle realisiert. Der monolithische Baukörper steht frei in einem Feld und bildet einen interessanten Gegensatz zur Landschaft. Mit seinem asymmetrischen Grundriss und seinen leicht gekippten Wänden sieht er von jeder Seite anders aus. Die Stampfbetonwände zeigen die Schichten ihres Aufbaus in der Schalung und wechseln durch die Offenporigkeit ihrer Oberfläche je nach Witterung die Farbe. Im Gegensatz zu der relativ glatten Oberfläche der Außenwand ist die Innenwand rauh und schwarz verkohlt. Das rührt daher, dass für die Schalung der Innenseite Baumstämme zusammengebunden und am Ende hinaus gebrannt wurden. Im Inneren fühlt man sich wie in einer Grotte, in die Licht aus einer großen Öffnung von oben und aus vielen kleinen, sternengleichen Lichtpunkten in der Wandung fällt. Dieses sich an den Wänden zeigende Licht dringt durch im Lehm eingelassene Stahlrohre nach innen und wird dort durch wie Wassertropfen wirkende Kristallkugeln verstärkt. So entsteht ein unglaublich intimer, den Besucher fast magisch umhüllender Raum, der sich gleichzeitig mit seinem Firmament in die Unendlichkeit auszudehnen scheint.

Das Haus im Oderbruch, 2009 von HEIDE & VON BECKERATH fertiggestellt, ist außen schwarz und innen weiß gehalten. Aus diesen gegensätzlichen Farben am Ende des Spektrums entsteht sowohl außen als auch innen eine neutrale Atmosphäre, welche die wechselnden Farben der Natur besonders zur Geltung bringt. Das Haus entspricht in Größe und Form den Fischerhütten der Umgebung. Im Gegensatz zu deren traditioneller Backsteinbauweise kommt hier dunkel gestrichene Holzschalung zum Einsatz. Die genaue Komposition mit großflächigen Öffnungen und Schiebetüren nimmt die Form traditioneller Scheunentore auf und bildet gleichzeitig einen Kontrast zum Bestand. Dies gibt dem Wochenendhaus einen eigenständigen und zeitgemäßen Ausdruck.

Die drei Beispiele zeigen, dass gerade Gebäude voller Gegensätze der Vielfalt der Natur entsprechen können, wenn sie Elemente der Natur in sich aufnehmen oder abbilden. Ist ein Gebäude zudem stark reduziert, bildet es einen architektonischen Rahmen, in dem die umgebende Natur eine besonders starke Präsenz entfalten kann.

The Bruder-Klaus-Feldkapelle (2007, Cologne area) was realized by Peter Zumthor for a locally based farmer as a family chapel. The monolithic building stands freely in a field and forms an interesting contrast to the landscape. With its asymmetrical floor plan and its slightly tilted walls, it looks different on each side. The tamped concrete walls show the layers of their construction in the formwork and change colors through the open-porousness of their surface, depending on the weather. In contrast to the relatively smooth surface of the exterior wall, the interior wall is rough and charred black. This stems from the fact that for the interior formwork, tree trunks were tied together and burned. Thus one stands in the interior, as if in a grotto, where light falls from a large opening above through hundreds of small, star-like points in the wall. The light appearing on the walls passes through steel pipes embedded in clay, where it is amplified by crystal spheres that seem like water droplets. The result is an incredibly intimate space that almost magically envelops visitors, and at the same time seems to extend into infinity with his firmament.

The house in the Oderbruch, completed by HEIDE & VON BECKERATH in 2009, is black on the exterior and white in the interior. From these contrasting colors at each end of the spectrum, a neutral atmosphere emerges both outside and inside, which particularly showcases the changing colors of nature. The house corresponds in size and shape to the fishermen's cottages in the surrounding area. In contrast to their traditional brick buildings, darkly painted wooden formwork is used here. The precise composition, with large openings and sliding doors, takes the form of traditional barn doors, and at the same time forms a contrast to the existing buildings. This gives the weekend cottage a distinct and contemporary expression.

The three examples show that buildings, in particular, can correspond to the contrasts of nature's diversity, if they take up or reflect in themselves elements of nature. In addition, if a building is greatly reduced, it forms an architectural framework in which the surrounding nature can develop an especially strong presence.

Change

We witness change as a fundamental natural constant in our own inevitable process of life, as well as in the world around us. If architecture is designed flexibly and produces in its structure a relationship to the changes of nature, it can make a transcendent experience possible for us.

Traditional farmhouses all over the world are formed by shape, construction, and material in accordance with their surroundings. Through changeable components, the house and residents adapt to the natural changes of the seasons and times of day. The colors of the natural materials used are restrained and thus draw attention to the color changes of the surroundings, which are contingent on the season. The conscious and economical use of materials reveals its value; this is reflected in the repair and recycling of used equipment. But these architectural principles can also be found in other buildings.

Wandel

Wir erleben den Wandel als grundlegende natürliche Konstante unseres eigenen unumgänglichen Lebensprozesses ebenso wie dem unserer Umgebung. Ist die Architektur flexibel gestaltet und stellt in ihrer Struktur einen Bezug zu den Wandlungen der Natur her, kann sie uns eine transzendente Erfahrung ermöglichen.

Traditionelle Bauernhäuser stehen auf der ganzen Welt durch Form, Konstruktion und Material im Einklang mit ihrer Umgebung. Durch wandelbare Bauteile passen sich Haus und Bewohner den natürlichen Veränderungen der Jahres- und Tageszeit an. Die Farbigkeit der verwendeten natürlichen Materialien ist zurückhaltend und setzt so den jahreszeitlich bedingten Farbwandel der Umgebung in Szene. Der bewusste und sparsame Gebrauch von Materialien lässt deren Wert erkennen; dies spiegelt sich in der Reparatur und Wiederverwertung von gebrauchtem Material. Aber auch in anderen Bauten lassen sich diese architektonischen Prinzipien wiederfinden:

Das Whangapoua Strandhaus in Neuseeland ist ein auf Kufen stehender Holzkubus. Es wurde 2011 von Crosson Clarke Carnachan Architects errichtet und wird jedes Jahr aufs Neue von einem Traktor an einen Strand gezogen, wo es nur den Sommer über stehen bleibt. Es lässt sich mit Klappläden komplett verschließen oder weitgehend öffnen. Die unbehandelte Holzschalung zeigt in ihrer zunehmend ergrauenden Oberfläche Witterungsspuren und fügt sich selbstverständlich in die Landschaft ein. Im Inneren ist das Gebäude minimal ausgestattet und bietet dennoch einen großzügigen Wohnraum mit Küche, ein WC mit Dusche und Schlafplätze für fünf Personen. Das Haus ist komplett aus Holz gefertigt und mit einem Frisch- und Brauchwassertank ausgestattet. Für einen gewissen Zeitraum stellt es ein funktionierendes Refugium dar, bevor es jeweils am Ende der Saison wieder entfernt wird.

Mit seinem Nomadic Museum schaffte Shigeru Ban 2005 in New York eine vielseitig bespielbare stützenfreie Ausstellungshalle mit Seitenwänden aus Schiffscontainern. Damit entwickelte er ein System, das in der Folge in andere Städte reiste und vielerorts kopiert wurde. Das Besondere an dieser Halle ist, dass die Container als solche in der Komposition als Recyclingmaterial nicht auffallen, vielmehr ihre Farbigkeit, Offenheit und Anordnung zu dem besonderen Charakter der Architektur beitragen. So konnte sich das Nomadic Museum leicht an die lokalen Bedingungen und Anforderungen der verschiedenen Standorte anpassen.

Das Küchenmonument, 2006 erstmals von raumlaborberlin mit Plastique Fantastique in Duisburg realisiert, ist eine mobile Skulptur aus einer pneumatischen Raumhülle, welche sich aus einem kleinen mit Zinkblech verkleideten Körper heraus aufblasen lässt. Diese Skulptur wird im öffentlichen Raum zum Versammlungsort temporärer Gemeinschaften. Die Bandbreite der Nutzungsmöglichkeiten reicht vom Bankettsaal für Festessen, Konferenzraum, Kino, Konzertsaal über ein Ballhaus, einen Schlafsaal, eine Boxarena bis hin zum Dampfbad. Dieser

wandelbare Raum reiste an viele Orte innerhalb Europas, unter anderem zur Architekturbiennale 2010 in Venedig, und wurde an diesen jeweils unterschiedlich bespielt.

Wie auch immer der Prozess des Lebens in der Architektur dargestellt wird, ob durch vergängliches Material, zeitlich begrenzte Konstruktionen, wandelbare Räume oder indem unser Blick auf den Wandel der Natur gelenkt wird – will die Architektur Teil des menschlichen Lebens sein, muss sie Raum schaffen für dieses Erleben.

Innen und Außen

Um in der Architektur die Einheit des Menschen mit der Natur darzustellen, ist es von entscheidender Bedeutung, einen Bezug zwischen Innen- und Außenraum zu schaffen. Die beiden Bereiche sollten so miteinander verbunden sein, dass Unterschiede und Trennendes nicht vordergründig wahrgenommen werden. Dies wird möglich, wenn die Grenze von Haus und Umwelt zu einem Zwischenbereich ausgeweitet wird, in dem Innen- und Außenwelt ineinander übergehen können.

Nomadic Museum,
New York, 2005,
Shigeru Ban

The Whangapoua beach house in New Zealand is wooden cube standing on sleds. It was built by Crosson Clarke Carnachan Architects in 2011, and each year is pulled by a tractor to a beach where it remains only during the summer. It can be completely closed or widely opened with shutters. The untreated wooden formwork shows traces of weathering, with its increasingly graying surface, and blends naturally into the landscape. In the interior, the house is minimally equipped, yet offers a spacious living room with kitchen, a bathroom with shower, and accommodation for five people. The house is made completely of wood and equipped with a fresh- and graywater tanks. For a certain period of time, it represents a functioning retreat before being removed at the end of the season.

With his Nomadic Museum in New York, Shigeru Ban created in 2005 a versatile, column-free performance / exhibition hall with sidewalls made of shipping containers. With the museum, he developed a system that subsequently traveled to other cities and has been copied in many places. The special feature of this hall is that the containers, as such, do not stand out in the composition as recycled materials, rather their colorfulness, openness, and arrangement contribute to the specific character of the architecture. Thus in different locations, the Nomadic Museum was able to adapt easily to different local conditions and requirements.

The Kitchen Monument, first realized in 2006 by raumlaborberlin with Plastique Fantastique in Duisburg, is a mobile sculpture made of a pneumatic spatial mantle that is inflated from a small, zinc-clad entrance box. In public space, the sculpture becomes a gathering place for temporary communities. The possible uses range

Küchenmonument
Kitchen Monument,
Duisburg, 2006,
raumlaborberlin +
Plastique Fantastique

Hotel Ginzan Onsen
Fujiya, Obanazawa,
Japan, 2006,
Kengo Kuma

Hortus Conclusus,
Serpentine Gallery,
London, 2011,
Peter Zumthor

from a banquet hall for feasts, conference room, cinema, and concert hall, to a ballroom, dormitory, boxing ring, and steam bath. This convertible space traveled to many European locations, including the Venice Architecture Biennale 2010, where it was always performed differently.

However the process of life is represented in architecture—whether through ephemeral material, temporary structures, convertible spaces, or by directing our view to nature's transformation—if architecture wants to be part of human life, it has to create space for this experience.

Inside and Outside

In order to represent in architecture the unity of man with nature, it is of vital importance to create a relationship between interior and exterior space. The two areas should be so interconnected, that differences and separations are not perceived superficially. This is possible, if the boundary between building and environment is extended to an intermediate area in which the inner and outer worlds can merge into one another.

In his renovation of the Ginzan-Onsen-Fujiya Hotel in Obanazawa (2008), Japan, Kengo Kuma created a filigree setting. The hotel can be divided with sliding elements made from (semi-) transparent glass, as well as wood and bamboo slats. This creates a sense of depth, by which the individual wall elements overlap and together develop a very fine and complex effect. Here, not only is a relationship created between interior and exterior spaces, but the perception of time and space, of surfaces and structures is also intensified.

The Ring Around a Tree Kindergarten was built in 2011 by Tezuka Architects in Tokyo. An oval extends around a single large tree. On it, there are both open and glazed areas. The architecture is so delicate, that the tree is the focus and the feeling is given everywhere of being under a protective tree. This small, very poetic construction shifts the boundaries between interior and exterior to the background, and thus the togetherness around the wonderful tree to the center.

The Hortus Conclusus, which Peter Zumthor built in 2011 as a pavilion at the Serpentine Gallery in London, is an enclosed courtyard house of wood with a scrim coating. It frames the garden of Piet Oudolf in the interior courtyard into a precious exhibit. This is particularly showcased in the strict geometry of the architecture, as well as the black painted surface of the design. Even the sky above the garden experiences an enhanced presence through the architecture. Precisely because it is excluded from the wider context, the nature of the interior can develop a greater intensity. The visitors carry this effect with them, when on leaving the pavilion, they find themselves again in Kensington Gardens.

Creating a relationship with the environment is a key human need. By creating transitions, or even the transposition of interior and exterior, architecture can fulfill this need structurally.

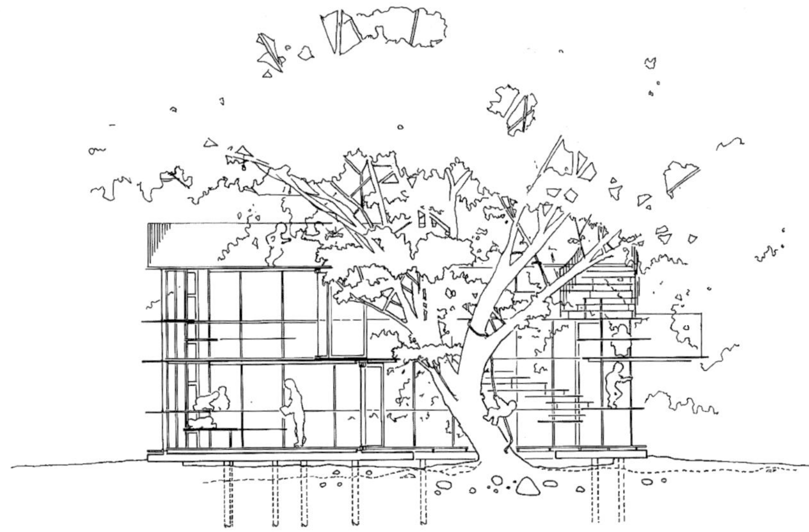

Bei seiner Sanierung des Hotels Ginzan Onsen Fujiya in Obanazawa, Japan, erzeugte Kengo Kuma 2006 ein filigranes Ambiente. Das Hotel lässt sich durch Schiebeelemente aus (semi-)transparentem Glas sowie Holz- und Bambuslatten gliedern. Dabei entsteht eine Tiefenwirkung, bei der sich die einzelnen Wandelemente überlagern und zusammen eine sehr feine und komplexe Wirkung entfalten. So treten nicht nur Innen- und Außenraum in Beziehung, sondern es wird auch die Wahrnehmung von Zeit und Raum, Oberflächen und Strukturen intensiviert.

Der Ring-Around-a-Tree-Kindergarten wurde 2011 von Tezuka Architects in Tokio gebaut. Eine Spirale zieht sich im Oval um einen einzelnen großen Baum. Auf ihr finden sich sowohl offene als auch verglaste Bereiche. Die Architektur ist so filigran gehalten, dass der Baum im Fokus steht und überall das Gefühl vermittelt wird, sich unter einem schützenden Baum zu befinden. Dieser kleine, sehr poetische Bau rückt die Grenzen zwischen Innen und Außen in den Hintergrund und dafür das Miteinander um den wundervollen Baum ins Zentrum.

Der Hortus Conclusus, den Peter Zumthor 2011 als Pavillon der Serpentine Gallery in London errichtete, ist ein geschlossenes Hofhaus aus Holz mit einer Oberfläche aus Gitterstoff. Es rahmt den Garten von Piet Oudolf im Innenhof zu einem kostbaren Exponat. Dieser kommt durch die strenge Geometrie der Architektur wie auch die schwarz gestrichene Oberfläche auf besondere Weise zur Geltung. Auch der Himmel über dem Garten erfährt durch die Architektur eine gesteigerte Präsenz. Gerade weil sie vom weiteren Kontext ausgeschlossen ist, kann die Natur im Inneren eine größere Intensität entwickeln. Diese Wirkung trägt der Besucher mit sich, wenn er sich beim Verlassen des Ortes in Kensington Gardens wieder findet.

Eine Beziehung zur Umwelt herzustellen, ist ein zentrales menschliches Bedürfnis. Durch das Schaffen von Übergängen oder auch das Vertauschen von Innen- und Außenraum kann die Architektur diesem Bedürfnis baulich entsprechen.

Ring Around a Tree,
Fuji Kindergarten,
Tokio Tokyo, 2011,
Tezuka Architects

Ambivalenz

Unser Selbstverständnis fordert, dass wir uns immer wieder unserer Existenz ver-
gewissern, indem wir unseren Standpunkt in der Welt neu bestimmen. Bei allem
was wir wahrnehmen, suchen wir den Bezug zu unseren bisherigen Erfahrungen
und versuchen, Neues in diesen Zusammenhang einzuordnen. Sind wir jedoch mit
Mehrdeutigkeiten konfrontiert, wird ein solches Kategorisieren unmöglich und die
oberflächliche Wahrnehmung wird durchbrochen. Neugier und Offenheit können
uns dazu bringen, genauer hinzusehen. Unsere Sinne nehmen schärfer wahr. Gelingt es uns jetzt noch, frei und unvoreingenommen zu sein, kann es passieren,
dass wir im Betrachteten etwas Universelles aufblitzen sehen.
Der vorherige Abschnitt zum Gestaltungskriterium „Innen und Außen" hat die Ambivalenz in Bezug zum Raum angesprochen: Wenn durch die Gestaltung Innen und

VitraHaus,
Weil am Rhein, 2010,
Herzog & de Meuron

Ambivalence

Our self-image demands that we always affirm our existence, by redefining our position in the world. In everything we perceive, we are looking for a reference to our previous experiences and trying to classify new experiences in this context. If, however, we are faced with ambiguities, such a categorization is impossible and the superficial perception is broken. Curiosity and openness can lead us to take a closer look. Our senses perceive more sharply. If we can succeed in being free and unbiased, it may be that we see a glimpse of something universal in what is being observed.

The previous section on the design criterion "inside and outside" addressed ambivalence in relation to space: if through the design, inside and outside can no longer be perceived clearly as separated from each other, humans conceive themselves in a wider context. As described above, for this experience a constellation has to be created and a condition produced, which makes an involuntary classification in our experiences impossible.

The form of the archetypal house—a cube-shaped building with a distinctive pitched roof—plays an important role in the work of Herzog & de Meuron. For VitraHaus in Weil am Rhein, which was completed in 2010, several of these building structures were stacked on top of each other. The ambivalence within the ensemble is created through the simultaneity of a seemingly randomly stacked pile of houses and the familiar ground-level image of the archetypal house. In the stacking, the structures merge into a generous total volume with atria on several levels. Thus, a large volume emerges from many small cubes, which from the outside, however, is hardly recognizable as such. The complex combines the motif of the archetypal house with a modern store concept with showrooms, café, and public atelier. The production and detailing also include contrasting components—such as "artisanal" and "digital"—thus creating references to tradition and modernity. The lower buildings are deformed as if under a load. As a result, in one place the shape of a bench emerges, which with the overhang creates a sheltered area.

The Final Wooden House—built in 2008 by Sou Fujimoto in Kumamoto, Japan—represents an archetypal house in a very different way. Here, a cube is piled with squared timbers of the same strength, which in the interior creates a living environment for standing, sitting, lying down, and storing. Because everything is realized in the same material, there are no clear guidelines for use. Although Fujimoto calculated the optimal use of the structure, it is ultimately left to the user; only clues are given as to how the various room configurations can be used. Thus the user is challenged in all of his/her creativity, and the interaction between building and user encouraged. For Fujimoto, this small bungalow alludes to the basic questions of existence. Elements—such as the floor, wall, and ceiling—remain ambivalent, because reference points such as windows, insulation, supporting structure, and kitchen equipment are missing, and thus respond to the user's examination with matter and space.

Außen nicht mehr deutlich getrennt voneinander wahrgenommen werden können, begreift sich der Mensch in einem größeren Zusammenhang. Für diese Erfahrung muss, wie oben beschrieben, eine Konstellation geschaffen und ein Zustand erzeugt werden, der eine unwillkürliche Einordnung in unsere Erfahrungen unmöglich macht.

Die Form des Urhauses, ein quaderförmiger Baukörper mit einem ausgeprägten Satteldach, spielt im Werk von Herzog & de Meuron eine wichtige Rolle. Für das 2010 fertiggestellte VitraHaus in Weil am Rhein wurden mehrere solcher Baukörper übereinandergestapelt. Die Ambivalenz innerhalb des Ensembles entsteht durch die Gleichzeitigkeit von einem scheinbar willkürlich gestapelten Häuserhaufen und dem gewohnt ebenerdigen Bild des Urhauses. In der Stapelung vereinigen sich die Baukörper zu einem großzügigen Gesamtvolumen mit Atrien über mehreren Ebenen. So entsteht aus vielen kleinen Quadern ein großes Volumen, welches als solches jedoch von außen kaum erkennbar ist. Der Komplex vereint das Motiv des Urhauses mit einem modernen Shopkonzept mit Showrooms, Café und öffentlichem Atelier. Auch die Fertigung und Detaillierung beinhaltet gegensätzliche Komponenten wie „handwerklich" und „digital" und schafft so Bezüge zu Tradition und Moderne. Die unteren Gebäude sind wie unter einer Last verformt. So entsteht an einer Stelle die Form einer Bank, die mit einem Überstand einen geborgenen Bereich ausbildet.

Ein Urhaus auf ganz andere Art stellt das Final Wooden House dar, 2008 von Sou Fujimoto in Kumamoto, Japan errichtet. Ein Kubus ist dabei so aus Kanthölzern gleicher Stärke aufgeschichtet, dass im Inneren eine Wohnlandschaft zum Stehen, Sitzen, Liegen und Ablegen entsteht. Da alles im selben Material ausgeführt ist, gibt es keine eindeutigen Vorgaben für die Nutzung. Fujimoto kalkulierte zwar die optimale Nutzung der Struktur, letztendlich bleibt diese jedoch dem Nutzer überlassen. Es werden lediglich Anhaltspunkte gegeben, wie die verschiedenen Raumkonfigurationen genutzt werden können. So wird der Mensch in seiner ganzen Kreativität gefordert und die Interaktion zwischen Bauwerk und Nutzer gefördert. Für Sou Fujimoto berührt dieser kleine Bungalow die Grundfragen des Seins. Elemente wie Boden, Wand und Decke bleiben ambivalent, da Bezugspunkte wie Fenster, Isolierung, Tragstruktur und Küchenausstattung fehlen, und erwidern so die Auseinandersetzung des Nutzers mit Materie und Raum.

Das Eingangsgebäude des Kaap Skil Maritime and Beachcombers Museum in Texel, Niederlande wurde 2012 von Mecanoo errichtet. Im Kontext kleinstädtischer Giebelbauten entstand hier ein großzügiger Museumsbau, der sich auf wundersame Weise gelungen in die Umgebung einfügt. Das Gebäude orientiert sich am Motiv der westfriesischen Fischerhütten aus Treibholz und kleidet sich entsprechend in ausgewaschenes Holz aus den Spundwänden eines lokalen Kanals. Das großräumige Bauvolumen greift die Giebelzacken der Nachbargebäude auf und verbindet diese zu einer Einheit. Im Inneren ist das Gebäude weitgehend weiß gehalten und

The entrance building of Kaap Skil Maritime and Beachcombers Museum in Texel, the Netherlands was built in 2012 by Mecanoo. In the context of small-town gabled buildings, a generous museum arose here, which very successfully fits into the area in a wondrous way. The building is based on the motif of the West Frisian fishing huts made of driftwood, and accordingly clad in washed-out wood from the sheet piling from a local canal. The large-scale construction volume takes up the gabled projections of the neighboring building and joins them into one unit. In the interior, the building is primarily painted white and the slatted façade affords views to the outside. The exhibits are effectively displayed in the neutral atmosphere of form and surface. In its ambivalent design, the building creates on the one hand harmonic references to historical context, and on the other hand offers an effective and modern exhibition space.

All of the spatial situations described here are jarring because they are difficult to explain and defy categorization, but precisely because of this they vehemently and directly act on the human experience. Ambivalence and contradiction in architecture give rise to more than just spaces, they can enable new experiences for people and perhaps also new insights, through an expansion of the perception spectrum.

gewährt durch die feine Lattenstruktur Ausblicke. Die Exponate kommen in der neutralen Atmosphäre in Form und Oberfläche wirkungsvoll zur Geltung. In seiner ambivalenten Gestalt schafft das Gebäude einerseits harmonische Bezüge zum historischen Kontext und bietet andererseits einen wirkungsvollen und zeitgemäßen Ausstellungsraum.

Alle hier beschriebenen räumlichen Situationen irritieren, da sie schwer zu erklären sind und unsere Kategorisierung durchbrechen, aber gerade dadurch vehement und direkt auf die menschliche Erfahrung einwirken. Ambivalenz und Widerspruch in der Architektur lassen mehr als nur Räume entstehen, sie können den Menschen durch eine Erweiterung des Wahrnehmungsspektrums neue Erfahrungen und vielleicht auch neue Erkenntnisse ermöglichen.

Unvollkommenheit

Das natürliche Leben erfordert durch die Unzulänglichkeiten seiner einzelnen Elemente eine stete Interaktion, aus der sich ein immer währender Wandel ergibt. Das Kriterium der Unvollkommenheit ist dem der Ambivalenz recht nahe, schafft es doch die Möglichkeit für den Betrachter selbst Teil der Gestaltung zu werden. Denn das Fehlende oder Unfertige fordert zur Ergänzung heraus. Erst durch diese selbständige geistige Leistung tritt der Mensch in eine Beziehung zu den von ihm wahrgenommenen Erscheinungen und kann dadurch Teil seiner Umwelt werden.

Mit seinem Naked House (nahe Tokio, 2000) interpretiert Shigeru Ban das traditionelle japanische Haus auf eine sehr freie und interessante Weise. Die einfache, sparsame Konstruktion des Hauses entspricht dem bescheidenen Lebensstil des Buddhismus. Wo das traditionelle japanische Haus die Schaltbarkeit von Räumen ermöglicht, geht das Naked House noch einen Schritt weiter: In ihm sind die Räume nicht nur durch Schiebewände zueinander öffen- und schließbar, sie sind darüber hinaus selbst verschiebbar, lassen sich somit unterschiedlich arrangieren. Erst die aktive Beteiligung der Bewohner erweckt dieses Haus zum Leben, denn sie ordnen die Raumeinheiten nach ihrem Bedarf je nach Tages- oder Jahreszeit neu an. Durch sie tritt das Schauspiel der wandelbaren Raumkomposition in der einfachen Halle und der Lichtwirkung innen und außen in Erscheinung.

The Truffle ist ein Minihaus, welches von Ensamble Studio 2010 auf einer Klippe der Costa da Morte in Spanien errichtet wurde. Das Haus wurde als Betonguss in einer verlorenen Schalung erstellt. Hierzu wurde der Boden in ein Erdloch hineingegossen, das Volumen des Inneraums aus Strohballen daraufgelegt und die Außenwand in Schichten, vom Erdwall umschlossen, hineingegossen. In den letzten Erdring wurde das Dach in ausreichender Stärke auf das Strohvolumen gegossen. Nach dem Aushärten wurde der Truffle ausgegraben und zur Seeseite eine große Öffnung hineingefräst, die es einem Kalb ermöglichte, das Stroh aus dem Inneren innerhalb eines Jahres aufzufressen. Die nun leere Hülle wurde gesäubert und eine Minimalausstattung mit Bett, offener Feuerstelle, Waschbecken, Dusche und WC

Imperfection

Due to the inadequacies of its individual elements, natural life requires constant interaction, from which continuous transformation results. The criterion of imperfection is quite close to ambivalence, but it creates the possibility for the observer to be part of the design: the missing or unfinished challenges one to complete it. Only through this independent mental effort does man enter into a relationship with the phenomena perceived by him, and thus become part of his environment.

In his Naked House (near Tokyo, 2000), Shigeru Ban interprets the traditional Japanese house in a very free and interesting way. The simple, economical construction of the house corresponds to the modest lifestyle of Buddhism. Where the traditional Japanese house allows the switching capacity of spaces, the Naked House goes one step further: in this house, not only are the rooms opened and closed to each other by sliding walls, they are themselves movable, and can thus be arranged differently. Only the active participation of residents brings this house to life, because they rearrange the room units according to their needs depending on the time of day or the season. Through them, the spectacle of convertible spatial composition becomes visible in the simple halls and the lighting effect inside and outside.

eingebracht. Im Innenraum ist der Abdruck der Strohballen immer noch sichtbar; die rauhe Wandung schafft hier einen Höhlencharakter. An der Außenform zeichnen sich die Gußschichten im Erdreich ab und das Gebäude liegt da wie ein Fels auf der Klippe. Seine rauhe Oberfläche bietet einen idealen Grund für Flechten und Moose und trägt so zur Intergration des Hauses in die Umgebung bei. Bei diesem Projekt ermöglichen der interaktaktive Arbeitsprozess und die Beschaffenheit seiner Oberflächen vielfältige Bezugspunkte zwischen Mensch und Umwelt.

Einen Bau, der als Haltestelle, Gemeindetreffpunkt, Kapelle für den örtlichen Chor und Ausgabestelle für Schulessen dient, realisierte Rural Studio 2000 mit seiner Glass Chapel in Masons Bend, Alabama. Die minimale Ausstattung des Innenraums mit wenigen Bänken ermöglicht eine vielseitige Nutzung. Wie bei allen Gebäuden von Rural Studio kamen auch hier gebrauchte Materialien zum Einsatz. Besonders wirken die Windschutzscheiben von alten Cadillacs, die zweckentfremdet als Dachdeckung dienen. Sie wurden überlappend wie Schuppen auf einem Trägergerüst montiert, sodass kein Regen ins Gebäudeinnere eindringen kann, und schaffen einen poetischen und wunderschönen Raum, der den Ursprung des Materials vergessen lässt. Einer der Gründer des Rural Studios, Samuel Mockbee, sieht darin ein universelles Bedürfnis des Menschen: „Everybody wants the same thing, rich or poor … not only a warm, dry room, but a shelter for the soul."[1]

The Truffle is a mini house, which was built by Ensamble Studio in 2010 on a cliff of Costa da Morte in Spain. The house was constructed as a concrete cast in a lost formwork. For this purpose, the floor was poured into a pit in the ground, the volume of the interior space was laid with bales of straw, and the exterior wall—enclosed by an earth wall—cast in layers. In the last ring, the roof was poured on the straw volume in sufficient thickness. After hardening, the Truffle was excavated and a wide opening was cut into the seaward side, and a calf was allowed to eat up the straw in the interior over the course of a year. The shell was cleaned and fitted with minimal equipment—bed, open fireplace, sink, shower, and toilet. Inside,

In der Unvollkommenheit liegt die Chance, dass der Mensch in seinem Bemühen, Fehlendes oder Fehlerhaftes zu ergänzen, Anteil an seiner gebauten Umwelt nimmt. Der Architektur bieten sich zahllose Möglichkeiten, Räume für eine solche Interaktion bereitzustellen. Denn nur wenn der Mensch in Beziehung zu seiner Umwelt tritt, kann er Vollkommenheit erfahren.

Einfachheit

Wenn die Architektur durch eine konsequente Reduktion der Elemente vereinfacht und auf das Wesentliche beschränkt wird, kann sie eine große Ruhe und Klarheit ausdrücken. Die Wahrnehmung des Betrachters kann die Schönheit und Einzigartigkeit jedes einzelnen Bestandteils erfassen; zugleich wird erkennbar, wie die Details in den Gesamtzusammenhang ihrer Umgebung eingebettet sind. Einfachheit, Armut und die Befreiung von allem Überflüssigen werden in der Vorstellungswelt vieler Kulturen als Tugenden angesehen, die erst eine Sicht auf den wunderbaren Reichtum des Lebens ermöglichen.

Bei der Shima Kitchen in Teshima, Japan (2010) schafften Architects Atelier Ryo Abe einen großzügig überdachten Außenbereich um ein leerstehendes Haus, das zur Außenküche umgebaut wurde und nun als Treffpunkt für Einheimische und

the impressions of the straw are still visible; the rough walls create a cave-like character here. The cast layers in the earth are apparent on the exterior form, and the building lies there like a rock on the cliff. Its rough surface offers an ideal base for lichens and mosses, thus contributing to the integration of the house into the surrounding area. In this project, the interaction in the work process and the quality of its surfaces enable diverse points of reference between people and the environment.

A building that serves as a stopping place, community meeting point, chapel for the local choir, and issuing authority for school lunches was realized by Rural Studio in 2000, with its Glass Chapel in Mason's Bend, Alabama. The minimal furnishings of the interior, which has few benches, enables versatile use. As with all buildings by Rural Studio, used materials are also employed here. Particularly effective are the old Cadillac windshields that are put to another use and serve as roofing. They were overlapped like scales and mounted on a support frame, so that no rain can enter the building, and thus create a poetic and beautiful space that allows one to forget the origin of the material. Samuel Mockbee, one of the founders of Rural Studios, sees therein a universal human need: "Everybody wants the same thing, rich or poor ... not only a warm, dry room, but a shelter for the soul."[1]

In imperfection lies the chance, that in one's efforts to complement the missing or the flawed, one takes interest in the built environment. Countless opportunities offer architecture spaces for such an interaction. Only when one enters into a relationship with his/her environment can one experience perfection.

Simplicity

If architecture is simplified by a systematic reduction of the elements and limited to the essentials, it can express great calm and clarity. The perception of the observer can appreciate the beauty and uniqueness of each component; at the same time it becomes discernible how the details are embedded in the overall context of their environment. In the conceptual world of many cultures, simplicity, poverty, and liberation from everything superfluous are considered the virtues that first enable a view of the wonderful richness of life.

In their project Shima Kitchen in Teshima, Japan (2010), Architects Atelier Ryo Abe created a generous covered outdoor area for an empty house, which has been converted to summer kitchen and now serves as a meeting place for locals and visitors. A fluent curved roof surrounds the existing trees and an installed stage, thereby creating different levels of space. The roof structure is composed of simple, locally available materials—mostly water pipes and reinforcing bars. Flamed cedar planks, traditionally used as wall cladding, form the roof. They are cut into the shape of shingles, overlapped, and fixed only at the upper edge on the base structure, so that they can yield to the wind pressure. This extremely lightweight construction provides space for large gatherings and looks elegant despite its simplicity.

Besucher dient. Ein fließend geschwungenes Dach umringt die bestehenden Bäume sowie eine installierte Bühne und definiert dabei unterschiedlich hohen Raum. Die Dachkonstruktion ist aus einfachen, lokal verfügbaren Materialien, größtenteils Wasserrohre und Bewehrungsstäbe, zusammengesetzt. Geflämmte Zedernbretter, traditionell als Wandverkleidung eingesetzt, bilden hier die Dachhaut. Sie sind in Schindelform geschnitten und wurden überlappend nur an ihrem oberen Rand auf der Grundkonstruktion befestigt, sodass sie dem Winddruck nachgeben können. Diese extrem leichte Konstruktion bietet Raum für große Versammlungen und wirkt trotz ihrer Einfachheit elegant.

Die Soe Ker Tie Houses wurden 2009 von TYIN tegnestue Architects in Nao Bo, Thailand errichtet. Es handelt sich um sechs Schlafhütten, die 24 Waisenkindern Schutz bieten. Sie wurden mit einem Minimalbudget aus Tropenholz und lokalem Bambus gefertigt. Die weit auskragenden Dächer sind wie Schmetterlingsflügel geformt. Sie sorgen für eine gute Belüftung und sammeln Regenwasser. Die Hütten sind aufgeständert, um auch in der Monsunzeit trockenen Schlafraum bereitstellen zu können. Die Wände sind größtenteils in einer traditionellen Flechttechnik erstellt. Mit einfachsten Mitteln wurde hier im Selbstbau mit lokalen Helfern ein funktionales Zuhause für die Kinder geschaffen, welches zugleich eine poetische Qualität in sich birgt. Die Häuser treten in einen Dialog mit Nutzern und Umgebung, wie sich sehr gut am Lichtspiel auf den Innenwänden erkennen lässt.

Shima Kitchen,
Teshima, Japan,
2010,
Architects Atelier
Ryo Abe

Soe Ker Tie Houses,
Nao Bo, Thailand,
2009,
TYIN tegnestue
Architects

Chen House, Taiwan, 2008, Casagrande Laboratory

Mit dem Chen House in Taiwan (2008) wollte der finnische Architekt Marco Casagrande eine Ruine erschaffen. Das Haus ist als Gefäß entworfen, welches mit wenigen Mitteln auf die Windverhältnisse, Überflutungen und Hitze der Umgebung reagiert und damit den Bauern einer Kirschplantage Schutz bietet. Das Gebäude besteht aus einer einfachen Holzkonstruktion mit Ziegelkamin, auslaufender Terrasse und begehbarem Dach. Es ist aufgeständert, damit es bei Überflutung innen trocken bleibt. Die Gebäudehülle aus einer einfachen Lattenkonstruktion spendet Schatten und lässt dabei kühlen Wind ins Innere. Durch eine Wand aus Glastüren kann der Innenraum geschlossen oder alternativ ein großzügiger Zugang ins Innere ermöglicht werden. Das gehobelte Holz verleiht dem Bau einen ländlichen Charakter und bindet es ganz natürlich in die Umgebung ein. Die Ruine ist für Casagrande ein Sinnbild der Verbundenheit: In ihr wird das vom Menschen Geschaffene wieder ein Teil der Natur.

In der Beschränkung auf das Wesentliche und in der Befreiung von Unnötigem liegt ein essenzieller Reichtum. Nicht die unruhige Zerstreuung, sondern ein genauer, konzentrierter Blick lässt uns auch in den kleinsten Dingen Wertvolles entdecken. Eine Architektur, die unsere Wahrnehmung in diesem Sinne lenkt, braucht fast nichts und erreicht doch alles.

The Soe Ker Tie Houses were built by TYIN tegnestue Architects in Nao Bo, Thailand in 2009. The six sleeping cabins provide accommodation for twenty-four orphans. They were made from tropical timber and local bamboo with a limited budget. The widely projecting roofs are shaped like butterfly wings. They ensure good ventilation and collect rainwater. The cabins are elevated so that the bedrooms can remain dry in the monsoon season. The walls are largely created using a traditional weaving technique. With very simple means, local helpers, and DIY constructions, functional homes for the children have been created, which also possess a poetic quality. The cabins enter into a dialogue with users and the surroundings, as can be clearly seen through the play of light on the interior walls.

With Chen House in Taiwan (2008), the Finnish architect Marco Casagrande wanted to create a ruin. The house is designed as a vessel, which reacts with few resources to the wind conditions, floods, and heat of the surroundings and thus provides shelter for the farmers on a cherry plantation. The building consists of a simple wooden structure with brick fireplace, a terrace that extends from the living area, and an accessible roof. It is elevated so that it remains dry inside in case of flooding. The building envelope—a simple slatted structure—provides shade and brings cool air into the interior. Through a wall of glass doors, the interior space can be closed or, alternatively, a generous entrance to the interior can be created. The planed wood gives the building a rural character and integrates it naturally into the environment. For Casagrande, the ruin is a symbol of solidarity: in it, something created by man becomes a part of nature again.

An essential wealth lies in the restriction to the essentials and in the liberation from the unnecessary. Not restless distraction, but a precise, concentrated look allows us to discover the valuable even in the smallest things. Architecture that guides our perception in this sense needs almost nothing, and yet achieves everything.

Growth

How can architecture best correspond to the natural growth and dynamics of life? In Western aesthetics, symmetry expresses that which is perfect. Seen superficially, the human body appears to be built symmetrically. Thus, it was also the basis for Western ideas of harmony—such as the golden ration widely used in architecture. Upon closer examination, however, small differences appear between the halves of all living things. Therefore, we only think we recognize the supposed symmetry, because human beings "are complete" from birth in terms of their component parts and grow as a whole, as opposed to obviously asymmetric plants that form from the development of shoots.

It is the same with the human mind: it wants to grow indefinitely and be able to unfold. The opportunity for development and spiritual growth is given precisely through the imperfect, undefined, through breaks and fragments.

Wachstum

Wie kann Architektur dem natürlichen Wachstum und der Dynamik des Lebens am besten entsprechen?

In der abendländischen Ästhetik drückt die Symmetrie das Vollkommene aus. Oberflächlich gesehen, scheint der menschliche Körper symmetrisch gebaut zu sein. So diente er auch als Grundlage für westliche Harmonievorstellungen wie den vielfach in der Architektur angewandten goldenen Schnitt. Bei genauer Betrachtung jedoch zeigen sich kleine Unterschiede zwischen den Körperhälften aller Lebewesen. Die vermeintliche Symmetrie meinen wir nur deshalb zu erkennen, da der Mensch von Geburt an in allen seinen Bestandteilen „fertig ist" und als Ganzes wächst, im Unterschied zu offensichtlich asymmetrischen Pflanzen, die sich über die Entwicklung von Trieben entwickeln.

Genauso verhält es sich mit dem menschlichen Geist: Er möchte unendlich wachsen und sich entfalten können. Gerade durch das Unvollkommene, Undefinierte, durch Brüche und Fragmente wird die Möglichkeit zur Entfaltung und zu geistigem Wachstum gegeben.

Möglichkeiten zur aktiven Entfaltung bot das Projekt Add On von Peter Fattinger, Veronika Orso und Michael Rieper 2005. Am Wiener Wallensteinplatz wurde auf 20 Höhenmetern ein Cluster aus Gerüstbauteilen und containerähnlichen Elementen unter Mitwirkung von Studierenden der TU Wien vertikal gestapelt. Das anarchische Ensemble war Bühne, Tribühne, Landschaft, Hochhaus, aber auch Erregungsanlass für Anwohner. Add On führte die Gleichzeitigkeit und Überschneidung von in der Regel getrennten Lebensbereichen wie Wohnen, Arbeiten, Konsum, Unterhaltung und Erholung im öffentlichen Raum vor. Mit diesem Projekt wurde für sechs Wochen eine reale Infrastruktur geschaffen, die temporär von Bewohnern und Besuchern angeeignet werden konnte. Durch die Begehbarkeit der Ebenen und durch die hybriden Räume konnte Add On als Spielplatz für Kinder, als Ausstellungsraum oder Aussichtsturm dienen. Tagsüber „benutzten" durchschnittlich 1800 Menschen die begehbare Plastik, abends verwandelte sie sich in einen Clubraum mit Chillout-Lounge. Die Stapelung von Modulen unterschiedlicher Größen machte Add On zu einer unfertigen Skulptur, die sich durch die Nutzer verändern ließ und dabei beständig wuchs. Erst sie erweckten das Gebäude zum Leben. Für Kurator Vitus Weh flossen bei dem Projekt Vorstellungen des experimentellen Theaters mit ein, bei dem Zuschauer zu Mitspielern werden. In diesem Fall wurden die Besucher durch die partizipatorischen Möglichkeiten zu Akteuren, die am gemeinsamen Projekt mitbauten: Ab dem Moment als die ersten Nutzer in Erscheinung traten, begann das Wachstum.

Der Regisseur Christoph Schlingensief begann 2010 zusammen mit dem Architekten Francis Kéré in Burkina Faso mit dem Bau eines Operndorfs, der von Kéré weitergeführt wird. Um einen zentralen Platz herum entstanden bislang unter anderem eine Schule mit Mensa, Wohnhäuser für Lehrer und eine Krankenstation, im Bau

Add On (2005), a project by Peter Fattinger, Veronika Orso, and Michael Rieper offered opportunities for active development. On Wallensteinplatz in Vienna, a cluster of scaffolding parts and container-like elements was vertically stacked twenty meters high, with assistance from Vienna University of Technology students. The anarchic ensemble was stage, grandstand, landscape, high-rise, as well as grounds for excitement for residents. In public space, Add On showcased the simultaneity and overlapping of normally separate spheres of life—such as housing, work, consumption, entertainment, and recreation. With this project, a real infrastructure was created for six weeks, which could be temporarily appropriated by residents and visitors. Due to the walkability of the levels and the hybrid spaces, Add On could serve as a playground for children, an exhibition space, or an observation tower. During the day, an average of 1,800 people "used" the walk-in sculpture, in the evening it turned into a club area with chill-out lounge. The stacking of modules of different sizes made Add On an unfinished sculpture that could be changed by the users and as a result, it grew constantly. It was the users who brought the building to life. For curator Vitus Weh, concepts of experimental theater—in which spectators become fellow players—flowed into the project. In this case, the visitors became actors through the participatory opportunities, and they helped build the project: from the moment the first users made their appearance, growth began.

In 2010, director Christoph Schlingensief began—together with the architect Francis Kéré—with the construction of an opera village in Burkina Faso, which has been continued by Kéré. Thus far, structures including a school with cafeteria, teachers' housing, and an infirmary have emerged around a central square; currently under construction are guesthouses and houses for staff. A festival hall and a restaurant

Add On, Wien
Vienna, 2005,
Peter Fattinger,
Veronika Orso und
and Michael Rieper

Operndorf Afrika
Opera Village Africa,
Burkina Faso, Kéré
Architecture

sind derzeit Gästehäuser und Wohnhäuser für Personal. In Entwicklung befinden sich ein Festspielhaus und ein Restaurant. Ein wichtiger Aspekt dieses Projekts ist die Kombination lokaler Materialien und Bautechniken mit neuen Technologien, wie bereits bei Kérés ausgezeichneter Grundschule, erbaut 2001 in seinem Heimatort Gando. Auf diese Weise kann die Bevölkerung leicht in den Bau eingebunden werden. Die Partizipation ermöglicht eine Vernetzung der Menschen vor Ort mit dem Projekt. Hier wächst nicht nur ein Operndorf, sondern auch die lokale Bevölkerung kann durch neue Möglichkeiten und neues Wissen – sei es durch ihre aktive Mitarbeit beim Bau oder die Bereitstellung schulischer Bildung – ihr Potenzial entfalten. Das Operndorf ist ein andauernder Prozess, bei dem das Wachstum ein von Beginn an einkalkulierter Faktor und der treibende Motor ist. Langfristiges Ziel ist es, dass sich das Operndorf selbst versorgen kann.

Der Coalesce Skyscraper (*coalesce*, engl. zusammenwachsen, verschmelzen) wurde von Justin Oh 2011 als Studienprojekt für die Stadt Hongkong entworfen. Das Projekt versteht sich als Fortführung von Le Corbusiers Plan Voisin aus dem Jahr 1925. Mit ihm soll die Entwicklung von Hongkongs dichter flächiger Wohnstruktur aufgehalten, diese in Teilen auch abgerissen werden, um Platz zu schaffen für die Erweiterung und den Zusammenschluss vorhandener kleiner Grünflächen zu einem großen Park. Jede der abgerissenen Einheiten soll dabei in eine vermietbare

are currently in development. An important aspect of this project is the combination of local materials and construction techniques with new technologies—as in Kéré's prize-winning primary school built in 2001 in his hometown of Gando. In this way, the local population can be easily integrated into the construction. Through their participation, a network of the people on-site with the project is produced. Not only is an opera village growing here, but the local population is also developing their potential through new possibilities and new knowledge—be it through their active participation in the construction or the provision of school education. The opera village is an ongoing process, in which growth is a calculated factor from the beginning and the driving force. The long-term goal is that the opera village will be self-sustaining.

The Coalesce Skyscraper was designed by Justin Oh in 2011 as a study project for the city of Hong Kong. The project understands itself as a continuation of Le Corbusier's Plan Voisin from 1925. With it, the development of Hong Kong's densely scaled housing structure is rolled back, in part also demolished, in order to make room for the expansion and merger of existing small green areas into a large park. Each of the demolished units will be added to the new skyscraper as a rentable unit. A drop in temperature and a reduction in exhaust emissions are to be achieved with the recovered green space; at the same time, however, a recreation area with many leisure activities will be created. The Coalesce Skyscraper will grow in phases, depending on the wishes and needs of its inhabitants. Its design is to be influenced by the ongoing collaboration of architects from around the world. Thus, each construction phase of the skyscraper should include a mixture of different aesthetics, whereby a unique, dazzling structure will be built, which finds unity again due to its size. The history of the Coalesce Skyscraper will be readable through the changes to its façade, similar to the telling of history in rock layers or rings of a tree. Although this project has been a purely utopian dream until now, it shows pioneering qualities—such as how a tolerant coexistence can arise and the quality of life can improve. An architecture that does not want to be perfect and allows additions creates space for participation and appropriation. It provides opportunities for internal development and spiritual growth, and remains flexible for unforeseen developments.

Permeability

The human body is a subtle creation. Although it initially seems as if it possesses clear boundaries to the outside world, our perception here deceives us. Because at the microscopic level, these barriers do not exist; they dissolve in the suspended state of the finest energy particles. From a

Coalesce Skyscraper, Studienprojekt Study Project 2011, Justin Oh

Einheit im neuen Wolkenkratzer umgewidmet werden. Mit der gewonnenen Grünfläche soll eine Temperatursenkung und eine Minderung der Abgasbelastung erreicht werden, gleichzeitig aber auch ein Erholungsraum mit vielfältigen Freizeitangeboten entstehen. Der Coalesce Skyscraper würde phasenweise je nach Wünschen und Bedürfnissen seiner Bewohner wachsen. Sein Design würde durch die fortlaufende Zusammenarbeit von Architekten aus der ganzen Welt geprägt werden. Jede Bauphase des Hochhauses soll so eine Mischung von verschiedenen Ästhetiken beinhalten, wodurch eine einzigartige, schillernde Struktur entstehen wird, die durch ihre Größe wieder zu einer Einheit findet. Die Geschichte des Coalesce Skyscrapers wird sich an den Änderungen seiner Fassade ablesen lassen, ähnlich wie Gesteinsschichten oder Jahresringe eines Baumes von der Geschichte erzählen. Auch wenn dieses Projekt bisher reine Utopie ist, so zeigt es zukunftsweisende Qualitäten, wie ein tolerantes Miteinander entstehen und die Lebensqualität steigern kann.

Eine Architektur, die nicht perfekt sein will und Ergänzung zulässt, schafft Raum für Partizipation und Aneignung. Sie bietet Möglichkeiten zur inneren Entfaltung und zu geistigem Wachstum und bleibt flexibel für unvorhersehbare Entwicklungen.

Durchlässigkeit

Der menschliche Körper ist ein feinstoffliches Gebilde. Wenn es zunächst auch scheint, als besäße er klare Abgrenzungen zur Außenwelt, trügt uns hier doch unsere Wahrnehmung. Denn auf mikroskopischer Ebene existieren diese Schranken nicht; sie lösen sich im Schwebezustand feinster Energiepartikel auf. Aus einer ganzheitlichen Perspektive sind sich die Elemente im Makrokosmos des Universums, aber auch im Mikrokosmos unserer Zellen sehr ähnlich. Wie kann die Architektur einer solchen Durchlässigkeit entsprechen? Und warum sollte sie das tun? Da unsere Körper nur auf den ersten Blick klar von unserer Umgebung getrennt sind, bei genauerer Betrachtung jedoch in einem konstanten Austausch mit ihr stehen, entspricht es unserer intuitiven Sinneswahrnehmung, wenn Architektur zwar notwendige Trennungen einführt, jedoch das Verbindende betont. Dies kann über die räumliche Komposition geschehen, über Transparenzen, aber auch über die Feinheit oder Fragilität von Oberflächen und Strukturen.

Arne Quinze erschuf 2006 für das Burning Man Festival in Nevada, USA die große Raumplastik Uchronia. Diese bestand aus 150 Kilometern Holzlatten, die von 90 Freiwilligen als Konglomerat zusammengenagelt wurden und eine 60 Meter lange, 30 Meter breite und 15 Meter hohe Raumskulptur ergaben. Sie wurde zusammen mit den anderen Projekten des Festivals nach Fertigstellung verbrannt. Aus der Entfernung erschien Uchronia als fester Körper. Je näher man kam, desto mehr löste sich dieser in seine wirr verbundenen Stäbe auf. Gerade die Irregularität ihrer Anordnung erzeugte eine durchlässige Struktur. Visuell war keine eindeutige Ordnung erfassbar, die Raumgrenze diffus.

holistic perspective, the elements in the macrocosm of the universe and in the microcosm of our cells are very similar. How can architecture correspond to such a permeability? And why should it?

Because our bodies are clearly separated from our environment only at first glance, but on closer inspection are in constant exchange with it, when architecture introduces necessary separations yet still stresses the connecting, this corresponds to our intuitive sensory perception. This can be achieved through spatial composition and transparency, but also through the subtlety or fragility of surfaces and structures.

In 2006, Arne Quinze created the large space sculpture *Uchronia* for the Burning Man Festival in Nevada, USA. It consisted of 150 kilometers of wooden slats, which were nailed together by ninety volunteers, creating a sixty-meter-long, thirty-meter-wide, and fifteen-meter-high space sculpture. It was burned after completion along with the other festival projects. From a distance, *Uchronia* appeared to be a

Uchronia, Burning
Man Festival,
Nevada, 2006, Arne
Quinze

In Reykjavik wurde von Henning Larsen Architects 2011 das Opern- und Konzerthaus Harpa errichtet, das im wahrsten Sinne des Wortes ein „offenes Haus" ist:
Jeder kann sich dort täglich 24 Stunden lang aufhalten. Für diesen Zweck ist im
Eingangsbereich ein riesiges Atrium bereitgestellt, das über Treppen, Sitznischen
und Galerien erschlossen wird. Ebenso finden sich hier auch verschiedene Bars,
die zwanglos aufgesucht werden können. Wer das Klima und die städtische Situation in Reykjavik kennt, wird sich vorstellen können, welchen Wert dieser Kulturort
für die Stadt darstellt. Die Fassade, gestaltet von dem Künstler Olafur Eliasson,

Harpa – Opern-
und Konzerthaus
Conference Hall
and Concert Centre,
Reykjavik, 2011,
Henning Larsen
Architects + Olafur
Eliasson

solid body. The closer one came, the more it dissolved into its chaotically joined sticks. Precisely the irregularity of its arrangement created a permeable structure—visually, no clear order was ascertainable, the spatial borders diffuse.

In Reykjavik in 2011, Henning Larsen Architects built Harpa Concert Hall and Conference Centre, which is literally an "open house": anyone can stay there twenty-four hours a day. For this purpose, a huge atrium is provided in the entrance area, which is accessed via stairs, alcoves, and galleries. There are also several bars here, which can be casually visited. Anyone who knows the climate and the urban situation in Reykjavik will be able to imagine the value this cultural center represents for the city. The façade, designed by the artist Olafur Eliasson, consists of an irregular and a three-dimensional honeycomb structure as a support system and is fully glazed on the exterior. Some glass surfaces are colored and thus produce irregularly scattered iridescent color dots in the wall surfaces. Due to these colored dots, from a distance the wall seems loosened. Seen from up close, the façade appears permeable due to the irregularity and complexity of the honeycomb structure.

Noorderparkbar, a coffee bar in an Amsterdam park built in 2012 by the architect bureau SLA and the design bureau Overtreders W, is made entirely of recycled material and has two separate layers. On the exterior, the building is clad with a permeable shell of black varnished boards for sun protection. The boards are differently placed per section on a wooden grid. This results in an airy outer shell, with completely closeable large doors and a rather rough-looking skin. The interior space consists of old, different windows and skylights, which are all painted white and thus give a uniform appearance. The irregularly and randomly seeming pattern of the window elements creates a spatial border that seems permeable. The interior walls can also conveniently open up into a large area with the exterior walls. Thus, the opened bar is easily accessible from all sides, and through its permeable components creates varied connections between interior and exterior space.

Architecture can achieve permeability in various ways, which reminds us of the subtle nature of the human body. The clever use of material may trigger in the user a spiritual opening, through which humans perceive themselves as part of a larger context and become connected with their surroundings.

Void

In the view of many cultures, the highest possibility of human experience lies in nothingness as all-encompassing unity, in which there are no distinctions. Everything emerges from this "void"—the feeling of total freedom and the resulting creative power of human beings. As previously described, architecture serves as an extension of our body and our mind. If architecture finds a form of expression for the state of emptiness, it can create an atmosphere that is evidence of peace and strength and that can be transferred to the people living in it.

besteht aus einer irregulären und einer dreidimensionalen Wabenstruktur als Trag-
system und ist von außen komplett verglast. Einige Glasflächen sind farbig und erzeugen so irregulär verstreut bunt schillernde Farbpunkte in der Wandfläche. Durch diese
Farbpunkte erscheint die Wand von Weitem aufgelockert. Von Nahem gesehen wirkt
die Fassade aufgrund der Unregelmäßigkeit und der Komplexität der Wabenstruktur
durchlässig.

Die Noorderparkbar, eine 2012 in einem Amsterdamer Park von den Architekten
bureau SLA und dem Designstudio Overtreders W errichtete Kaffeebar, besteht
komplett aus recyceltem Material und hat zwei separate Schichten: Außen ist das
Gebäude zum Sonnenschutz mit einer durchlässigen Hülle aus schwarz lasierten
Brettern verkleidet. Diese sind pro Feld unterschiedlich auf ein Holzraster aufge-
setzt. Daraus ergibt sich eine luftige, mit großen Türen komplett verschließbare und
eher ruppig anmutende Außenhaut. Der Innenraum besteht aus alten, unterschiedlichen Fenstern und Oberlichtern, die alle weiß lackiert sind und dadurch ein homo-
genes Erscheinungsbild ergeben. Das irreguläre wie zufällig wirkende Muster der
Fensterteile erzeugt eine durchlässig wirkende Raumgrenze. Auch die Innenwände
lassen sich passend mit den Außenwänden großflächig öffnen. So ist die geöffnete
Bar von allen Seiten leicht zugänglich und schafft durch ihre durchlässigen Bauteile
vielfältige Verbindungen zwischen Innen- und Außenraum.

Architektur kann auf verschiedenen Wegen eine Durchlässigkeit erreichen, die uns
an die feinstoffliche Beschaffenheit des menschlichen Körpers gemahnt. Der ge-
schickte Einsatz des Materials kann beim Nutzer eine geistige Öffnung auslösen,
durch die der Mensch sich im Rahmen eines größeren Kontextes wahrnimmt und
mit seiner Umgebung in Verbindung tritt.

Leere

In der Auffassung vieler Kulturen liegt die höchste Erfahrungsmöglichkeit des Menschen im Nichts als Alleinheit, in der es keine Unterscheidungen gibt. Aus dieser
„Leere" entsteht alles, das Gefühl völliger Freiheit sowie die daraus resultierende
Schöpfungskraft des Menschen. Wie bereits beschrieben, dient die Architektur als Erweiterung unseres Körpers und unseres Geistes. Findet die Baukunst für den Zustand
der Leere eine Ausdrucksform, kann sie eine Atmosphäre schaffen, die von Frieden
und Kraft zeugt und die sich auf die in ihr lebenden Menschen übertragen kann.

Die Vorstellung der Leere findet sich bereits in der griechischen Antike; der Philosoph Demokrit (460–371 v. Chr.) sagte, dass hinter den Atomen Leere sei. Johannes
vom Kreuz (1542–1591), spanischer Dichter und Kirchenlehrer, spricht vom *Nada*
und meint damit ein Nichts, welches zugleich alles ist.[2] Auch Maurice Merleau-Ponty (1908–1961) nähert sich in *Das Sichtbare und das Unsichtbare* einem Verständnis
der „Leere": „Berühren heißt Sich-Berühren. Die Dinge sind die Verlängerung meines Leibes und mein Leib ist die Verlängerung der Welt, durch ihn umgibt mich die
Welt. (...) Das Unberührbare des Berührens, das Unsichtbare des Sehens, das Un-

The idea of the void is already found in Greek antiquity; the philosopher Democritus (460–371 BC) said that emptiness is behind the atoms. Johannes vom Kreuz (1542–1591), Spanish poet and Doctor of the Church, speaks of *Nada*, and means a nothingness, which is at the same time everything.[2] In *The Visible and the Invisible*, Maurice Merleau-Ponty (1908–1961) also approaches the understanding of "the void": "To touch is to touch oneself. To be understood as: the things are the prolongation of my body and my body is the prolongation of the world, through it the world surrounds me.... the untouchable of the touch, the invisible of vision, the unconscious of consciousness (its central *punctum caecum*, that blindness that makes it consciousness i.e. an indirect and *inverted* grasp of all things) is the *other side* or the reverse (or the other dimensionality) of sensible Being."[3] Here, the

bewusste des Bewusstseins, sein zentrales punctum caecum, diese Blindheit, die es
zum Bewusstsein macht, d. h. zum indirekten und ungehörten Erfassen aller Dinge,
ist die Kehrseite oder andere Dimension des sinnlichen Seins."[3] Der französische
Philosoph spricht hier davon, warum der Mensch gleichzeitig Mensch und Leere ist
und dass sich diese Gleichzeitigkeit in allem findet, was ihn und seine Umgebung
ausmacht – also auch in der Architektur. Im gebauten Raum kann der Mensch diese
Gleichzeitigkeit auf unmittelbare Weise erfahren. Merleau-Ponty führt weiter aus:
„Die Frage nach den Ursprüngen stellt sich für mich nicht mehr, und auch nicht die
Frage nach Grenzen und Ereignisreihen, die auf eine erste Ursache zurückgehen,
sondern es gibt für mich nur noch ein einziges Zerspringen, das für immer ist (...),
wo (...) alle Unterscheidungen sich in einer universalen Dimensionalität einfügen,
die das Sein ist."[4]
Dieses Zerspringen kann vielleicht am ehesten als ein Aufgehen in der Welt verstanden werden, welche diese im Sinne einer Öffnung einschließt.

French philosopher speaks of why man is simultaneously man and void, and that this simultaneity is found in everything that accounts for him and his environment—thus, also in architecture. In built space, the human being can learn this simultaneity in direct way. Merleau-Ponty continues: "... for me it is no longer a question of origins, nor limits, nor a series of events going to a first cause, but one sole explosion of Being which is forever ... where ... distinctions are integrated into a universal dimensionality which is Being."[4]

This explosion can perhaps best be understood as a merging in the world, which includes this in the sense of opening.

The project "Noun 1. Unavailability," a small, mobile hut for ice fishing by Gartnerfuglen Arkitekter in Norway, is seen by the architects as a place of a retreat. The name refers to a particular type of experience—not to be available when one is needed—and implies an escape from the expectations of others. This lived absence,

Lantern Pavilion, Sadnes, Norwegen
Norway, 2011, AWP
+ Atelier Oslo

Das Projekt Noun 1. Unavailability, eine mobile kleine Hütte zum Eisfischen von Gartnerfuglen Arkitekter in Norwegen, wird von den Architekten als ein Ort gesehen, der dem Rückzug dient. Der Name verweist auf eine bestimmte Art von Erfahrung, nicht verfügbar zu sein, wenn man gebraucht wird und impliziert eine Flucht vor den Erwartungen anderer. Diese gelebte Absenz und gleichzeitig die direkte Beziehung mit der umgebenden Natur birgt eine Qualität in sich, wie wir sie in unserer heutigen Zeit nur noch selten erfahren. Die Hütte wurde 2013 als Prototyp hergestellt und besteht aus einer einfachen, faltbaren Holzrahmenkonstruktion, die mit Drahtgitter umspannt ist. Die umschließenden Wände entstehen vor Ort aus gefrierendem Seewasser – die Natur wird somit in die Herstellung des Raumes einbezogen. Die Fischerhütte ist innerhalb kürzester Zeit verwendungsbereit und bietet Platz für eine Person. In ihrer Kargheit kommen Qualitäten eines japanischen Teehauses zum Vorschein. Die gefrorenen Wände sind semi-transparent und filtern die Einflüsse der Umgebung. So besteht Raum für eigene Interpretationen und Betrachtungen. Die Enge des Raumes verstärkt diesen Effekt noch und fordert den Besucher dazu heraus, ganz bei sich zu sein und sich gleichzeitig in die Landschaft zu erweitern.

Der Lantern Pavilion (2011) von AWP und Atelier Oslo bildet eine beleuchtete Platzüberdachung in Langgata, Sadnes, Norwegen und zeigt einen funktionalen Aspekt der Leere, als Raum dessen Nutzung offen bleibt. Er besteht aus einer verglasten Holzkonstruktion. Dabei tragen gebündelte Stützen eine gerasterte Gebäudehülle als Fachwerkstruktur in Größe und Form einer traditionellen Scheune, die hoch über dem Boden schwebt. Indem dieser Pavillon traditionelle Formen, Techniken und Materialien aufgreift und zeitgemäß interpretiert, schafft er etwas Neues, das sich selbstverständlich in seine Umgebung einfügt und doch eine eigenständige Aussage macht. Unter dem aufgeständerten Pavillon findet sich ein großer öffentlicher Platz mit Beleuchtung, der sich als leerer, undefinierter Raum für verschiedenste Aktivitäten nutzen lässt – und so das Gemeindeleben bereichert.

In den Innenräumen großer Kirchen wird oft ein ganzer Kosmos abgebildet, wodurch sich das Innere zu einem allumfassenden Außenraum weitet. In einer gotischen Kirche etwa wirken Größe und Dunkelheit wie auch die filigran aufgelösten Pfeiler und Gewölbe zusammen. Solche großen Räume fassen die Leere als Volumen in sich. Genauso wirkt der seit 2010 fertiggestellte geschlossene Innenraum der von Antoni Gaudí 1883–1926 begonnenen Sagrada Família in Barcelona. Sie wird derzeit unter der Leitung von Jordi Faulí mit neuester Bautechnik fortgeführt und soll im Jahr 2026 fertiggestellt werden. Das Mittelschiff mit einer Höhe von 45 Metern fasst ein unglaublich großes Volumen, welches den Besucher mit sich in die Höhe reißt. Der Innenraum ist kaum beleuchtet und lebt vom Sonnenlicht, das durch die großen farbigen Fensterflächen in den Seitenschiffen und von oben in das Mittelschiff bricht. Die wie Bäume in einem Wald stehenden Pfeiler, Streben und Gewölbe zeugen nicht nur von Gaudís großer Liebe zur Natur und sind in ihrer

Detaillierung überwältigend. So bricht vielleicht auch das Innere des ein oder anderen Besuchers auf in diesen Kosmos, der Leere und Fülle zugleich einschließt. Auch wenn die Leere schwer vorstellbar ist, so stellt sie doch eine Möglichkeit dar, die Grenzen der individuellen Wahrnehmung zu transzendieren. Architektur kann diese Wirkung initiieren, unsere Aufmerksamkeit für die Kostbarkeit auch der kleinsten Details schärfen und uns gleichzeitig für die Welt öffnen.

Authentizität

Authentizität vereint gewissermaßen alle anderen bisher genannten Gestaltungskriterien. Denn ein differenziertes Bezugssystem erzeugt eine stimmige architektonische Sprache und führt so zu einer gewissen Selbstverständlichkeit, die nichts Aufgesetztes hat, natürlich ist und nicht das Gehäuse, sondern das Behauste in der Vordergrund stellt. Für den Menschen bedeutet dies: Hat er den Zusammenhang aller Elemente in der Welt erkannt, kann er seinen Platz in ihr viel selbstverständlicher einnehmen; die scheinbar eindeutige, allgemein festgelegte Grenze zwischen dem „Ich" und seiner Umgebung verschwindet. Eine Architektur, die in diesem Bewusstsein authentisch sein will, sollte sich in Bescheidenheit und nicht in artifiziellen Ausdrucksformen äußern. Bei den bisher erläuterten Gestaltungskriterien wurden Beispiele aus verschiedenen Umfeldern angeführt, die auf den ersten Blick große Unterschiede aufweisen. All diese Bauwerke versuchen jedoch auf jeweils ganz eigene Weise, den großen universellen Zusammenhang zu verdeutlichen, der dem ganzen Kosmos innewohnt. Und jedes Bauwerk nutzt eigene Methoden, die Stimmung, die sich aus dieser Erkenntnis ergibt, auszudrücken. Eine solche „Architektur der Natürlichkeit" kann für den Menschen einen Raum schaffen, der mehr ist als ein bauliches Konstrukt, einen Raum, der auf den Menschen verweist, der in ihm lebt. Authentizität entsteht aus einer Verbindung aller bisher aufgeführten Gestaltungsmöglichkeiten, die Mensch und Natur vereinen.
ELEMENTAL errichtete 2014 das UC Innovation Centre für die Universidad Catholica de Chile. Dieser monolithische Bau aus Beton und Holz schafft ein angenehmes, kühles Arbeitsklima und vielfältige Möglichkeiten zum Austausch. Statt der typischen zeitgenössischen Glassfassade setzten die Architekten eine thermische Masse als Außenfläche ein, die dem Klima Santiagos gerecht wird. Die weitgehend geschlossene Fassade eröffnet dennoch gezielte Blickbezüge in die Umgebung. Im Inneren wurde Offenheit mit einem durchlässigen Atrium erreicht, welches Blickbezüge über alle Ebenen zulässt. An dem umgekehrten Einsatz von Dichte und Transparenz zeigt sich, wie Nachhaltigleit und menschliche Beziehungen die Form dieses Gebäudes prägten.
Das 2011 von Johannes Norlander errichtete Sommerhaus Morran befindet sich in der rauhen Landschaft der Insel Brännö, nahe des Göteborger Hafens. Ein Landhaus aus den 1950er Jahren mit kleinteiligen Anbauten wurde zu einer Einheit überformt. Es fügt sich mit seiner Teerbeschichtung und seiner Anlehnung

and at the same time direct relationship with the surrounding nature, contains a quality in itself, which we rarely experience in this day and age. The hut was made in 2013 as a prototype and consists of a simple, collapsible timber-frame construction, which is spanned with wire mesh. The enclosing walls are formed on-site from freezing lake water—nature is thus included in the production of space. The fisherman's hut is ready for use within a very short time and offers space for one person. In its sparseness, the qualities of a Japanese teahouse come to light. The frozen walls are semitransparent and filter the influences of the surroundings. Thus there is space for interpretations and observations. The tightness of the space further enhances this effect and challenges the visitor to be at one with him- or herself, and at the same time to expand into the landscape.

The Lantern Pavilion (2011) by AWP and Atelier Oslo forms an illuminated canopy in a pedestrian square in Langgata, Sadnes, Norway, and shows a functional aspect of the void, as space whose use remains open. It consists of a glazed wooden structure. Thereby, bundled columns support a rasterized building envelope as a framework structure in the size and shape of a traditional barn, which hovers high above the ground. By taking up traditional forms and techniques, and interpreting them in a contemporary manner, the pavilion creates something new that merges naturally into its surroundings and yet makes a distinct statement. Under the elevated pavilion, there is a large public square with lighting, which can be used as an empty, undefined space for various activities—and thus enriches community life.

In the interior spaces of large churches, an entire cosmos is often depicted, whereby the interior widens into an all-encompassing outer space. In a Gothic church, for example, size and darkness work together, as well as the filigreed pillars and vaults. Such large spaces are composed of void as volume. The closed interior space of the Sagrada Família in Barcelona, begun by Gaudí (1883–1926), was completed in 2010 and gives such an impression. The church is currently being continued under the direction of Jordi Faulí with the latest construction technology and is to be completed in 2026. With a height of forty-five meters, the central nave holds an incredibly large volume, which pulls the visitor along into the sky. The interior is barely lit and depends on the sunlight that breaks through the large colored windows in the aisles and on top of the nave. The pillars—standing like trees in a forest—struts, and arches not only testify to Gaudí's great love for nature, but are also overwhelming in their detailing. Hence, the interior of one visitor or the other perhaps also departs into this cosmos, which includes the void and fullness at the same time. Even if the void is hard to imagine, the possibility presents itself to transcend the boundaries of individual perception. Architecture can initiate this action, sharpen our awareness of the preciousness of even the smallest details, and simultaneously open up the world for us.

an lokale Fischerhütten in Form und Größe selbstverständlich in die Landschaft ein. Das Haus besticht aufgrund der Einfachheit des hellen Kiefernholzes durch eine legere Eleganz und durch einen klaren Grundriss mit vielen Durch- und Ausblicken. So entsteht ein Zusammenklang von Architektur und Landschaft und eine Atmosphäre, die auch Beiläufigem, wie den Formen der Steine oder den Farben des Bewuchses, Wertschätzung entgegenbringt.

Bei ihrem Neubau eines Bootshauses bei Aure, Norwegen (2011), verwendeten TYIN tegnestue Architects teilweise Material eines zuvor am selben Ort stehenden, abgerissenen Bootshauses aus dem 18. Jahrhundert. So besteht die Innenschalung beispielsweise aus 150 Jahre alten Brettern, das Blechdach des ursprünglichen Bootshauses schützt heute die Außenseite der Tore. Eine vier Meter lange Arbeitsplatte ruht kopfseitig auf alten Eisenbahnschienen. Dieses Überführen eines Elements aus dem Außenbereich in den Innenraum betont die Gleichzeitigkeit beider Bereiche. Auch die im Innenraum sichtbaren Felsen verweisen auf den Außenraum. Durch die Verwendung von einheimischer Kiefer wird ein regionaler Bezug hergestellt. Die über Stahlbolzengelenke nach oben öffenbaren Tore an der

UC Innovation Centre, Universidad Catholica de Chile, Santiago, 2014, ELEMENTAL

Authenticity

In a sense, authenticity combines all of the other design criteria previously mentioned. This is because a differentiated frame of reference creates a coherent architectural language, and thus leads to a certain implicitness that has nothing artificial, is natural, and foregrounds the housed rather than the housing. For a human, this means that once he has recognized the correlation of all elements in the world, he can take his place in it much more naturally; the apparently obvious, commonly defined boundary between the "I" and its surrounding disappears. Architecture that wants to be authentic in this consciousness should express itself through modesty and not in artificial expressions. In the introduction of the previous design criteria, examples were given from different settings, which at first glance show large differences. However, all of these structures, each in their own way, try to illustrate the great universal context inherent in the entire cosmos. And every structure uses its own methods to express the sentiment that results from this insight. Such an "architecture of naturalness" can create a space for people that is more than an architectonic construct—a space that refers to the people who live in it. Authenticity arises from a combination of all the previously listed design possibilities that unite people and nature.

In 2014, ELEMENTAL built UC Innovation Center for Universidad Católica de Chile. This monolithic structure of concrete and wood creates a pleasant, cool working environment and diverse opportunities for exchange. Instead of the typical contemporary glass façade, the architects used a thermal mass as the exterior surface, which meets the requirements of Santiago's climate. The largely closed façade nevertheless opens targeted visual references to the environment. In the interior, openness was achieved with a translucent atrium that allows visual references on all levels. The inverted use of density and transparency shows how sustainability and human relationships influenced the shape of this building.

Built by Johannes Norlander in 2011, House Morran is located in the rugged landscape of the island Brannö, near the Gothenburg harbor. A country house from the nineteen-fifties with compartmentalized extensions was transformed into a single entity. With its tar coating and its reference to local fishermen's cottages in size and shape, it blends naturally into the landscape. The house captivates due to the simplicity of the light pine wood, its casual elegance, and a clear layout with many views through the structure and onto the surroundings. This creates a harmony of architecture and landscape and an atmosphere that also shows appreciation for the incidental—such as the shapes of the stones or the colors of the vegetation.

In their construction of a boat house near Aure, Norway (2011), TYIN tegnestue Architects partly used material from a demolished, eighteenth-century boathouse that had previously stood on the same location. Thus the inner formwork, for example, is made from 150-year-old boards, and the tin roof of the original boathouse today protects the exterior side of the gates. A four-meter-long countertop rests on

Südfassade lösen die Raumgrenzen auf und bilden im geöffneten Zustand einen überdachten Bereich, der einen fließenden Übergang zwischen Innenraum und Außenraum schafft. Gleichzeitig dienen die Tore durch eine Segeltuchbespannung auf der Innenseite und dahinter versteckter Lichtquelle als Leuchtkörper. In diesem Gebäude verschränken sich Tradition und Moderne zu einem eigenständigen Gefüge, welches im Einklang mit seiner Umgebung steht. Die Sorgfalt, die bei dem Einsatz der unterschiedlichen Materialien aufgebracht wurde, schärft den Blick für jedes Detail.

Authentizität entsteht, wenn ein größerer Zusammenhang bewusst wird und nicht die Selbstdarstellung, sondern der Kontext im Vordergrund steht. Diese Bescheidenheit führt zu einer geistigen Freiheit, die es ermöglicht, Traditionen aufzugreifen, zugleich jedoch Distanz zu diesen zu wahren und eigene, der Zeit entsprechende Wege zu gehen.

Bootshaus
Boathouse
bei near Aure,
Norwegen Norway,
2011, TYIN tegnestue
Architects

---

1   Joel Sternberg: *Sweet Earth – Experimental Utopias in America*. Steidl 2006, S. 90
2   Johannes vom Kreuz: *Die lebendige Liebesflamme*. Herder Spekrum 2000, S. 207
3   Maurice Merleau-Ponty: *Das Sichtbare und das Unsichtbare*. Wilhelm Fink 1994, S. 321
4   Ebd., S. 332f.

old railroad tracks. This transfer of an element from the exterior into the interior emphasizes the simultaneity of both areas. Visible rocks in the interior also refer to the exterior space. By using native pine trees, a regional reference is produced. The gates on the south façade, which open upward with steel fittings, break up the spatial boundaries and when opened form a covered area that creates a flowing transition between the interior and exterior spaces. At the same time, the gates serve as light fixtures, through the canvas covering on their interior side and light source hidden behind it. In this building, tradition and modernity fold into an independent structure, which is in harmony with its surroundings. The care that was applied in the use of different materials sharpens the view of every detail.

Authenticity emerges when one is made aware of a larger context, and this context—rather than self-expression—is paramount. This modesty leads to intellectual freedom that makes it possible to follow traditions, but at the same time to keep one's distance from them, and strike out on new paths in accordance with the times.

—

1   Joel Sternberg, *Sweet Earth – Experimental Utopias in America* (Göttingen: Steidl, 2006), 90.
2   Johannes vom Kreuz, *Die lebendige Liebesflamme* (Freiburg: Herder Spektrum, 2000), 207.
3   Maurice Merleau-Ponty, *The Visible and the Invisible* (Evanston: Northwestern University Press, 1969), 255.
4   Ibid., 265.

Haus House Morran,
Brännö, Schweden
Sweden, 2011,
Johannes Norlander
Arkitektur

GEBÄUDETYPOLOGIEN

Die folgende Untersuchung zeitgenössischer Beispiele verschiedener Gebäudetypologien anhand der vorgestellten Gestaltungskriterien zeigt, dass es weltweit bereits eine vielfältige Ausprägung einer offenen Architektur gibt. Die Beispiele sollen insbesondere deutlich machen, dass eine gewisse Dichte an Bezügen die Qualität der Gestaltung steigert, wobei oft mehrere Gestaltungskriterien zur Anwendung kommen, selten jedoch alle. In der Beschreibung der einzelnen Projekte ist die Reihenfolge der Kriterien nach individuellem Zusammenhang geordnet.
In der Zusammenschau zeigt sich in diesem Kapitel eine Komplexität und Vielfalt in der Umsetzung, die durch lokale Gegebenheiten und Besonderheiten der Bauaufgaben sowie die unterschiedlichen Arbeitsweisen der Architekten zustandekommt. Gleichzeitig wird deutlich, dass die vorliegenden Gestaltungskriterien universelle Handlungsweisen umschreiben und damit international anwendbar sind. Mit einzelnen Architekten wurden Interviews geführt, in denen – trotz unterschiedlicher Motivation – ähnliche Vorgehensweisen deutlich wurden, wie vielfältige Bezüge in der Architektur erreicht werden können. So verschieden die Beispiele sind, zeigen sie alle durch ihr feines Beziehungsgeflecht Aspekte zeitloser Qualität in der Architektur.

BUILDING TYPOLOGIES

The following study of contemporary examples of different buildings typologies based on the presented design criteria shows that there is already a diverse expression of an open architecture worldwide. In particular, the examples should make clear that a certain density of relationships increases the quality of design, whereby several design criteria are often applied, but rarely all of them. In the description of the individual projects, the order of the criteria is arranged according to the individual context.

Seen as a whole, in this chapter a complexity and diversity in the implementation becomes apparent, which comes about through local circumstances and the particularities of the construction projects, as well as the different working methods of the architects. At the same time, it is clear that the design criteria presented here describe universal behaviors and are thus internationally applicable. Interviews were conducted with individual architects, in which—despite different motivations—similar approaches revealed how diverse relationships can be achieved in architecture. As different as the examples are, they all show—through their subtle network of relationships—aspects of timeless quality in architecture.

Wohnungsbau

HAUS BERN HEIM BEUK, GB, Belgien, 2011
architecten de vylder vinck taillieu, Gent

Architektur und Natur

Das Haus Bern Heim Beuk wurde 2011 als Einfamilienhaus in Flandern errichtet. architecten de vylder vinck taillieu setzen sich bei ihren Projekten intensiv mit dem Kontext auseinander: So wurde auf diesem Grundstück der Baumbestand erhalten und in das Projekt mit einbezogen. Eine der Buchen wurde in das Wohnhaus integriert und der „Baumbestand" um eine das Einfamilienhaus allein tragende „Baumstütze" aus Beton ergänzt. Aus dieser Haltung ergeben sich vielfältige Bezüge zwischen Architektur und Natur.

Innen und Außen

Die in das Haus integrierte Buche steht in einem überdachten Außenbereich, wobei ein Teil der Dachfläche für ihren Stamm ausgespart wurde. Diese Geste setzt Innen- und Außenraum miteinander in Beziehung. Diese Beziehung wird durch die baumförmige Betonstütze als Tragstruktur des Hauses im Inneren quasi gespiegelt – Innen und Außen werden so vertauscht und treten in einen Zustand der Gleichzeitigkeit.

Gegensätze

Gegensätzliche Materialien wie Holz, Beton und Faserzement erlauben Bezüge zur Natur, aber auch zur industriellen Produktion. Ebenso spielen hochwertige und rauhe Details im Haus Bern Heim Beuk zusammen: Die Holzbauteile sind gehobelt, der Beton hingegen roh belassen. Gestrichene Oberflächen der Stahltreppe in türkis und einer Wand in grün setzen gezielte Farbakzente und schaffen Verbindungen zu Wiesen, Sträuchern und Bäumen der Umgebung.

Einfachheit

Die Verwendung schlichter Materialien wie Beton, Holz und Faserzementplatten bringt das räumlich sehr besondere Haus auf einfache Weise mit seinem suburbanen und konventionellen Umfeld zusammen, in dem sich eben diese Materialien wiederfinden.

Durchlässigkeit

Die Veranda des Hauses ist durch ein weiträumiges Lattengitter vom Garten abgegrenzt. Dessen irreguläre Geometrie sowie eine große Öffnung machen diese Raumbegrenzung durchlässig und tragen zur Einbeziehung des Umfeldes bei.

Wandel/Wachstum

Die Konstruktion der Wände und des Daches bestehend aus Latten und Faserzementplatten ist im beheizten Bereich von innen gedämmt. Die tragende Betonstütze wie auch die Deckenkonstruktion, Böden und Wände aus Holz sind weitgehend naturbelassen. Die Oberflächen zeigen mit der Zeit Gebrauchsspuren und lassen zum Teil auch Austausch zu. Die Aussparungen in Dach und Wänden machen deutlich, dass Änderungen einerseits durch das Wachstum des Baumes, aber auch durch die Interaktion mit den Bewohnern konzeptionell bedacht und möglich sind. Der durch das Dach wachsende Baum verkörpert ganz konkret das

Residential Construction

HOUSE BERN HEIM BEUK, GB, Belgium, 2011
architecten de vylder vinck taillieu, Gent

Architecture and Nature

House Bern Heim Beuk was built in 2011 as a single-family house in Flanders. architecten de vinck taillieu vylder extensively examine the context with their projects: thus, the existing trees on the property were kept and incorporated into the project. One of the beech trees was integrated into the house, and the "existing trees" around a single-family home supplemented with a single "tree pillar" made of concrete. Diverse relationships between architecture and nature arise from this approach.

Inside and Outside

The beech tree integrated into the house stands in a covered outdoor area, whereby part of the roof has been removed for its trunk. This gesture sets interior and exterior space in relation to each other. This relationship is quasi-mirrored inside, with the tree pillar as the supporting structure of the house—inside and outside are reversed and enter a state of simultaneity.

Opposites

The contrasting materials used—such as wood, concrete, and fiber cement—allow relationships to nature, but also to industrial production. Likewise, high-quality and rough details interact in House Bern Heim Beuk: the wooden components are planed, yet the concrete is left rough. The painted surfaces of the steel staircase in turquoise and a wall in green set specific color accents and create connections with the meadows, shrubs, and trees of the surroundings.

Simplicity

The use of simple materials—such as concrete, wood, and fiber cement sheets—brings the spatially very special house in a simple manner together with its suburban and conventional surroundings, where exactly these materials are found.

Permeability

The porch of the house is separated from the garden by a spacious wooden grid. Its irregular geometry and a large aperture make this spatial border permeable and contribute to the integration into the surroundings.

Change/Growth

The construction of the walls and the roof, consisting of slats and fiber cement sheets, is insulated in the heated area of the interior. The supporting concrete column—as well as the ceiling construction, floors, and walls of wood—are largely left natural. The surfaces show signs of wear with time and are in part replaceable. The openings in the roof and walls show that changes are conceptually considered and possible—on the one hand by the growth of the tree, on the other hand by interacting with the residents. The tree that grows through the roof concretely embodies natural growth and indicates that the framework of the house—and figuratively also our existence—is subject to constant change. Like a Japanese teahouse, this spatial structure urges us to recognize the preciousness of each moment.

natürliche Wachstum und verweist darauf, dass der Rahmen dieses Hauses – und übertragen auch unseres Daseins – einem ständigen Wandel unterworfen ist. Wie ein japanisches Teehaus fordert uns diese räumliche Struktur auf, die Kostbarkeit jedes einzelnen Moments zu erkennen.

Ambivalenz

Bei Betrachtung des Hauses zeigen sich einige ambivalente räumliche Strukturen: Durch das Dach wächst ein Baum. Hinter scheinbaren Löchern in den Wänden offenbaren sich bei genauem Blick kaschierte Fenster – neben den offensichtlichen. Im Innenraum steht ein „Baum" aus Beton und trägt das Haus. Diese für uns ungewöhnlichen Bilder setzen das Haus – trotz Einbettung durch Details – von seiner Umgebung ab und lassen es über sie hinauswachsen

Unvollkommenheit

Die Aussparungen in Dach und Wänden geben dem Haus einen unfertigen, vielleicht sogar irritierenden Charakter. Gerade dieser fordert Betrachter und Nutzer zur Interaktion heraus und setzt einen Impuls zur Kreativität.

Authentizität

Das Haus Bern Heim Beuk nimmt großzügig und auf unprätentiöse Weise Baumbestand und Bauweisen seines Umfeldes auf und setzt sich zugleich meilenweit von diesem ab. So schafft es einen authentischen Lebensraum für seine Bewohner, fördert aber auch deren kreative Entwicklung.

Ambivalence

Looking at the house, some ambivalent spatial structures appear: a tree is growing through its roof. On closer inspection, concealed windows—next to the obvious ones—reveal themselves behind the apparent holes in the walls. A "tree" made of concrete stands inside and supports the house. These images, which are unusual for us, remove the house from its surroundings—despite embedding through details—and let it grow beyond them.

Imperfection

The openings in the roof and walls give the house an unfinished, perhaps even irritating character. Precisely this challenges viewers and users to interact and serves as an impulse for creativity.

Authenticity

House Bern Heim Beuk takes up the existing trees and the construction of the surroundings in a generous and unpretentious way and at the same time sets itself miles away from them. Thus, it not only creates an authentic habitat for its inhabitants, but also supports their creative development.

LANDHAUS, Fergitz / **SCHWARZES HAUS**, Pinnow / **WERKHAUS**, Gerswalde, Uckermark
Thomas Kröger, Berlin

Architektur und Natur

Thomas Kröger arbeitet generell aus dem Kontext heraus und bereichert diesen mit erinnerten Bildern von seinen Reisen. Damit schafft er etwas komplett Neues, das zugleich in Verbindung mit dem Dagewesenen steht. Bei der Umwandlung eines ursprünglich als Scheune genutzten Gebäudes in ein Landhaus, verrät allein der Schornstein die Nutzung, von der Straßenseite sieht man dem Bau diese nicht an. Auf der Gartenseite wurden Torbögen als Öffnung zum Garten so neu erfunden, als wären sie immer schon da gewesen. Das schwarze Haus in Pinnow wirkt auf den ersten Blick, als sei es an die Typologie der angrenzenden Siedlungshäuser angelehnt, auch wenn es um 90 Grad gedreht steht. Die zugrunde legende Idee bestand darin, wie bei einem Tempel nur ein Dach zu fertigen und unter diesem die Landschaft frei hindurch fließen zu lassen. Eine Zeichnung von Jörn Utzon sowie chinesische Teepavillons inspirierten dazu. Bei seinem Werkhaus ließ sich Thomas Kröger in erster Linie vom Feldermeer der Uckermark inspirieren, „einer erotischen Landschaft mit weichen Rundungen. So schafft die Wellblechfassade des Werkhauses einen runden Übergang von Wand und Dach, um das Haus in die Hügel der Landschaft einzufügen. Das Grün ist daher auch auf das Wiesengrün abgestimmt. Die Giebelseiten wurden in Referenz an die Scheunen der Gegend aus der ortstypischen Lärchenholzschalung gefertigt".[1]

Gegensätze

Beim Landhaus finden sich an den Enden der Scheune und an den Seiten ihres Obergeschosses gegensätzlich wirkende, moderne und sehr reduzierte Einbauten. Die Wohnbereiche sind als filigrane Stahlstruktur voll verglast und gewähren Blickbezüge durch den Scheunenraum, der mit seinem Backsteinkamin das Zentrum des Hauses bildet. Der schwarze Anstrich der Stahlrahmen ist von alten Stallfenstern abgeleitet und unterstützt das Zurücktreten der Einbauten gegenüber der restaurierten Zimmermannskonstruktion der Scheune. Gerade die modernen, stark reduzierten Einbauten betonen Ursprung und Charakter dieses Gebäudes, da sie die grob bearbeitete Zimmermannskonstruktion gekonnt in Szene setzen.

Das schwarze Haus hat seinen Namen von den dunklen Oberflächen im Inneren. Seine Wände und Decken sind dunkel lasiert und der Boden aus Gussasphalt. Dieses Dunkel im Inneren verleiht dem Farbspiel der Natur draußen eine besondere Präsenz.

Wandel

Die Räumlichkeiten des Landhauses bieten vielfältige Nutzungsmöglichkeiten, von großen Feiern bis zur Klause. Der offene Kamin etwa verwandelt den Scheunenraum in einen Festsaal, in dem getafelt und getanzt werden kann. Die Aktivitäten können sich je nach Wetterlage und Jahreszeit in den Garten ausbreiten. Die kleinen Einbauten lassen auch einen vollkommenen Rückzug ins Innerste des Hauses zu, wie bei einer Klause. In dieser Nutzung hat die Scheune beinahe die Atmosphäre eines Kirchenschiffs.

Das schwarze Haus ist außen mit unbesäumten Lärchenholzbrettern verschalt, die ursprünglich blond waren und hat ein Dach aus schwarzer Teerpappe. Beide Materialien gleichen sich durch Vergrauen mit der Zeit einander an. Im Inneren gibt es einen Block mit Kojen, Stau-

Architecture and Nature

Thomas Kröger generally works in keeping with the context and enriches it with images remembered from his travels. This way he creates something completely new, which at the same time communicates with what was there before. When converting a building originally used as a barn into a country house, only the chimney reveals the use—from the street side one cannot recognize the conversion. On the garden side, archways were invented as an opening to the garden, as if they had always been there. The Black House in Pinnow looks at first glance like it was inspired by the typology of the adjoining

Landhaus Country House

raum, Bad und Küche. Die Kojen lassen sich zur Fassade hin zum Schlafen verschließen: „Wenn in einer Koje jemand liegt, lässt sich der gegenüberliegende Gang nutzen, um in Bad oder Bibliothek zu gelangen." So verwandelt sich dieses Haus mit dem Alter und seiner Nutzung.

Innen und Außen

Alle drei Einzelhäuser öffnen sich in die Natur. Beim Landhaus lassen sich die großen Scheunentore zum Garten hin öffnen, wodurch Innen- und Außenraum ineinander fließen. Über Blickbezüge durch den Scheunenraum sind die Wohnräume der neuen Einbauten auch stockwerksübergreifend miteinander verbunden.

Der Wohnbereich des Hauptraumes ist im schwarzen Haus gegenüber der offenen Küche und dem Essraum tiefer gesetzt. So entsteht ein geborgener Bereich, auch bei offener Verglasung zu beiden Seiten. Vom „Kojenbett kann man über die Bewegungszone vor der Fassade in die Landschaft sehen". Dieser vom Schiffsbau inspirierte Einbau schafft einen intimen Rückzugsort, der über Schiebeelemente oder Vorhänge gleichzeitig einen Bezug zum Rest des Hauses bzw. zur Umgebung aufweist und sich beliebig koppeln oder trennen lässt.

„Die dunklen Oberflächen im Wohnraum des schwarzen Hauses nehmen den Raumgrenzen ihre Präsenz und setzen den Fokus auf den Blick nach draußen in die Landschaft." Dadurch wird sowohl der Innenraum geweitet als auch der Außenraum mit einbezogen.

Einfachheit

Auch wenn beim Landhaus aus einer Scheune ein luxuriöses Wochenendhaus geworden ist, bleibt dieses im Rahmen des Umfelds, indem es die Lebensweise in einem Bauernhaus zum Beispiel mit verschiedenen Klimazonen fortführt.

Das Werkhaus wurde als Wohnhaus mit Schreinerwerkstatt zum Teil im Selbstbau errichtet. So ist die schöne Nagelbinderkonstruktion des Daches eine günstige und leichte Lösung, die der Bauherr selbst fertigen konnte. Das dadurch Gesparte konnte in gezielt gesetzte Elemente wie einen offenen, frei im Raum stehenden Kamin aus Stahl investiert werden. Das Haus besitzt mit seiner industriellen Wellblechfassade den Charme eines Werkstattgebäudes und mit seinen einfachen und doch eleganten Innenräumen den eines alten japanischen Hauses.

Das schwarze Haus wirkt mit seiner spartanischen Bauweise und Ausstattung wie der Archetyp eines Hauses. Durch die gezielt gesetzten verschiedenen Bereiche und deren intelligente Schaltbarkeit bietet es ein komplexes Wohnumfeld für alle Bedürfnisse.

Unvollkommenheit

Die Unebenheiten im teilweise wiederverwendeten alten Material erzählen in allen drei Häusern eine Geschichte. Der Boden in der Halle des Landhauses sowie der Kamin sind aus alten Ziegeln der Außenwand zur Gartenseite gefertigt. Diese wurden dort durch das Einbringen der großen Torbögen obsolet. In den Ziegelboden des Scheunenraums sind Findlinge eingestreut. Auch sie waren ursprünglich Bestandteil der alten Außenwand und machen mit ihrem unbearbeiteten Zustand die Natur im Innenraum präsent.

Im Werkhaus zeigt die Lärchenholzschalung die unbearbeiteten Kanten mit natürlicher Rinde und verstärkt so den Bezug zur Natur. Das unregelmäßige Bild der Schalung verleiht der Wand zudem etwas Lebendiges.

Der Teerboden im schwarzen Haus weist Luftblasen auf und wirkt derb wie ein Werkstattboden. Er bietet den perfekten Untergrund für ein ländliches Leben mit Dreck und Gummistiefeln.

settlement houses, even if it is rotated by ninety degrees. The underlying idea was to produce just a roof, as in a temple, and under it allow the landscape to flow freely through. A drawing by Jorn Utzon and Chinese tea pavilions were inspirations. In his Workshop, Thomas Kröger was inspired primarily by the Uckermark's sea of fields, "an erotic landscape with soft curves. Thus, the corrugated metal façade of the Workshop creates a round transition of wall and roof, to integrate the house into the hills of the landscape. The green is therefore also matched with the green meadow. In reference to the barns in the area, the gable ends were made from local larch cladding."[1]

Opposites

In the Country House, there are very reduced installations at the ends of the barn and on the sides of the upper floor, which seem contrastingly modern. As a filigree steel structure, the living areas are fully glazed and provide visual references through the barn area, which forms the center of the house with its brick fireplace. The black paint of the steel frame is derived from the old barn windows and supports the receding of the installations in contrast to the restored carpenter construction of the barn. In particular the modern, highly reduced installations emphasize the origin and character of the building, because they skillfully draw attention to the roughly worked carpenter construction.

The Black House takes its name from the dark surfaces in the interior. Its walls and ceilings are stained dark and the floor made of mastic asphalt. This darkness inside confers a special presence on nature's play of colors outside.

Werkhaus Workshop

Ambivalenz

In Thomas Krögers Gebäuden werden lokale Materialien und Konstruktionsweisen wie Holz und Wellblech genauso verwendet wie Holzdetails aus China oder Kacheln aus Portugal. So entsteht Neues und zugleich Vertrautes.

Beim Landhaus wurden Treppenstufen nach chinesischem Vorbild in die Wangen eingesetzt, mit einer vorstehenden und praktisch abgekanteten Ecke. Für den Baldachin über dem Esstisch war eine Futterkrippe aus Holzlatten das Vorbild. Das Bad über der Küche ist mit portugiesischen Kacheln in blau-weißem Blumenmuster gefliest. Ein definierender Aspekt beim Werkhaus war der Traum des Bauherrn, wie in einer vulkanischen Grotte zu duschen. So wurde ein Bad in einer Nische eingebracht mit Licht von oben und freiem Blick in die Landschaft. Über gesteinsartig platzierte Stufen betritt man diesen mit schwarzen Fliesen ausgelegten Raum.

Change

The premises of the Country House offer a variety of uses—from a large celebration to a hermitage. The open fireplace, for example, transforms the barn space into a ballroom, where visitors can dine and dance. The activities can spread into the garden, depending on the weather and season. The small installations also allow for a perfect retreat into the heart of the house, like a hermitage. In this usage, the barn almost has the atmosphere of a church nave.

The Black House is paneled on the exterior with local larch cladding, which was originally blond, and has a roof made of black tarboard. By becoming gray, both materials converge over time. In the interior, there is a block with berths, storage space, bathroom, and kitchen. The berths can be closed towards the façade for sleeping: "If someone is lying in a bunk, the opposite corridor can be used to enter the bath or library." Thus, this house transforms with age and its use.

Inside and Outside

All three of the detached houses open into nature. With the Country House, the large barn doors open to the garden, whereby interior and exterior flow into each other. Through views through the barn area, the living spaces of the new installations are also interconnected over several floors.

In the Black House, the living area of the main room is set deeper in contrast to the open kitchen and the dining room. The result is a more protected area, even with open glazing on both sides. From the "bunk bed, one can see through the movement zone in front of the façade into the landscape." Inspired by shipbuilding, this installation creates an intimate retreat, which—with sliding elements or curtains—at the same time presents a relationship to the rest of the house or to the surroundings and can be coupled or disconnected as desired. "The dark surfaces in the living area of the Black House remove the spatial boundaries and focus the view outside into the landscape." As a result, the interior space is widened and the exterior space also included.

Simplicity

The Country House fits well with the simple village surroundings. Even if a luxurious weekend home has been created here from a barn, it remains as part of the environment—for example, by continuing the way of life in a farmhouse with different climate zones.

The Workshop was built as a residence with carpenter's shop—in part as DIY. Thus, the beautiful truss construction of the roof is an inexpensive and easy solution that the owner could produce himself. The savings from this could be invested in specifically set elements—such as an open, free-standing fireplace made of steel. With its industrial corrugated metal façade, the house has the charm of a workshop building, and in its simple, yet elegant interior spaces, that of an old Japanese house.

The Black House, with its spartan design and features, seems like the archetype of a house. Through the strategically placed different areas and their intelligent switching capacity, it offers a complex living environment for all needs.

Imperfection

The unevenness in the partly recycled old materials in all three buildings tells a story. The floor in the hall of the Country House and the fireplace are made of old bricks from the exterior wall of the garden side. This was made obsolete by the introduction of large archways. Boulders are interspersed in the brick floor of

Durchlässigkeit

Mittels vielfältiger Sichtbezüge sowie feiner, filigraner, aber auch grober Oberflächen bringt Thomas Kröger Durchlässigkeit in seine Bauten. Der Scheunenraum, das zentrale Bindeglied im Landhaus, verbindet alle Wohnräume durch Blickbezüge miteinander und eröffnet einen Blick in die Landschaft. Auch die zurücknehmend gestalteten, filigranen Fassaden der Einbauten sowie die naturbelassene gereinigte Zimmermannskonstruktion der Scheune tragen zur Durchlässigkeit bei.

Im schwarzen Haus wird durch eine freie Blickachse vom einen zum anderen Ende des Hauses Durchlässigkeit erreicht. Ein frei in den Raum gestellter Funktionsblock beherbergt Kojen, Stauraum, Bad und Küche, die durch den Umgang entlang der Fassade Kontakt in die Landschaft haben.

Authentizität

Thomas Kröger erzeugt in allen drei freistehenden Häusern unterschiedliche, teils sehr subtile Stimmungen und Bezüge innerhalb der Gebäude sowie zwischen Innen- und Außenraum. Die Bauten sind in ihrer Gestaltung jeweils stimmig mit ihrem Umfeld und den Bedürfnissen ihrer Nutzer. Sie stehen harmonisch wie auch eigenständig und kraftvoll in der Landschaft.

—

1   Thomas Kröger im Interview mit der Autorin, 31.01.2015. Alle folgenden Zitate entstammen ebenfalls diesem Interview.

the barn space. They were also originally part of the old exterior wall and with their raw state give nature a presence in the interior space.

In the Workshop, larch wood planking shows the raw edges with natural bark and thus strengthens the relationship to nature. The irregular image of the cladding also lends the wall something living.

The tar floor in the Black House has air bubbles and seems rough like a workshop floor. It provides the perfect surface for a rural life with dirt and rubber boots.

Ambivalence

In Thomas Kröger's buildings, local materials and construction methods—such as wood and corrugated iron—are used, as well as wood details from China or tiles from Portugal. This creates something new, yet familiar.

In the Country House, stairs were used based on a Chinese model—set in the beams, with a protruding, and practically bent corner. For the canopy over the dining table, a manger made of wooden slats was the model. The bathroom above the kitchen is tiled with Portuguese tiles in a blue-white floral pattern. A defining aspect of the Workshop was the owner's dream to shower as if in a volcanic grotto. Hence, a bath was installed in a niche with light from above and an unrestricted view of the landscape. One reaches the black-tiled space on rock-like steps.

Permeability

Due to various sightlines and fine, delicate more delicate, but also rough surfaces, Thomas Kröger brings permeability into his buildings. The barn space, the central link in the Country House, connects all of the living spaces through visual references to each other and opens up a view of the landscape. The simply designed, filigree façades of the installations, and the untreated, purified carpenter construction of the barn also contribute to this permeability.

In the Black House, permeability is achieved through a free line of sight from one end of the house to the other. A function block—set freely in the space—houses bunks, storage space, bathroom, and kitchen, which through the movement zone along the façade have contact to the landscape.

Authenticity

In all three of these detached houses, Thomas Kröger creates different, sometimes very subtle moods and relationships within the building and between interior and exterior space. In their designs, the buildings are each consistent with their surroundings and the needs of their users. They stand harmoniously, as well as independently and powerfully in the landscape.

—

1 Thomas Kröger in an interview with the author on January 31, 2015. All subsequent quotes are also from this interview.

TOWER MACHIYA, Tokio, 2010 / **IKUSHIMA LIBRARY**, Tokio, 2008
Atelier Bow-Wow, Tokio

Architektur und Natur

Der Tower Machiya wurde im zentralen Stadtteil Shinjuku errichtet. Er greift das traditionelle Stadthaus Machiya auf und stapelt dessen gewöhnlich in die Tiefe gehende Fläche auf vier Stockwerken übereinander. Böden, Decken und Gitter sind in Holz gefertigt und stellen Bezüge zur Natur und zur traditionell verorteten Baukunst her.

Die Ikushima Library, ein Wohnhaus mit einer Privatbibliothek, steht im suburbanen Stadtteil Kokubunji und orientiert sich an der Typologie der Nachbargebäude. Innen ist sie ganz in Holz gehalten und schafft ein warmes, natürlich wirkendes Umfeld.

Einfachheit

Der Tower Machiya wurde als bisher kleinstes Haus der Architekten auf einer Grundfläche von knapp 23 Quadratmetern, was in etwa der Größe eines Parkplatzes entspricht, in einer Baulücke errichtet. Um Raum zu sparen, wurde das Haus aus einem filigranen Stahlgerüst gebaut, welches innen und außen sichtbar ist. Es beinhaltet gezielt einfach gehaltene Räume zum Wohnen und einen Teeraum im obersten Stock. Dadurch wirkt das Haus trotz seiner geringen Größe ruhig und geräumig.

Auch die Ikushima Library füllt eine Lücke im städtischen Gewebe und zeigt, wie sich mit einfachen Materialien auf kleiner Fläche ein großzügiger Lebensraum schaffen lässt.

Gegensätze

Der Tower Machiya ist bestimmt durch den Gegensatz zwischen der weiß gestrichenen, stark reduzierten modernen Stahlkonstruktion und den naturbelassenen traditionell verarbeiteten Holzelementen. Aus diesem Zusammenspiel entsteht eine neutrale und dennoch warme Atmosphäre.

Die Ikushima Library ist außen mit Wellblech verkleidet und passt sich weniger durch ihr Material als vielmehr durch ihre Form der Umgebung an. Damit ist klar, dass es sich hier um ein modernes, industriell gefertigtes Haus handelt. Im Inneren ist das Haus ganz in Holz gehalten und schafft so eine stimmige Umgebung für die vielen Bücher. Gleichzeitig entsteht eine Atmosphäre, die traditionellen japanischen Häusern nahe kommt.

Innen und Außen

Beide Häuser sind semiöffentliche Gebäude. In den Teeraum des Tower Machiyas werden gelegentlich Gäste zur Teezeremonie geladen, in der Ikushima Library finden im oberen Teil des Bibliothekstrakts täglich Vorlesestunden für Kinder statt.

Auch wenn der Tower Machiya sehr klein ist, befindet sich auf jeder Ebene ein 45 Zentimeter tiefer Balkon, der Raum für Pflanzen bietet und Austausch mit dem Außenraum ermöglicht. Traditionell gefertigte Gitter aus feinen Holzlatten schaffen flexiblen Sichtschutz zur Straße sowie innerhalb des Hauses.

Die Ikushima Library gewährt durch großflächige Verglasungen von außen einen Einblick in den öffentlichen Teil auf die über zwei Stockwerke reichende Buchsammlung. Von der Straße gelangt man direkt in den Arbeitsraum der Schriftsteller. Ihr Wohntrakt befindet sich nebenan und ist über dieselbe Treppe zugänglich. Beide Hausteile sind innen mit eigenen Dächern aus Holzlatten abgeschlossen und wirken so wie zwei separate kleine Häuser. Sie

TOWER MACHIYA, Tokyo, 2010 / **IKUSHIMA LIBRARY**, Tokyo, 2008
Atelier Bow-Wow, Tokyo

Architecture and Nature

Tower Machiya was built in the central district of Shinjuku. It borrows from the traditional *machiya*, and stacks its usually deep area space onto four floors above each other. Floors, ceilings, and grids are made of wood and produce relationships to nature and to traditionally located architecture.

Ikushima Library, a residence with a private library, is in the suburban district of Kokubunji and is oriented towards the typology of the neighboring buildings. The interior is completely in wood and creates a warm, natural-looking environment.

Simplicity

On an area of almost twenty-three square meters—roughly the size of a parking space—Tower Machiya was the architects' smallest building at the time. To save space, the house was built of a filigree steel frame, which is visible internally and externally. It contains deliberately simple rooms for living and a tea room at the top. As a result, the house seems calm and spacious despite its small size.

Ikushima Library also fills a gap in the urban fabric, and shows how it is possible to create a generous living space on a small lot with simple materials.

Opposites

Tower Machiya is defined by the contrast between the white-painted, strongly reduced modern steel structure, and the natural, traditionally manufactured wood elements. This interplay results in a neutral yet warm atmosphere.

Ikushima Library is clad with corrugated iron and adapts to its surroundings more because of its form than its material. Thus, it is clear that this is a modern, industrially manufactured building. In the interior, the building is made completely from wood, creating a harmonious environment for the many books. At the same time, an atmosphere emerges that comes close to traditional Japanese buildings.

Inside and Outside

Both structures are semipublic buildings. Guests are occasionally invited to tea ceremonies in the tea room at the top of Tower Machiya; daily reading sessions for children take place in the upper section of Ikushima Library.

Although the Tower Machiya is very small, each level features a forty-five-centimeter-deep balcony, which offers space for plants and enables exchange with the exterior space. Traditionally crafted grids made of fine wooden slats create flexible privacy screens to the street and within the house.

With its extensive glazing, Ikushima Library grants a view from the outside into the public section, where the book collection extends over two floors. From the street, one arrives directly in the writers' working space. Their living area is located next door and is accessible via the same stairs. Both sections of the building are self-contained with their own roofs made of wooden slats, and thus seem like two separate small buildings. On the exterior, they are combined by a large joint roof.

Ambivalence

The spatial relationship between the different levels is ambivalent in both buildings. Because of their height difference, the levels clearly contrast with one another, yet are visually linked.

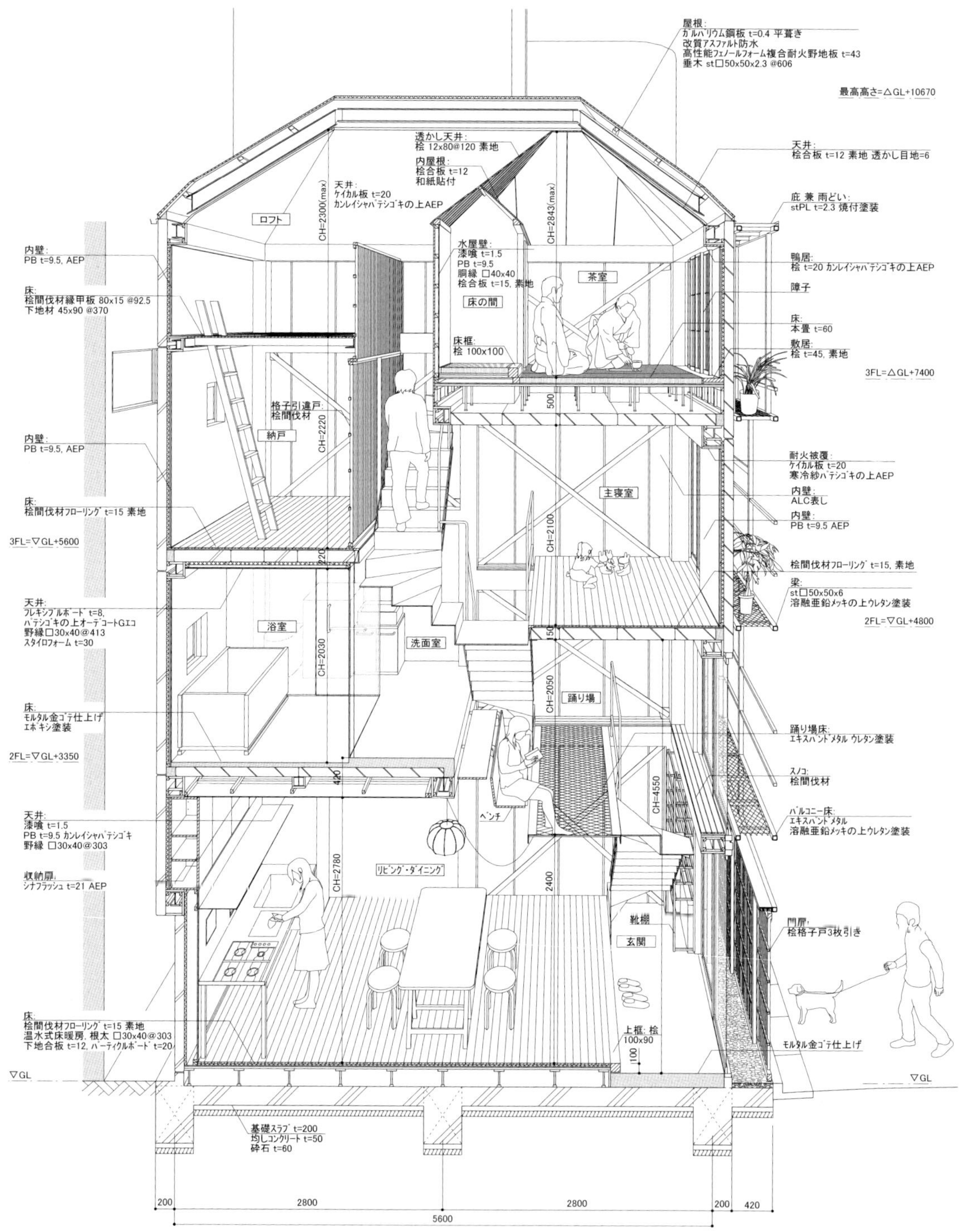

Tower Machiya

This creates a feeling of spaciousness in the smallest footprint.

Permeability

As in all of the buildings by Atelier Bow-Wow, the stairs also play a central role in Tower Machiya; they are not separate from the rooms, but freely integrated in them. With a filigree design, they take up little space and light, and visually connect all levels of the split-level arrangement to each other up to the shielded tea room. Thus, they ensure transparency and provide space for communication across the levels. In Ikushima Library, the stairs connect two vertically disparate areas—namely the living and work areas of its residents, who are both writers. The stairs mediate between public and private, grant visual references, allow light into both areas, and enable cross ventilation. At the same, time non-family members can also enjoy the semipublic space.

Change

Atelier Bow-Wow describe their approach as *behaviorology* and see it as an overlapping of different rhythms that result from nature, environment, and times of the day and year.[1] Thus, the firm's differentiated buildings are meticulously considered to the smallest space, so that life can develop freely in them. The spaces are indeterminate in their use and thus provide an area for very different activities.

Void

The simple and very sparse furnishings of Tower Machiya ensure that the small spaces can become open spaces for life. This principle is known from traditional Japanese houses, because here the living rooms are kept neutral and the household objects needed are stored immediately after use. As a result, the same space makes a wide range of uses possible—sometimes even simultaneously. In its furnishings and use, the tea room on the top level references void as oneness.

In Ikushima Library, the upper section is a freely performable area that is not only used for reading sessions. This creates space for development.

Authenticity

The buildings by Atelier Bow-Wow react to the reduced available space in densely built Tokyo. From this situation, building typologies have developed that are able to provide spacious living space with a tiny footprint. By combining traditional and contemporary architecture, spaces arise that blend into their surroundings, and simultaneously correspond to the possibilities and needs of their users. Thus, they give authentic answers to new challenges in residential construction, even with globally shrinking financial resources.

---

1   Atelier Bow-Wow, *The Architectures of Atelier Bow-Wow: Behaviorology* (New York: Rizzoli, 2010).

werden außen von einem großen gemeinsamen Dach zusammengefasst.

Ambivalenz

Der räumliche Bezug zwischen den verschiedenen Ebenen ist in beiden Häusern ambivalent. Durch ihren Höhenunterschied setzen die Ebenen sich klar voneinander ab, sind jedoch visuell miteinander verbunden. Dadurch entsteht ein großzügiges Raumgefühl auf kleinster Grundfläche.

Durchlässigkeit

Wie in allen Häusern von Atelier Bow-Wow spielt auch im Tower Machiya die Treppe eine zentrale Rolle; sie ist nicht von den Räumen getrennt, sondern frei in diese integriert. Filigran konstruiert nimmt sie wenig Raum und Licht und verbindet alle Ebenen der Split-Level-Anordnung mit Blickbezug zueinander bis in den geschützten Teeraum hinauf. Damit sorgt sie für Durchlässigkeit und ermöglicht Kommunikation zwischen den Ebenen.

In der Ikushima Library verbindet die Treppe zwei vertikal voneinander getrennte Bereiche, nämlich den Wohn- und Arbeitsteil seiner Bewohner, die beide Schriftsteller sind. Die Treppe vermittelt zwischen öffentlich und privat und gewährt Blickbezüge, lässt den Einfall von Licht in beide Bereiche zu und ermöglicht Querlüftung. Gleichzeitig können sich so auch Nicht-Familienmitglieder am halböffentlichen Raum erfreuen.

Wandel

Atelier Bow-Wow beschreiben ihre Vorgehensweise als *behaviorology* und sehen darin eine Überlagerung verschiedener Rhythmen, die sich durch Natur, Umfeld, Tages- und Jahreszeiten ergeben.[1] So sind ihre differenzierten Häuser auf kleinstem Raum sorgfältig darauf ausgelegt, dass sich das Leben in ihnen frei entfalten kann. Die Räume sind in ihrer Nutzung unbestimmt und bieten so eine Fläche für ganz unterschiedliche Aktivitäten.

Leere

Die einfache und sehr sparsame Möblierung des Tower Machiya sorgt dafür, dass die kleinen Räume zu Freiräumen für das Leben werden können. Dieses Prinzip ist von traditionellen japanischen Häusern bekannt, denn auch hier sind die Wohnräume neutral gehalten und die für das Wohnen benötigten Objekte werden nach ihrem Gebrauch sofort verstaut. Dadurch kann derselbe Raum verschiedenste Nutzungen – teils sogar gleichzeitig – ermöglichen. Der Teeraum auf der obersten Ebene verweist in seiner Ausstattung und Nutzung auf die Leere als Alleinheit.

In der Ikushima Library bleibt der obere Teil eine frei bespielbare Fläche, die nicht nur für Vorlesestunden genutzt wird. So entsteht Raum zur Entfaltung.

Authentizität

Die Gebäude von Atelier Bow-Wow reagieren auf die reduzierten räumlichen Möglichkeiten im eng bebauten Tokio. Aus dieser Situation haben sich Gebäudetypologien entwickelt, die in der Lage sind, großzügigen Wohnraum auf kleinster Fläche bereitzustellen. Durch die Kombination von traditioneller und zeitgenössischer Baukunst entstehen Räume, die sich in ihre Umgebung einpassen und zugleich den Möglichkeiten und Bedürfnissen ihrer Nutzer entsprechen. Damit geben sie authentische Antworten auf neue Herausforderungen im Wohnungsbau, auch bei global kleiner werdenden finanziellen Ressourcen.

---

1   Vgl. Atelier Bow-Wow: *The Architectures of Atelier Bow-Wow: Behaviorology.* Rizzoli 2010

HAUS AUGUSTSTRASSE, Berlin, 2005
Ebers Architekten, Berlin

Architektur und Natur

Wenn man an die Vielfalt der Natur denkt, so findet sie sich in Jörg Ebers Gebäuden in vielfältigen Farben, Materialien und Größen. Im Haus Auguststraße beispielsweise „ist keine Einheit gleich – es gibt keine durchläufigen Deckenhöhen"[1]; das Haus ist gedacht als „Promenade durch eine dreidimensionale Landschaft". „Räumliche Motive, die auf Naturbezüge anspielen" sind etwa die Kaminnische, die wie eine „Höhle mit Feuer" wirkt, oder das „blaue Oberlichtvolumen als Himmel" über der Küche. Vom waldgrün gefliesten Bad, inspiriert von einem japanischen Bad, hat man einen Blick über die Terasse auf einen Baum im Hof. Das Grundmaterial Beton ist in der Auguststraße in Treppenhaus und Küche sichtbar. Hinzu kommt aber auch viel geöltes Holz und gezielt gesetzte kräftige Farben, wie das leuchtend grüne Geländer im Treppenhaus. Die Außenfassade aus einem gedämpft grünen Glasmosaik fügt sich gut in die Umgebung ein. Sie erreicht durch ihre aus dem Innenraum entwickelte Fensteraufteilung harmonische Bezüge zu den Nachbargebäuden. Die feine Oberfläche des Glasmosaiks zeigt eine Parallele zum Bearbeitungsgrad der Stuckoberflächen an den Nachbargebäuden.

Gegensätze

Die Gegensätze aus rauhen und feinen Oberflächen sowie zurückhaltenden und leuchtenden Farben, das Spektrum an Größen, extreme Maße und Proportionen bringen Spannung und Großzügigkeit in nicht unbedingt große Räume. So führt das kleine Treppenhaus in der Auguststraße in einen großen Wohnraum, der mit der kleinen Kaminnische und visuell mit darüber liegender Küche und Arbeitsgalerie verbunden ist. Ein großes Fenster ist zu einem Alkoven ausgebaut und stellt einen eigenen angegliederten Raum dar.

Innen und Außen

Jörg Ebers schafft in seiner Architektur vielfältige räumliche Bezüge zwischen Innen und Außen. Für ihn „geht es dabei immer um geliehene Landschaft. Der Außenraum/Stadtkörper wird als Erweiterung des Innenraums mitgedacht, wobei die Stadt den Mittel- und Tiefengrund liefert. Dadurch wird der Innenraum größer". Teilweise sind Fenster auch als Sitzgelegenheit ausgebildet. Dabei ist die Leibung so tief, dass sich gut darin sitzen, sogar stehen und laufen lässt, die Oberfläche ist aus geöltem Holz, wie bei einem Möbelstück. So wird diese Schwelle zwischen innen und außen zu einem Ort, der den Raumbezug erlebbar macht. Für Jörg Ebers „ist das Haus das Möbel das Haus". Maße und Richtung seiner Fensteröffnungen setzen dabei gezielte Bezüge in den Außenraum. In der Auguststraße rückt ein Fenster ganz an die Außenwand, damit über eine „Straßenachse der Außenraum ins Haus geführt wird". Je nach Stockwerkshöhe ergeben sich ganz unterschiedliche Verbindungen zur näheren und ferneren Umgebung. In der inneren Gebäudestruktur sind Räume so angeordnet, dass durch verschiedene Raumhöhen auch in der Vertikalen Blickbezüge möglich sind. So kann man in der Auguststraße von der Küche in den Wohnraum hinunter und in den Schlafbereich hinauf sehen.

Wachstum

Die Raumkompositionen der Gebäude Jörg Ebers leben wie schon erwähnt von Kontrasten

HOUSE AUGUSTSTRASSE, Berlin, 2005
Ebers Architekten, Berlin

Architecture and Nature

When one thinks of the diversity of nature, it can be found in Jörg Ebers' buildings in a variety of colors, materials, and sizes. In the building on Auguststrasse, for example, "no unit is the same—there are no ceiling heights running through."[1] The building is intended to be a "promenade through a three-dimensional landscape…. Spatial motifs that make references to nature," for example, are the fireplace niche, which seems like a "cave with fire," and the "blue skylight volume as sky" above the kitchen. From the bathroom—tiled in forest green and inspired by a Japanese bathroom—there is a view across the terrace to a tree in the courtyard. Concrete, which serves as the base material in the Auguststrasse building, is visible in the stairwell and kitchen. Yet, there is also a lot of oiled wood and specifically strong colors—like the luminous green railings in the stairwell. The exterior façade, in a subdued green glass mosaic, blends well into the surroundings; through the developed window segmentation, it achieves harmonic relationships to the neighboring buildings. The fine surface of the glass mosaic shows a parallel to the processing level of stucco surfaces on the neighboring buildings.

Opposites

The contrasts of rough and fine surfaces as well as restrained and bright colors, the range of sizes, extreme dimensions, and proportions bring exciting tension and generosity to spaces that are not necessarily large. Thus, the small staircase in the Auguststrasse leads into a large living space, which is connected to the small fireplace niche, and visually with the kitchen and work gallery located above. A large window is expanded into an alcove and represents its own separate space.

Inside and Outside

In his architecture, Jörg Ebers creates diverse spatial relationships between interior and exterior. For him, "it is always about borrowed landscape. The exterior space / city structure is thought of as an extension of the interior space, whereby the city provides the middle and deep ground. Thus, the interior space becomes larger." Some of the windows are formed as seating. The scuncheon is so deep that one can sit well in it, even stand and walk, and the surface is oiled wood, like a piece of furniture. Thus, this threshold between interior and exterior is a place that makes the spatial relationship tangible. For Jörg Ebers, "the house is the furniture, the furniture the house."

The scale and direction of the window openings set targeted relationships to the exterior space. In Auguststrasse, a window moves completely to the exterior wall, so that a "road axis of the exterior space is led into the house." Depending on the floor height, very different connections emerge to the surroundings that are closer and those that are farther away. In the interior building structure, rooms are arranged so that through different ceiling heights visual relationships are also possible in the vertical. Hence, one can see from the kitchen into the living room and into the sleeping area upstairs.

Growth

The spatial compositions in Jörg Ebers' buildings live, as already mentioned, from opposites—such as large/small, spacious/tight, horizontal/

wie groß – klein, weitläufig – eng, horizontal – vertikal. Diese Gegensätze erzeugen auf kleinem Raum eine große räumliche Spannung und bieten so Raum zur Entfaltung. In der Auguststraße zeigt sich dies am Wohnraum, der offen bleibt für vielfältige Nutzungen, wie zum Beispiel Schaukeln. So wird in der Auguststraße eher die Küche als „Nukleus" und Wohnzimmer genutzt, der „Hauptraum hingegen ist immer Spielzimmer für alle". Die „geliehene Landschaft" des Außenbereichs trägt ihren eigenen Teil zur Erweiterung des Innenraums bei.

Durchlässigkeit

Jörg Ebers versteht das „Haus als Welt. Alles gehört mit allem zusammen". Insbesondere die räumlichen Durchblicke auch über mehrere Ebenen tragen zu dieser Durchlässigkeit im Haus in der Auguststraße bei. Durch feine Oberflächen und Materialien entsteht ein exquisites Ambiente, in dem die Wand als solche nicht vordergründig als Raumgrenze wahrgenommen wird, wie beispielsweise in der Küche, deren Wand aus Holzelementen und Betonoberflächen besteht. Darüber hinaus sind Wände oft als Körper (Stauraum) gedacht und schaffen so mehr Freiraum für die Nutzer.

Wandel

Die viel verwendeten offenporigen Materialien Holz und Beton lassen Gebrauchsspuren zu und schaffen einen Bezug zum Alterungsprozess des Menschen. Ebenso können die Gebäude von Jörg Ebers sich wechselnden Bedürfnissen oder auch Nutzern anpassen. „Sobald Gebäude in der Welt sind, darf darin alles passieren ... Das Haus hat nichts Heiliges, es darf dabei aber auch nichts verloren gehen."

Authentizität

Das Haus in der Auguststraße schafft als komplexes räumliches Gebilde vielfältige Bezüge: von Raum zu Raum, Ebene zu Ebene, zwischen Innen und Außen, nah und fern, Haus und Stadt, Individuum und Gemeinschaft. So entsteht ein stimmiger Zusammenhang, typologisch, materiell und sozial. Dieser hat einen individuellen Ausdruck, der sich im Dialog Mensch–Haus–Stadt–Gemeinschaft begreift.

—

1   Jörg Ebers im Interview mit der Autorin, 25.06.2015. Alle folgenden Zitate entstammen ebenfalls diesem Interview.

vertical. In a small space, these opposites create a large spatial tension and thus room for development. In Auguststrasse, this is shown in the living space, which remains open for multiple uses, such as swinging. Thus, in Auguststrasse the kitchen is used as "nucleus" and living room, the "the main room, on the other hand, is always the playroom for everyone." The "borrowed landscape" of the exterior area makes its own contribution to the expansion of the interior.

Permeability

Jörg Ebers understands the "house as a world. Everything belongs with everything together." In particular, the spatial perspectives on several levels also contribute to the permeability in the house on Auguststrasse. With fine surfaces and materials, an exquisite ambience emerges in which the wall, as such, is not primarily perceived as a spatial boundary—like in the kitchen, where the the wall is made of wood elements and concrete surfaces. In addition, the walls are often thought of as storage space, thus creating more space for the users.

Change

The much used, porous materials—wood and concrete—allow signs of wear and establish a reference to the aging process in humans. Similarly, Jörg Ebers' buildings can adapt to changing needs or users. "As soon as buildings are in the world, everything should be allowed to happen in them ... The building has nothing sacred, nevertheless nothing should be lost."

Authenticity

As a complex spatial structure, the building on Auguststrasse creates many relationships: from room to room, level to level; between inside and outside, near and far; house and city,

individual and community. The result is a coherent context—typologically, materially, and socially. It has an individual expression that understands itself in the dialogue of people-building-city-community.

—

1   Jörg Ebers in an interview with the author on June 25, 2015. All of the subsequent quotes are from the same interview.

MORIYAMA HOUSE, Tokio, 2005
Ryue Nishizawa, Tokio

Architektur und Natur

Für Ryue Nishizawa ist es bei jedem Projekt wichtig, einen harmonischen Bezug zwischen Architektur und Natur bzw. Umgebung herzustellen. So ging dem Entwurf des Moriyama House eine genaue Betrachtung des städtischen Umfelds voraus, die zu der Entscheidung führte, das Haus in kleine Einheiten aufzuteilen, um es bestmöglich in die Nachbarschaft einzubinden. Die unterschiedlich proportionierten Kuben passen sich dem Umfeld an und lassen kleine Wege in den Zwischenräumen frei. Die Höfe sind bepflanzt und ergeben schöne Gärten. Die Kleinteiligkeit der Struktur lässt die Menschen im Vergleich dazu groß wirken und ergibt ein sehr intimes Wohnumfeld.

Gegensätze

Ursprünglich wollte der Auftraggeber ein Wohnhaus für sich und ein separates Gästehaus bauen, was jedoch als Typologie im Verhältnis zur Umgebung zu groß geworden wäre und das Grundstück vom öffentlichen Raum abgetrennt hätte. So wurde das Programm in einzelne kleine Einheiten aufgebrochen, die auf dem Grundstück verteilt stehen. Diese teilweise mehrgeschossigen Kuben bieten Wohnraum für sechs bis sieben Personen. Sie sind neutral in weiß gehalten, wodurch sie visuell in den Hintergrund treten. Durch die weiße Farbgebung auch im Inneren wirken die kleinen Räume größer und die Präsenz der Bewohner, der Objekte drinnen und draußen und der Pflanzen im Garten wird betont.

Durchlässigkeit

Das Moriyama House steht in einem ruhigen, alten Wohnviertel von Tokio mit einer intakten Nachbarschaft, in der man sich kennt. Um dem zu entsprechen, versuchte Ryue Nishizawa eine Beziehung zwischen dem Projekt und der städtischen Umgebung herzustellen. Dies gelang ihm vor allem durch die Öffnung des Geländes zur Straße hin, wodurch jeder in das Innere des Wohnkomplexes gelangen kann. Die Kuben besitzen alle großzügig dimensionierte Fenster in die Nachbarschaft und in die Höfe innerhalb des Geländes. So entsteht ein durchlässiges Gewebe, welches vielfältige Gelegenheiten zur Kommunikation ermöglicht.

Innen und Außen

Auch wenn jeder Bewohner des Moriyama House sich in die Privatsphäre seiner Einheit zurückziehen kann, schaffen die offenen Wege durch das Grundstück, die Gärten zwischen den Kuben und die Dachterassen vielfältige Möglichkeiten zum Austausch zwischen Innen- und Außenraum.

Wandel

Die Aufteilung des Bauvolumens in viele kleine Einheiten erlaubt es dem Besitzer, Eigennutzung und vermietete Flächen seinem Bedarf flexibel anzupassen. Die kleinen Kuben verbinden sich je nach Jahreszeit unterschiedlich mit dem Außenraum. So kann sich im Sommer der Innenraum durch Öffnung in den Außenraum erweitern und beide können als Einheit zusammen genutzt werden. Im Winter leben die Bewohner zurückgezogen in ihren Räumen, die sich dann zumindest optisch in die verschneiten Gärten hinein erweitern und dadurch hell und weit wirken.

Architecture and Nature

For Ryue Nishizawa, it is important to establish for each project a harmonious relationship between architecture and nature and/or the surroundings. Thus, the draft of the Moriyama House was preceded by a detailed consideration of the urban environment, which led to the decision to divide the house into smaller units in order to integrate it in the neighborhood in the best way possible. The differently proportioned cubes adapt to the surroundings and leave little paths in the intervening spaces. The courtyards are planted and yield beautiful gardens. The smallness of the structure makes the people seem large in comparison, and results in a very intimate living environment.

Opposites

Originally, the client wanted to build a house for himself and a guesthouse. As a typology, however, this would have been too large in relation to the surroundings and would have separated the property from public space. Hence, the program was broken up into several small units, which are distributed on the property. These partially multistory cubes provide living space for six to seven people. They are painted neutrally in white, whereby they recede visually into the background. With the white color, the small spaces in the interior also appear larger, and the presence of the inhabitants, the objects inside and outside, and the plants in the garden is emphasized.

Permeability

The Moriyama House is located in a quiet, old residential area of Tokyo in an intact neighborhood where everyone knows each other. To comply with this, Ryue Nishizawa tried to establish a relationship between the project and the urban environment. He achieved this primarily with the opening of the site to the street, by which means everyone can reach the interior of the residential complex. All of the cubes have generously sized windows looking into the neighborhood and in the courtyards within the site. The result is a permeable fabric that enables many opportunities for communication.

Inside and Outside

Even if every resident of Moriyama House can retreat to the privacy of his/her unit, the open paths through the grounds, the gardens between the cubes, and the roof terraces provide many opportunities for exchange between interior and exterior space.

Change

The division of the construction volume into many small units allows the owner to flexibly adapt his personal use and the rented areas to his requirements. The small cubes are combined differently with the exterior space depending on the season. Thus in the summer, the interior space can be expanded into the exterior space through opening, and both used together as a single unit. In winter, the inhabitants withdraw to their spaces, which at least visually expand into the snowy gardens and thereby seem bright and wide.

Ambivalence

The cubes, which seem randomly distributed on the property, actually follow a subtle spatial concept. In the permeable spatial structure, an ambivalent situation arises between inside and

Einfachheit

Die Bausubstanz ist auf das Nötigste reduziert. Die Kuben sind klein und als Leichtbausystem mit einfachen Sandwichplatten und Glaselementen verkleidet. Sie sind mit Sanitärbereichen minimal ausgestattet. Dafür bieten sie zusammen mit dem Außenraum ein großzügiges Wohnumfeld, welches ein einfaches und natürliches Leben in Gemeinschaft fördert.

Wachstum

Durch seine Kleinteiligkeit zeigt dieser Lebensraum einen durchweg menschlichen Maßstab und schafft ein humanes Umfeld. Die Durchlässigkeit der Wohnform bietet vielfältige Möglichkeiten für Begegnungen, weshalb in den Zwischenräumen nicht nur schöne Gärten gedeihen, sondern auch zwischenmenschliche Beziehungen, von Freundschaften bis hin zu Liebesbeziehungen.

Authentizität

Das Moriyama House entspricht sowohl der Umgebung als auch den Bedürfnissen seiner Nutzer und bietet darüber hinaus vielfältige Möglichkeiten zum Austausch. Mit dem Komplex ist nicht nur eine authentische Wohnform entstanden, sondern auch ein Modell für gemeinschaftliches städtisches Leben trotz geringer Raumressourcen und kleiner werdender finanzieller Mittel.

Ambivalenz

Die wie zufällig auf dem Grundstück verteilten Kuben folgen tatsächlich einem ausgetüftelten räumlichen Konzept. In dem durchlässigen Raumgefüge entsteht eine ambivalente Situation zwischen Innen und Außen, Haus, Garten und Umgebung, da starre Abgrenzungen weitgehend aufgehoben sind. Trotz der Offenheit lassen versetzte Fensteröffnungen auch private Außennutzungen zu. Zudem lässt sich auf jede Befindlichkeit zum Beispiel mit Vorhängen reagieren und die hier zusammen lebenden Menschen nehmen Rücksicht aufeinander. Damit wird die Wahrnehmung füreinander sensibilisiert und das Miteinander gefördert.

outside, home, garden and surroundings, because fixed boundaries are largely eliminated. Nevertheless, the offset window casings allow private outdoor uses, even when the windows are open. In addition, they can react to any state—for example, with curtains—allowing the people living here together to be considerate of each other. Thus, the perception of one another is sensitized and togetherness encouraged.

Simplicity

The building structure is reduced to the bare minimum. The cubes are small and, as a lightweight building system, clad with simple sandwich panels and glass elements. They are minimally equipped with sanitary facilities. In exchange, they offer—in combination with the exterior space—a spacious living environment that fosters a simple and natural life in community.

Growth

With its smallness, this living space shows a thoroughly human scale and creates a humane environment. The permeability of this type of housing offers many opportunities for encounters, which is why not only beautiful gardens thrive in the in-between spaces, but also interpersonal relationships—from friendships to love affairs.

Authenticity

The Moriyama House corresponds to both the surroundings as well as the needs of its users, and beyond this offers diverse opportunities for exchange. Not only has an authentic form of living arisen with the complex, but also a model for communal urban life despite limited space and decreasing financial resources.

HOUSE NA, Tokio, 2011
Sou Fujimoto, Tokio

Architektur und Natur

Bei Sou Fujimotos House NA bestand wie bei vielen Stadthäusern in Tokio die Herausforderung darin, auf kleinster Fläche ein großzügiges Haus zu errichten, in diesem Fall für ein Paar. Als Vorbild diente dem Architekten die Struktur eines Baums: Er schaffte auf einer Grundfläche von 4,5 x 7 Metern eine Wohnsituation, bei der man wie zwischen Zweigen von einer Ebene auf die nächste wechseln kann.

Gegensätze

In der Stahlstruktur des Hauses ist alles weiß gehalten, was, auch wenn sie Anleihen an die natürliche Struktur eines Baumes aufweist, zu einer hohen Abstraktion führt. Damit wird die Architektur zu einem reinen Rahmen für das Leben reduziert. Menschen und Objekte innen sowie die Umgebung draußen, Farben, Formen und Oberflächen entwickeln eine intensive Präsenz und werden wundervoll in Szene gesetzt.

Innen und Außen

Ein-, Aus- und Durchblicke gibt es überall in dieser Struktur. Sie schaffen eine maximale Verbindung aller Bereiche untereinander sowie zwischen Innen und Außen, Haus und Stadt, Bewohner und Umfeld. Flexible Elemente wie Rollos lassen temporären Sichtschutz nach außen zu.

Allein das Gästezimmer im Erdgeschoss des Hauses ist als autarke Einheit ausgebildet, möglicherweise um dem Gast Rückzugsmöglichkeiten und einen eigenen Raum zu geben.

Ambivalenz

Befindet man sich drinnen oder draußen, in einem Haus oder einem Baum, in einem Zustand der Offen- oder Geschlossenheit? Das sind Fragen, welche dieses ambivalente Raumgefüge aufwirft – und genau darin liegt sein Potenzial. Denn wo keine eindeutige Zuordnung möglich ist, tritt der Nutzer unvoreingenommen in Kontakt mit der Wohnstruktur und kann sie sich jeden Tag aufs Neue erschließen.

Unvollkommenheit

Das Haus ähnelt einem dreidimensionalen Regalsystem – ohne Wände, an den Außenflächen nur Glas und maximal ein temporärer Sichtschutz durch Rollos. Es bietet maximale Freiheit, aber auch kaum Schutz und fordert so den Menschen heraus, in sich selbst gefestigt zu sein.

Durchlässigkeit

Das Haus ist auf ein Stützensystem mit frei eingefügten Ebenen reduziert. Diese sind nur durch geringfügige Höhenunterschiede voneinander abgesetzt, wodurch Blickbezüge über die gesamte Wohnfläche möglich sind. In Verbindung mit seiner wandlosen Struktur wird das Haus so maximal durchlässig. Der Bewohner befindet sich in ständigem Kontakt zu seinen Mitmenschen und der Umgebung.

Einfachheit

Aufgrund der vielen Durchblicke wirkt das Haus geräumiger, als es tatsächlich ist. Im minimal gehaltenen Raum sind auch die Objekte auf das Nötigste beschränkt, um ihre Besitzer nicht einzuschränken. Die Details sind so zurückhaltend, dass jeder Gegenstand in diesem Haus gut aussieht.

HOUSE NA, Tokyo, 2011
Sou Fujimoto, Tokyo

Architecture and Nature

With Sou Fujimoto's House NA, the challenge—as with many townhouses in Tokyo—was to build a spacious house on a very small lot, in this case for a couple. As a model, the architect used the structure of a tree: on a footprint of 4.5 x 7 meters, he created a living situation in which one can switch from one level to the next, like between the branches of a tree.

Opposites

In the steel structure of the house everything is kept white, which—even if it borrows on the natural structure of a tree—leads to a high abstraction. Here, the architecture is reduced to a pure framework for life. People and objects inside, the exterior surroundings, as well as colors, shapes, and surfaces develop an intense presence and are wonderfully staged.

Inside and Outside

Interior, exterior, and views through the structure are everywhere. They create a maximum connection of all areas to each other, as well as between the interior and exterior, the house and the city, residents and surroundings. Flexible elements, such as blinds, permit a temporary privacy screen to the outside. Only the guest room on the ground floor of the house is designed as an autonomous unit, possibly to give the guest the opportunity for withdrawal and private space.

Ambivalence

Is one indoors or outdoors, in a house or a tree, in a state of being open or closed? These are the questions arising from this ambivalent spatial structure—and precisely therein lies its potential. For where no clear allocation is possible, the user enters into contact with the housing structure without bias, and it can reveal itself anew each day.

Imperfection

The house resembles a three-dimensional shelf system—no walls, only glass on the outer surfaces, and at most temporary privacy screening with blinds. What is missing offers maximum freedom, but also little protection and thus challenges the residents to be stable.

Permeability

The house is reduced to a supporting system with freely inserted levels. These levels are separated by only minor differences in height from each other, thus visual references throughout the living area are possible. In conjunction with its wall-less structure, the house is maximally permeable. The residents are in constant contact with their fellow human beings and the environment.

Simplicity

Due to the many perspectives, the house looks more spacious than it actually is. In minimally designed space, the objects are also restricted to the bare minimum, in order to avoid constraining the owners. The details are so unobtrusive that every object looks good in this house.

Change

Despite its fixed structure, this townhouse offers various options for residing/lingering—due to the richness of the spatial offer on many small levels—depending on weather conditions

Wandel

Trotz seiner festgelegten Struktur bietet dieses Stadthaus durch den Reichtum des räumlichen Angebots auf vielen kleinen Ebenen verschiedenste Aufenthaltsmöglichkeiten, je nach Wetterlage und Tageszeit. Die Ebenen der offenen Wohnlandschaft können als Raumteiler, Möbel oder Sonnenschutz dienen.

Leere

Das weitgehende Fehlen von Wänden und Mobiliar lässt dieses Haus angenehm leer wirken. Diese Leere gibt seinen Bewohnern die Freiheit, sich jeden Tag neu zu erfinden und die Leere durch eigene Gestaltungs- und Nutzungsentscheidungen zu füllen. Gleichzeitig ist jedes Leben in diesem Haus aufgrund der fehlenden Wände überall sichtbar und damit Fülle.

Authentizität

Mit seiner Unbestimmtheit und Durchlässigkeit gelingt es dem House NA, seinen Nutzern maximale Freiheit auf minimalem Raum zu bieten. Seine einfache, zart wirkende Konstruktion zusammen mit seiner neutralen Farbigkeit schafft einen Rahmen, in dem jeder Mensch und jedes Objekt drinnen und draußen besondere Wertschätzung erfährt. Damit gelingt Sou Fujimoto ein „natürlicher" Lebensraum, welcher modellhaft für ein zukünftiges Wohnen bei immer knapper werdenen Resourcen stehen kann.

and the time of day. The levels of the open living area can be used as room dividers, furniture, or sunscreen.

Void

The virtual absence of walls and furniture make this house seem pleasantly empty. This emptiness gives its residents the freedom to reinvent themselves daily, and to fill the void with their own decisions about design and use. At the same time, every life in this house is visible everywhere due to lack of walls, providing plentifulness.

Authenticity

With its vagueness and permeability, House NA succeeds in offering its users maximum freedom in minimum space. Its simple, delicate-looking design along with its neutral colors create a framework in which every person and every object inside and outside enjoy special appreciation. Here, Sou Fujimoto has succeeded in creating a "natural" living space, which can be a model for future living with increasingly scarce resources.

Architektur und Natur

Flottwell Zwei schafft vielfältige Bezüge innerhalb der Wohneinheiten, des Hauses, aber auch zur Umgebung. Das Haus hat verschieden große Wohnungen, eine gemeinsame Dachterrasse und ein Studio im Erdgeschoss. Das Studio „ist ein hybrider Raum – und dabei den darüber liegenden Wohnungen nicht unähnlich. Es wird zur Zeit von einer Künstlerin als Atelier genutzt, könnte aber auch ein Blumenladen oder eine Eisdiele sein"[1]. Damit bildet dieses Haus eine gewisse Vielfalt des Lebens in sich ab.

Innen und Außen

Das Gebäude sollte sich zur Straße hin öffnen „und nicht – wie heute so oft – nur nach hinten zum Garten. So befinden sich auch die schmalen Balkone auf der Straßenseite und erweitern den privaten Raum in die Stadt. Das verhältnismäßig kleine Grundstück wurde sehr dicht bebaut und dennoch lässt es sich in den Wohnungen leben wie in einem Luftraum. Bei Bedarf lässt sich Privatheit durch die mehrteiligen Schiebetüren erreichen." Jede Wohnung erstreckt sich über zwei Ebenen, sodass sich eine Art Landschaft ergibt, wie an einem Hang, der auf der einen Seite von hinten zur Straße hin abfällt, auf der anderen Seite von hinten zur Straße hin ansteigt.

Wandel

Die Wohnungen auf zwei Ebenen sind prinzipiell als kleinteilige Grundrisse mit vier unabhängigen Zimmern geplant. Mehrteilige Schiebetüren, die als Wände fungieren, lassen sich individuell öffnen und passen so die räumliche Situation an die Befindlichkeit oder den Bedarf der Bewohner an. „Wenn alle Türen geöffnet sind, lässt es sich dort wie in einer Hütte wohnen." Die Wohnung ist so auf Flexibilität über ihre gesamte Lebenszeit und in Bezug auf die Lebensverhältnisse ihrer Bewohner konzipiert. Das Prinzip des Split-Level reagiert hier nicht nur auf die mit 16 Meter relativ große Gebäudetiefe, sondern auch auf die Ost-West-Ausrichtung des Hauses, und führt zu einem großzügigen Lichteinfall während unterschiedlicher Tageszeiten.

Durchlässigkeit

Flottwell Zwei zeigt mit der Terrassierung der einzelnen Wohneinheiten „eine gewisse Durchlässigkeit bei gleichzeitig klar identifizierbaren Räumen. Dabei betonen die Farben eher das Verbindende, was sich bei dem Zusammenwirken unterschiedlicher Oberflächen zeigt". Damit wird vereinheitlicht und unterschieden und der Raum erscheint großzügiger.

Gegensätze

Die Fassade des Hauses ist durch die Farben schwarz/anthrazitgrau und weiß/seidengrau in zwei schmale, vertikale Flächen geteilt, was sehr elegant wirkt. Dabei sind die Farben dezidiert gewählt und eingesetzt. Eine Wohnung, die zur Straßenseite eine dunkle Fassade hat, besitzt auf der Gartenseite eine helle Fassade, und umgekehrt.

Authentizität

Durch die markante architektonische Gestaltung der terrassierten Wohneinheiten und deren räumliche Flexibilität aufgrund der Schiebetüren wird bei diesem Haus eine hohe Qualität erreicht. Als detailliert geplantes

FLOTTWELL ZWEI, Berlin, 2011
HEIDE & VON BECKERATH, Berlin

Architecture and Nature

Flottwell Zwei creates many relationships not only within the residential units and within the house, but also to the surroundings. The building has apartments of various sizes, a shared roof terrace, and a studio on the ground floor. The studio "is a hybrid space—and thereby not unlike the apartments above it. It is currently used by an artist as a studio, but it could also be a florist's shop or an ice cream parlor."[1] Thus, the building forms a certain diversity of life from within.

Inside and Outside

The building was designed to open towards the street "and not—as so often today—only towards the garden. Thus, the narrow balconies are on the street side and expand the private space into the city. The relatively small plot of land was built very densely and yet it allows one to live in the apartments as if in an airspace. Privacy can be achieved as needed through the multipart sliding doors." Each apartment is laid out on different levels, so that a kind of landscape emerges—like on a slope—which on the one side descends from the rear towards the street, and on the other side rises from the rear toward the street.

Change

The apartments on two levels are principally designed as small-scale floor plans with four independent rooms. Multipart sliding doors, which act as walls, can be opened individually and the spatial situation adapted in accordance with the condition or the needs of the residents. "If all of the doors are open, it is like living in a hut." The apartment is thus designed for flex-

ibility over its entire lifetime, and in terms of the living conditions of its inhabitants. The of split-level principle responds not only to the sixteen-meter, relatively large depth of the building, but also to the east-west orientation of the house, and leads to a generous incidence of light during different times of the day.

Permeability

With the terracing of individual housing units, Flottwell Zwei shows "a certain permeability in spaces that are at the same time clearly identifiable. Thereby, the colors emphasize more what unites, as evidenced in the interaction of different surfaces." In the process, there is unity and distinction, and the space seems more generous.

Opposites

With the colors black / anthracite and white / silk gray, the building's façade is divided into two narrow, vertical surfaces, which looks very elegant. The colors were deliberately chosen and used. An apartment with a dark façade that faces the street has a bright façade on the garden side, and vice versa.

Authenticity

This building achieves high quality through the striking architectural design of the terraced housing units and their spatial flexibility due to the sliding doors. As a detailed, planned building, it offers its residents a great deal of openness in terms of use.

———

1 Verena von Beckerath in an interview with the author on January 19, 2015. All of the subsequent quotes are also from this interview.

Haus bietet es viel Nutzungsoffenheit für seine
Bewohner.
—

1 Verena von Beckerath im Interview mit der
   Autorin, 19.01.2015. Alle folgenden Zitate entstammen ebenfalls diesem Interview.

R50 – COHOUSING, Berlin, 2013
ifau and Jesko Fezer, HEIDE & VON BECKERATH, Berlin

Architecture and Nature

As a structure, the building at Ritterstrasse 50 corresponds to the neighboring residential towers and also features many relationships within the building. The building has nineteen differently sized apartments, a shared roof terrace, encircling balconies, a common room in the souterrain, and a large garden. With this spatial design, it offers users a variety of possibilities for encounters. As a natural material, the wood siding of the façade creates a reference to the surrounding trees and to the human body.

Simplicity

"The specifications developed by the architects and the residents were: cheap, simple, and robust."[1] Thus, the structure was built as a concrete frame construction and covered with a modular wooden façade. The simple design enabled a certain generosity in terms of the apartment sizes. "The project was initially conceived and planned relatively complex, in order to ultimately become a simple, natural, and simultaneously adaptable building."

Change

"As a result of a structured planning process, with intensive involvement of users, a building was created that is cooperative and open for a variety of uses." The interior walls of the building were not realized as support structures, thus individual adjustments within and outside the apartments are possible later. A modular wooden façade responds to the particular context and "produces high variance with simultaneous autonomy."

Opposites

R50 – cohousing is a contemporary correlation to its immediate surroundings—even if the internal and external appearance of the building contradicts this at first glace. The building has been left rather rough: simple floors with underfloor heating, the use of exposed concrete, unplastered limestone walls, and a façade of three-layer spruce wood.

Inside and Outside

The continuous balconies—made as a steel structure with railings of wire mesh—are a striking feature of this building. They are located on each floor and serve as an additional opening and communication zone. Thus, they extend the interior space outwards and simultaneously mediate between privacy and community.

Permeability

The two-story community room in the souterrain, with access from the raised ground floor, links the building with its surroundings. With its spacious winter garden glazing, it seems to be a transparent and inviting entrance—not only to the garden, but also to the street.

Authenticity

R50 – cohousing corresponds to its surroundings and provides housing for individual and at the same time community life forms. Thereby it exhibits a contemporary way to create living space of high architectural quality, with lower standards.

—

1 Verena von Beckerath in an interview with the author on January 19, 2015. All subsequent quotes are also from this interview.

R50 – COHOUSING, Berlin, 2013
ifau und Jesko Fezer, HEIDE & VON BECKERATH, Berlin

Architektur und Natur

Das Haus in der Ritterstraße 50 entspricht als Baukörper den Wohntürmen seiner Nachbarschaft. Es schafft mit 19 verschieden großen Wohnungen, gemeinsamer Dachterrasse, umlaufenden Balkonen, Gemeinschaftsraum im Souterrain und großem Garten vielfältige Möglichkeiten der Begegnung. Die Holzverkleidung der Fassade stellt als natürliches Material einen Bezug zu den umliegenden Bäumen und zum menschlichen Körper her.

Einfachheit

„Die von den Architekten und den Bewohnern erarbeiteten Vorgaben waren: günstig, einfach und robust."[1] So wurde das Wohnhaus in Betonskelettbauweise errichtet und mit einer modularen Fassade verkleidet. Die einfache Ausführung ermöglichte eine gewisse Großzügigkeit bei den Wohnungsgrößen. „Das Projekt ist zunächst relativ komplex gedacht und geplant, um schließlich ein einfaches, selbstverständliches und anpassungsfähiges Haus zu werden."

Wandel

„Als Folge eines strukturierten Planungsprozesses unter intensiver Einbindung der Nutzer ist hier ein nutzungsoffenes Haus entstanden." Die Innenwände des Hauses sind nicht tragend ausgeführt, wodurch spätere individuelle Anpassungen innerhalb und außerhalb der Wohnungen möglich sind. Die modulare Fassade reagiert auf den jeweiligen Kontext und „erzeugt eine hohe Varianz bei gleichzeitiger Autonomie".

Gegensätze

R50 – cohousing ist eine zeitgemäße Entsprechung seiner unmittelbaren Umgebung, auch wenn das innere und äußere Erscheinungsbild des Hauses auf den ersten Blick im Gegensatz zu dieser steht. Das Gebäude ist eher roh belassen mit einfachen Böden in Heizestrich, dem Einsatz von Sichtbeton und unverputzten Kalksandsteinwänden sowie einer Fassade aus Dreischicht-Fichtenholz.

Innen und Außen

Auffällig an diesem Gebäude sind die als Stahlkonstruktion ausgeführten Umgänge mit Geländerfüllungen aus Maschendraht. Sie befinden sich auf jeder Geschossebene und dienen als zusätzliche Erschließung, Kommunikationszone und Balkon. Damit erweitern sie den Innenraum nach außen und vermitteln zugleich zwischen Privatheit und Gemeinschaft.

Durchlässigkeit

Der doppelgeschossige Gemeinschaftsraum im Souterrain mit Zugang vom angehobenen Erdgeschoss verknüpft das Haus mit seiner Umgebung. Durch seine großzügige Wintergartenverglasung wirkt er nicht nur zum Garten, sondern auch zur Straße wie ein transparentes und einladendes Entrée.

Authentizität

R50 – cohousing korrespondiert mit seiner Umgebung und stellt Wohnraum für individuelle und zugleich gemeinschaftliche Lebensformen bereit. Es zeigt eine zeitgemäße Möglichkeit, Wohnraum mit geringeren Standards von hoher architektonischer Qualität zu schaffen.

---

1 Verena von Beckerath im Interview mit der Autorin, 19.01.2015. Alle folgenden Zitate entstammen ebenfalls diesem Interview.

R50 – cohousing

SCHWEDTER STRASSE, Berlin, 2001 / **ODERBERGER STRASSE**, Berlin, 2010
BARarchitekten, Berlin

SPREEFELD, Berlin, 2014
BARarchitekten, fatkoehl architekten, carpaneto schöningh architekten, Berlin

Architektur und Natur

Mischen ist Programm in dem Baugruppen-projekt von BARarchitekten an der Oderber-ger Straße ebenso wie in ihrem Projekt in der Schwedter Straße und beim Spreefeld in Ber-lin, welches sie zusammen mit den Architek-ten fatkoehl und carpaneto schöningh realisiert haben. Mit diesem Programm entsprechen sie der Vielfalt der Natur und der Stadt. Die Wohn-gebäude intergrieren sich alle subtil in die Um-gebung. Dies geschieht vor allem durch die zurückhaltende Farbgebung der Außenwände. Sie lassen auch unrenovierte und stark ver-schmutzte Nachbargebäude nicht abfallen. Die Kleinteiligkeit der Fensteröffnungen entspricht der Umgebung, auch wenn sie sich gestalte-risch von dieser unterscheidet.

Gegensätze

In ihren Raumkompositionen verwenden BAR-architekten sehr unterschiedliche Höhen-verhältnisse. Generell ist ihnen „die Idee von Dichte in Relation zu großzügigem Raum wich-tig – Situationen wie auf einem Schiff".[1] Bau-rechtlich lösen sie die Anforderungen, indem die Räume, welche die zulässige Mindestraum-höhe im Wohnungsbau von 2,50 Meter unter-schreiten, keine abgeschlossenen Räume sind, sondern verdichtete Bereiche innerhalb eines Wohnfeldes. Neuen Bewohnern oder Gästen erscheint beispielsweise eine 80-Quadratme-ter-Wohnung in der Oderberger Straße meist viel größer, „denn durch die gegensätzlichen Raumgrößen zusammen, kann der Raum mehr".

Ambivalenz

BARarchitekten interessieren sich für Ambiva-lenzen. Sie wollen „mit dem Gebrauch spielen". Ihr Durchgangsbad in der Schwedter Straße beispielsweise erschließt sich erst im Ge-brauch. Es ist sowohl vom Wohnraum als auch vom Gästezimmer aus erreichbar und ermög-licht je nach Bedarf eine beidseitige Kopplung. Etwas zunächst Ungewöhnliches erweist sich so im Gebrauch als praktische Lösung. Durch bestimmte architektonische Elemente wollen BARarchitekten „neue Situationen schaffen. Witz – auch das Absurde – fordert heraus."
Auch die Wohneinheiten im Spreefeld sind viel-fältig für Singles, Paare und erweiterte Familien geplant. So wird beispielsweise eine 800-Qua-dratmeter-Wohngemeinschaft mit acht Toi-letten und mehreren Bädern von 22 Personen bewohnt.

Unvollkommenheit

Im Umgang mit Farben und Materialien spielen „Offenheit und Rohheit eine Rolle. Die Gewich-tung ist, Dinge roh zu lassen und dazu Elemen-te, in die mehr Energie/Geld fließt. In der Wech-selbeziehung liegt dabei die Spannung". Denn durch eine Offenheit bzw. Rohheit des Ambien-tes lässt sich Geld sparen und dennoch Wert schaffen. Dies zeigen die roh belassenen Be-tonwände zusammen mit schönen Holzböden und intuitiv gesetzten Farbakzenten an Türen und Geländern. Gleichzeitig bietet sich so Raum für den Nutzer, die offene Situation weiterzu-denken und sich einzubringen. Beim Spreefeld sind einzelne Fassaden im Sockelbereich vom

SCHWEDTER STRASSE, Berlin, 2001 / **ODERBERGER STRASSE**, Berlin, 2010
BARarchitekten, Berlin

SPREEFELD, Berlin, 2014
BARarchitekten, fatkoehl architekten, carpaneto schöningh architekten, Berlin

Architecture and Nature

Mixing is program in the building group project from BARarchitekten on Oderberger Strasse, as well as in their project on Schwedter Strasse and in Spreefeld Berlin, which they realized together with the architects fatkoehl and carpaneto schöningh. With this program, they are corresponding to the diversity of nature and the city. The residential buildings all integrate subtly into their surroundings. This is accomplished primarily through the restrained color scheme of the exterior walls, which also prevent the devaluation of the unrenovated and heavily soiled neighboring buildings. The compartmentalized window openings correspond to the surroundings, even if they are different from it in terms of design.

Opposites

In their spatial compositions, BARarchitekten use very different height ratios. Generally, for them "the idea of density in relation to generous space is important—situations such as those on a ship."[1] They resolve the requirements within building regulations: the rooms that are below the permissible minimum ceiling height of 2.5 meters in residential housing are not enclosed spaces, but compacted areas within a living space. Thus, for example, new residents or guests generally experience an eighty-square-meter apartment in the Oderberger Strasse as much larger, "because with the contrasting room sizes together, the space can do more."

Ambivalence

Ambivalences interest BARarchitekten. They want to "play with the use." For example, their interconnecting bathroom in Schwedter Strasse only becomes understandable by its use. It is reachable both from the living room and from the guest room, and allows a double-sided coupling as needed. Something that initially seems unusual, turns out to be a practical solution during use. With specific architectural elements, BARarchitekten wants to "create new situations. Wit—even the absurd—challenges."

The residential units in Spreefeld are diversely planned for singles, couples, and extended families. For example, an 800-square-meter residential community with eight toilets and several baths is inhabited by twenty-two people.

Imperfection

In dealing with colors and materials, "openness and rawness play a role. The emphasis is allowing raw things and along with them elements in which more energy/money flow. The tension here lies in the interrelation." Because through openness and/or rawness of the ambience, money can be saved and nevertheless value created. This is shown by the roughly left concrete walls together with beautiful wooden floors, and intuitively set color accents on doors and railings. At the same time, space is provided for the user to contemplate the open situation and play a part in it. In Spreefeld, individual façades in the base area are made by the user of the carpenter's shop, and with

Nutzer der Schreinerwerkstatt selbst gefertigt und deuten mit ihrem temporären Charakter eine prozesshafte Weiterentwicklung an.

Durchlässigkeit

Die Wohnungen in der Oderberger Straße ermöglichen Blickbeziehungen zwischen verschiedenen Ebenen. Mit dieser Durchlässigkeit wollen BARarchitekten Kommunikation bzw. Kooperation fördern. „Vor allem die Durchlässigkeit in der Gebäudestruktur, durch die Einheiten unterschiedlich miteinander kombiniert werden können, ist wichtig. Ein weiterer Aspekt ist die Durchlässigkeit zur Stadt, die darin besteht, dass es Gewerbe im Haus gibt und fünf Studios. Täglich kommen so viele Menschen

Oderberger Strasse

their temporary character indicate a process-oriented further development.

Permeability

The apartments in the Oderberger Strasse allow visual relationships on different levels. With this permeability, BARarchitekten want to encourage communication and cooperation. "In particular, the permeability in the building structure—in which the units can be differently combined with each other—is important. A further aspect is the permeability to the city, which consists in the fact that there are businesses in the building and five studios. Every day, as many people come here to work, as residents go out." With these sections, they want "to create an internal urbanism in the building."

The three Spreefeld buildings are surrounded by a garden, which is open to the public, serves as access to the banks of the Spree, and offers children space to play.

Growth

With their sections, BARarchitekten create an "internal urbanism" in Oderberger Strasse. Like Sou Fujimoto, they see architecture as "a microcosm of the city," thus they understand building and city as "the same phenomenon." The implementation of their strategy in detail is shown by the fact that they themselves bear the risk for all of the object's rentable space, for the studios, the part that is open to the city. For most building groups, it is a matter of individual living space, and accordingly, there is little willingness to fund something beyond. Here, BARarchitekten step in to enable mixed uses. Precisely this increased commitment distinguishes the house Oderberger Strasse from other housing projects, which look good from the outside, but inside offer conventional units without further overlap. BARarchitekten create

"a structure that is meant to function and adapt in the long term. When living circumstances change, for example, one can separate a part of the apartment and use it separately. The studios are small and therefore affordable ... some of them are occupied by owners and some are rented; thereby life and fluctuation are in the house. This is beneficial to users, but also to us and the city, because it is a functioning organism."

Inside and Outside

Also within the apartments, BARarchitekten want to enable "overlapping of use and density.... The interior space should not be thought of differently than the exterior space." Accordingly, they create studio situations with galleries in the apartments, and thus also diverse spatial relationships across multiple levels.

Change

The living structure in Oderberger Strasse is also flexible over time, because it can adapt to the needs of changing users through the ability to be connected. Above all, the smaller spaces—such as the studios—are frequented more often because they are rented for shorter periods. The residential units are easy to connect and separate, so that different living situations can be created.

Authenticity

In these "mixed-used buildings," diverse relationship possibilities between people and the environment, as well as from person to person, are created. These relationships are flexible and can be changed as needed. At the same time, the buildings themselves enter into a sensitive dialogue with their environment, in which both uses and aesthetics find a fine balance. Through a certain modesty in expression, an

zum Arbeiten rein, wie Bewohner rausgehen." Mit diesen Schnittflächen wollen sie „einen internen Urbanismus im Gebäude schaffen".

Die drei Gebäude des Spreefeldes sind von einem Garten umgeben, der öffentlich ist und als Zugang zum Spreeufer dient, aber auch Kindern Platz zum Spielen bietet.

Wachstum

Mit ihren Schnittflächen schaffen BARarchitekten in der Oderberger Straße einen „internen Urbanismus". Sie sehen wie Sou Fujimoto Architektur als „Mikrokosmos der Stadt", verstehen also Haus und Stadt als „dasselbe Phänomen". Die Umsetzung ihrer Strategie im Detail zeigt sich daran, dass sie selbst das Risiko für allen vermietbaren Raum des Objekts tragen, für die Ateliers, den Teil, der offen zur Stadt liegt. Den meisten Baugruppen geht es um individuellen Wohnraum und entsprechend ist wenig Bereitschaft vorhanden, noch etwas darüber hinaus zu finanzieren. Hier springen BARarchitekten ein, um trotzdem Mischnutzungen zu ermöglichen. Gerade dieses Mehr an Engagement zeichnet das Haus in der Oderberger Straße gegenüber anderen Wohnprojekten aus, die zwar von außen gut aussehen, jedoch im Inneren konventionelle Wohneinheiten ohne weitere Überschneidungen bieten. Denn BARarchitekten schaffen „eine Struktur, die langfristig funktionieren soll und anpassbar ist. Wenn sich die Lebensumstände ändern, kann man zum Beispiel einen Teil der Wohnung abtrennen und getrennt benutzen. Die Studios sind klein und deswegen günstig ... Ein Teil wird von Eigentümern bewohnt, ein Teil wird vermietet, dadurch ist Leben und Fluktuation im Haus. Dies kommt den Nutzern zugute, aber auch uns und der Stadt, da es ein funktionierender Organismus ist".

Innen und Außen

Auch innerhalb der Wohnungen wollen BARarchitekten „Überlagerungen von Nutzung, Dichte" ermöglichen. „Der Innenraum muss nicht anders gedacht werden als der Außenraum." Entsprechend schaffen sie in den Wohnungen Ateliersituationen mit Galerien und damit vielfältige räumliche Bezüge auch über mehrere Ebenen hinweg.

Wandel

Die Wohnstruktur in der Oderberger Straße bleibt auch über Zeit flexibel, da sie sich durch Koppelbarkeit den Bedürfnissen wechselnder Nutzer anpassen kann. Vor allem die kleineren Räume wie Studios werden höher frequentiert, da sie für kürzere Zeit angemietet werden. Auch die Wohneinheiten sind leicht zu koppeln und zu trennen, sodass verschiedene Wohnsituationen kreiert werden können.

Authentizität

In diesen „Misch-Bauten" werden vielfältige Bezugsmöglichkeiten zwischen Mensch und Umfeld sowie von Mensch zu Mensch geschaffen. Diese Bezüge sind flexibel und können sich je nach Bedarf auch verändern. Gleichzeitig treten die Bauten selbst in einen sensiblen Dialog mit ihrem Umfeld, bei dem sowohl Nutzungen als auch Ästhetik eine feine Balance finden. Durch eine gewisse Bescheidenheit im Ausdruck wird eine Zugänglichkeit erreicht, die sowohl für Bewohner als auch für Nachbarn einen Mehrwert generiert. „Unser Ziel ist Komplexität und Mischung, um das Gebäude in einen Bezug zur Stadt zu setzen und Austausch zu schaffen."

—

1   Antje Buchholz und Jürgen Patzak-Poor (BARarchitekten) im Interview mit der Autorin, 22.05.2015. Alle folgenden Zitate entstammen ebenfalls diesem Interview.

Oderberger Strasse

accessibility is achieved that generates added value for both residents and neighbors. "Our goal is complexity and mix, in order to correlate the building to the city and to create exchange."

— 1 Antje Buchholz and Jürgen Patzak-Poor (BARarchitekten) in an interview with the author on May 22, 2015. All of the subsequent quotes are also from this interview.

VINZIRAST-MITTENDRIN, Wien, 2013
gaupenraub+/- und Studierende, Wien

Architektur und Natur

VinziRast-mittendrin spiegelt die Vielfalt der Stadt, der Menschen und damit auch der Natur. Der Ursprung dieses Gebäudes liegt in Alexander Hagners – Mitgründer von gaupenraub+/- – Wahrnehmung von (Wohnungs-)Not in Wien und seinem Wunsch, darauf baulich zu reagieren. Mit der Vinzenzgemeinschaft St. Stephan entstanden so im umgebauten und erweiterten Biedermeierhaus in der Wiener Innenstadt gemischte Wohngruppen von Studierenden und ehemals Obdachlosen, mit einer Werkstatt, Veranstaltungsraum mit Dachterrasse sowie einem Restaurant mit Garten. „Die Mischung von Studierenden und Obdachlosen entstand zufällig. Es geht um eine gesellschaftliche Schnittmenge."[1]

Gegensätze

„Es ist wichtig, zu verstehen, was man von einem Mensch, der lange keinen festen Wohnsitz hatte, erwarten kann. Da lässt sich nicht von Standards ausgehen, wie den Mindesstandards des Fonds Soziales Wien. Auf der einen Seite steht jemand, der gar nichts hat, auf der anderen Seite die Mindeststandards, die einen unverhältnismäßigen Luxus vorsehen, der dann wiederum nicht finanzierbar ist. Irgendwo dazwischen muss man sich finden. Es geht schließlich darum, einen existentiellen Notstand zu lindern."

Außen zeigt VinziRast-mittendrin eine perfekte Fassade, teils neu und teils saniert. Innen wirkt das Haus eher roh, als befinde es sich noch im Prozess der Fertigstellung. Dies wirkt sehr angenehm, wie eine Aufforderung mitzumachen. „Wir haben das eher intutitiv gemacht. Wir haben auch mit gespendetem Material gearbei-

tet. Das VinziRast-mittendrin ist, wie der Name schon sagt, mittendrin in der Stadt und hat somit eine Verpflichtung gegenüber der Stadt. Sozialprojekte müssen auf Symbiose angelegt sein." Ähnlich werden bei VinziRast auch die architektonischen Gegensätze zu einer Symbiose vereint.

Einfachheit

VinziRast-mittendrin wurde durch Zuwendungen einer Stiftung sowie private Geld- und Sachspenden realisiert. In seiner äußeren Erscheinung hält das Haus die Balance zum gediegenen Umfeld und schafft im Inneren mit einfachen Mitteln ein kreatives Umfeld, das einlädt einzutreten und „vielleicht beiläufig etwas mitzubekommen vom Haus. Das ist unsere gestalterische Kraft als Architekten. Beim Design geht es ums Abwägen. Es darf weder zu high-end noch zu trashig sein. Das gefundene Material wie die Holzkisten ist eher trashig. High-End-Elemente sind die schönen Oberflächen der Tische, die man ja auch mit den Armen und Händen berührt. Die in die Wände eingelassenen Fensterkästen im Lokal betonen das Verbindende zwischen Straße und Café. Menschen, egal wie arm, legen Wert auf Schönheit. Das ist ein Grundbedürfnis."

Wandel

Am Tresen im Gastraum sind verschiedene alte Fenster- und Türbeschläge angebracht, die nun als Haken für Handtaschen dienen. Solche Vintageobjekte haben etwas Vertrautes und zugleich Individuelles und weisen wie Menschen Gebrauchsspuren auf. Für Alexander Hagner „gibt es Wichtigeres als Regeln. Es gilt, Ohnmacht in Macht zu verwandeln. Es reicht mir

VINZIRAST-MITTENDRIN, Vienna, 2013
gaupenraub+/- and Students, Vienna

Architecture and Nature

VinziRast-mittendrin reflects the diversity of the city, the people, and thus also nature. The origin of this building can be traced back to the perception by Alexander Hagner, co-founder of gaupenraub +/-, of a (housing) shortage in Vienna and his desire to respond to it architecturally. With the Vinzenzgemeinschaft St. Stephan thus emerged—in the renovated and expanded Biedermeier building in the center of Vienna—mixed residential groups of students and formerly homeless people, with a workshop, event room with a rooftop terrace, and a restaurant with a garden. "The mixture of students and homeless people was accidental. It is a social intersection."[1]

Opposites

"It is important to understand what one can expect from a person who has not had a fixed residence for a long time. In this case, plans cannot proceed from standards, such as the minimum standards from the Vienna Social Fund. On the one hand, there is someone who has nothing; on the other hand, the minimum standards that provide a disproportionate luxury, which in turn is not financially feasible. One has to be somewhere in-between. Ultimately, it is about alleviating an existential crisis."

On the exterior, VinziRast-mittendrin features a perfect façade, partly new and partly renovated. Inside, the house is rather rough, as if it were still in the process of being completed. This has a very pleasant effect—like a call to participate. "We have done this rather intuitively. We have also worked with donated material. The VinziRast-mittendrin is, as the name suggests, right in the middle of the city and thus has an obligation to the city. Social projects must aim for symbiosis." Similarly, the architectural contrasts in VinziRast form a symbiosis.

Simplicity

VinziRast-mittendrin was realized through donations from a foundation, as well as private donations of money and supplies. In its external appearance, the building maintains the balance to the dignified surroundings, and in the interior generates a creative environment with simple means, which invites visitors to enter and "perhaps casually get something from the building. This is our creative power as architects. In design, it is a matter of weighing. It can't be either too high-end or too trashy. The found material like the wooden boxes is rather trashy; the beautiful surfaces of the tables are high-end, which one indeed also touches with the arms and hands. The window boxes set in the walls in the restaurant emphasize what binds the street and café. People, no matter how poor, appreciate beauty. This is a basic need."

Change

On the bar in the dining area, several old window and door fittings are mounted and now serve as hooks for handbags. Such vintage objects have something familiar and at the same time individual, and show signs of wear—like people. For Alexander Hagner, "there is something more important than rules. The aim is to transform powerlessness into power. It's enough for me as an architect, to perceive the world around me and I have *tools* that I can use for society." This is demonstrated convincingly in the creative diversity and an inclusive and

als Architekt, die Welt um mich herum wahrzunehmen und ich habe *tools*, die ich für die
Gesellschaft einsetzen kann". Dies zeigt sich
überzeugend in der gestalterischen Vielfalt und
im integrativen und offenen Arbeitsprozess einer Architektur, die auch einen gesellschaftli-
chen Wandel anstoßen möchte.

Innen und Außen

Für gaupenraub+/- ist Niederschwelligkeit
grundlegend. Im VinziRast sind 26 Einzelzim-
mer zu zehn Wohngruppen zusammengefasst. Jede Wohnung verfügt über eine eigene
Teeküche und ein Bad. Zusätzlich gibt es pro
Stockwerk eine Gemeinschaftsküche mit Ge-
meinschaftswohnzimmer. Dieser Bereich ist
wie die Wohnungen über einen Laubengang
erschlossen und lässt zwangloses Zusammenkommen auch in größerer Runde zu. Darüber
hinaus bietet das Haus auch öffentlich zugängliche Bereiche. Eine große Dachterrasse ist
sowohl als Rückzugsort als auch für Veranstaltungen nutzbar. Sie gehört zu einem Veran-
staltungssaal, der auch extern vermietet wird.
Im Erdgeschoss gibt es ein Restaurant/Café
mit Gastgarten, einen Veranstaltungsraum und
eine Werkstatt. Die öffentlichen Bereiche im
Haus sorgen für Kopplung und Austausch mit
der Stadt. Sie tragen zusammen mit den Wohngruppen erheblich zur Integration bei.

Unvollkommenheit

„Unvollkommenheit lädt ein zum Gestalten. Es
gibt ein Echo zu sich selbst im Umgang mit Material. Die Wandverkleidung im Café aus Brettern von Holzkisten ist einfach, im Grunde Müll,
aber super verlegt. Diese Materialverwendung
ist ein Verweis auf den Menschen. Denn Obdachlose werden oft als Müll betrachtet, bis
sie sich selbst so fühlen. Und es gilt ihren
Selbstwert und Wert in der Gesellschaft wieder

open working process of an architecture that also wants to trigger social change.

Inside and Outside

For gaupenraub+/-, easy access is fundamental. In VinziRast, twenty-six single rooms are grouped into ten residential groups. Each apartment has its own kitchenette and bathroom. In addition, there is a communal kitchen with a common living room on each floor. Like the apartments, this area is accessed through a loggia and allows larger, informal get-togethers. Furthermore, the building also offers publicly accessible areas. A large roof terrace can be used both as a retreat and for events. It belongs to an event hall, which can also be rented externally. On the ground floor, there is a restaurant/café with outdoor dining, an event room, and a workshop. The common areas in the building ensure feedback and exchange with the city. Along with the residential groups, they contribute significantly to integration.

Imperfection

"Imperfection invites you to design. There is an echo to oneself in the handling of material. The wall paneling in the café—made of boards from wooden boxes—is simple, basically garbage that has been well applied. This use of material is a reference to people, because the homeless are often regarded as waste, until they feel that way themselves. And it is necessary to rebuild their self-worth and value in society." With the careful laying of wooden boards, gaupenraub+/- shows that a perfect whole can be created from imperfect items. This approach and appreciation also has an effect on the self-image of the participants.

aufzubauen." Mit dem sorgfältigen Verlegen der Holzbrettchen zeigen gaupenraub+/-, dass aus unvollkommenen Einzelteilen ein vollkommenes Ganzes werden kann. Diese Vorgehensweise und Wertschätzung wirkt sich auch auf das Selbstbild der Beteiligten aus.

Durchlässigkeit

Bei der Programmierung des Gebäudes haben gaupenraub+/- vielfältige Gelegenheiten der Begegnung geschaffen. Im „VinziRast-mittendrin ... können Menschen, die aufgrund ihres Werdegangs andere als Feinde erlebt haben, diese als Freunde erleben. Sie können Vertrauen finden in die menschliche Gemeinschaft. Zum Leben in der Gemeinschaft braucht man Regeln, aber wir lassen alles zu, was diese Gemeinschaft nicht gefährdet. Uns geht es darum, Räume zu entwickeln, die für ein zu erwartendes Konfliktpotenzial besser sind, wie zum Beispiel Räume mit drei Ausgängen oder den einsehbaren Laubengang. Da kann man entscheiden, ob man einander begegnen will. Die winkelförmige Erschließung ist zudem auch kommunikativ über die Geschosse hinweg ... Durchlässigkeit schaffen nimmt Druck heraus. Das können wir als Architekten beeinflussen, das ist unsere Verantwortung. Dabei müssen wir große Antennen haben für mögliche Konfliktstellen."

Wachstum

VinziRast-mittendrin ist in einem langsamen Prozess der Zusammenarbeit gewachsen. Die das Projekt initiierenden Studenten waren drei Jahre damit beschäftigt, das Programm zu erarbeiten. In der Realisierungsphase waren die Bewohner beim Selbstbau, beginnend mit der Räumung des Altbaus, beteiligt. Baufirmen erledigten den Rohbau und grundlegenden Ausbau mit allen Leitungen, die Bewohner übernahmen Arbeiten wie Streichen und das Anbringen von Wandverkleidungen. Geschenktes Material wie zum Beispiel Heraklitplatten wurde in den Privaträumen verwendet und von den Nutzern individuell gestaltet. Dies zeigt, dass ein Angebot auch eine Resonanz erzeugt und sich daraus vieles entwickeln kann.

Authentizität

VinziRast-mittendrin zeigt als offenes Haus und Pilotprojekt der Integration inspirierende Wege, wie sich privat und öffentlich, Bewohner und Stadt miteinander verknüpfen lassen. Es könnte wegweisend sein für weitere Projekte mit anderen Nutzungskombinationen, um Wohnraum für einen Querschnitt der Gesellschaft bereitzustellen und dabei Gemeinsinn zu fördern. Dies war hier vor allem möglich, weil gaupenraub+/- keine festgeschriebenen Vorgaben bekamen, sondern diese selbst mitgestalten konnten.

———

1   Alexander Hagner im Interview mit der Autorin, 13.03.2015. Alle folgenden Zitate entstammen ebenfalls diesem Interview.

Permeability

In the programming of the building, gaupenraub +/- created many opportunities for encounters. In "VinziRast-mittendrin ... people, who due to their histories have experienced others as enemies, can experience them as friends. They can find trust in the human community. To live in the community you need rules, but we allow everything that does not jeopardize this community. Our aim is to develop spaces that are better for an expected conflict potential—for example, spaces with three exits or the visible loggia. Then one can decide whether or not one wants to meet anyone else. In addition, the angular access is also communicative over the floors ... creating permeability removes pressure. We can influence this as architects—that is our responsibility. Thereby, we have to have large antennas for potential points of conflict."

Growth

VinziRast-mittendrin has grown in a slow process of cooperation. The students who initiated the project spent three years working on the program. In the realization phase, the residents participated in the construction, starting with the clearing of the old building. Construction firms completed the shell construction and the basic expansion with all of the wiring; the residents took on work like painting and wall coverings. Donated materials, like Heraklith boards, were used in the rear of the private spaces and individually designed by the users. This shows that an offer also produces resonance, and much can develop from it.

Authenticity

As an open building and pilot integration project, VinziRast-mittendrin shows inspiring ways to establish a link between private and public, residents and city. It could be pioneering for further projects with other use combinations, in order to provide housing for a cross section of society, while promoting a sense of community. This was above all possible here because gaupenraub+/- received no formalized specifications, but could shape the specifications themselves.

—

1   Alexander Hagner in an interview with the author on March 13, 2015. All of the subsequent quotes are also from this interview.

MAISON LATAPIE, Floirac, Frankreich, 1993
Lacaton & Vassal, Paris

Architektur und Natur

Sowohl in Form und Material als auch im Bereitstellen von nutzbarem Raum entspricht die Maison Latapie wie auch andere Einzelhäuser von Lacaton & Vassal seinen Nutzern und der Umgebung. Sie erlauben durch eine sehr komplexe und subtile Sprache der Architektur ein Plus an Leben, Interaktion, Verbindung von Mensch und Umgebung. Hierbei ist Jean-Philippe Vassals langjährige Tätigkeit in Niger ein wichtiger Einfluss: „Die Auswahl der Materialien ist nicht so wichtig, wir nehmen das, was dem Kontext am angemessensten scheint. Wir möchten RÄUME schaffen, für Lebendigkeit, Luft, Licht, Vergnügen ... An erster Stelle steht der Raum, dann kommt das Material. Es ist nur ein Instrument zur Schaffung von Raum. In Niger besetzen und definieren die Nomaden als allererstes den Raum. Manchmal bringen sie Teile eines Hauses mit, manchmal genügt ein einladender Baum. Was mich in Afrika faszinierte, ist die totale Freiheit in der Auswahl der Materialien: manchmal benutzen die Menschen Äste, bedecken sie entweder mit Stroh oder Aluminium Wellblech, schlagen Nägel mit Pepsi-Deckeln ein und benutzen Lastwagenreifen als Sitze."[1]

Gegensätze

Beim Konzept dieses Hauses wurde ein Bausatz sehr einfacher und effizienter Materialien wie Holzbinder und -platten, Wellblech und Kunsttstoffplatten verwendet. Mit diesen wurde ein permanent nutzbarer Wohnteil mit zeitweise nutzbarem Wintergarten errichtet, der eine zusätzliche Fläche von beträchtlicher Größe und damit eine ungeahnte Großzügigkeit bereitstellt. Mit einem Budget, das bei einem herkömmlichen Ansatz maximal für ein Haus mit 70 Quadratmetern Fläche reichen dürfte, konnte eine mehr als doppelt so große Fläche von 180 Quadratmetern ermöglicht werden, bestehend aus 120 Quadratmetern Wohnfläche und 60 Quadratmetern Wintergarten. Dies zeigt, dass Wert nicht von Kosten abhängen muss und eine ästhetisch anspruchsvolle Umgebung auch mit einfachen Mitteln möglich ist. Die neutralen Materialien verstärken die Materialität der Objekte im Innen- und Außenraum.

Wandel

Die Kombination und Addition von permanent nutzbarem Bauteil und Wintergarten, opak und transparent, funktional und frei, definiert ein Leben mit dem Wandel der Jahreszeiten, ohne Unannehmlichkeiten zu verursachen. Wandel ist hier Teil des architektonischen Konzepts: Die unterschiedlichen Klimazonen bestimmen die Nutzung des Hauses. Wo sich im Sommer das Wohnen über die gesamte Fläche ausdehnt, zieht es sich im Winter in den gedämmten, beheizbaren Bereich zurück. Die Größe der Wohnfläche hängt also vom Klima und der Jahres- und Tageszeit ab. In Vassals Augen ist es „gut, mit dem Klima zu leben. Wie ein über die Schultern gelegtes Tuch verändert sich das Haus im Zusammenhang mit der Zeit, den Jahreszeiten, den Wünschen und Lebenskonzepten der Bewohner. Es ist lächerlich, die Isolierung eines Hauses nach den zehn extremsten Winter- und Sommertagen auszurichten, um dann das restliche Jahr dadurch bestimmen zu lassen."
Die einfachen Materialien zeigen bald Gebrauchsspuren und lassen sich leicht austauschen, sodass auch hier eine Erneuerung stattfinden kann.

MAISON LATAPIE, Floirac, France, 1993
Lacaton & Vassal, Paris

Architecture and Nature

Both in form and material, as well as in the provision of usable space, Maison Latapie—as well as other detached houses by Lacaton & Vassal—corresponds to users and the surroundings. With a very complex and subtle architectural language, their structures allow enhanced living, interaction, and connection between people and their environment. Jean-Philippe Vassal's many years of activity in Niger is an important influence for this: "The choice of materials has no real importance, we take what seems most appropriate in context. We want to create SPACES, for life, for air, light, pleasure... Space comes first, material later. In Niger nomads first occupy and define space. Sometimes they bring elements of a house with them, sometimes a gentle tree is enough. What amazed me in Africa is a total freedom about the choice of materials: sometimes people use branches, deck it either with straw or corrugated aluminum, fix nails with Pepsi caps, wheels of trucks for seating."[1]

Opposites

In the planning of the house, a construction set of very simple and efficient materials—such as wooden trusses and panels, corrugated iron, and plastic sheets—was used. With this, a permanently usable living area with a temporarily usable winter garden was built, which forms an additional area of considerable size and thus provides an unexpected generosity. With a budget that would suffice in a conventional approach for a house with a maximum of 70 square meters, an area more than twice as large—180 square meters—was made possible; it consists of a 120-square-meter living area and a 60-square-meter winter garden. This shows that value does not have to depend on costs, and an aesthetically appealing environment is possible with simple means. The neutral materials enhance the materiality of the objects in the interior and exterior space.

Change

The combination and addition of permanently usable building component and winter garden—opaque and transparent, functional and free—defines a life with the changing seasons without causing inconveniences. Here, change is part of the architectural concept: the different climates determine the use of the house. Where living spreads over the entire area in the summer, it pulls back in winter into the insulated, heated area. The generosity of the living area thus depends on the climate, as well as the season and time of day. In Vassal's eyes, it is "good to live with the climate. Like a scarf on your shoulders, the house changes in function due to time, seasons, your wishes and your life. Defining the house, by its insulation, in the function of the ten worst days in winter and summer, imposed for the rest of the year is ridiculous."

The simple materials soon show signs of wear and are easy to replace, so that renewal is also possible.

Inside and Outside

With the opening of the façades of the permanent building component and the winter garden, views through the building emerge and the connection between inside and outside is enhanced. Through a precise set of spatial decisions, the connection between people and environment is articulated. Lacaton & Vassal

Maison Latapie

Innen und Außen

Mit der Öffnung der Fassaden des permanent nutzbaren Bauteils und des Wintergartens entstehen Durchblicke durch das Gebäude und die Verbindung von Innen und Außen wird verstärkt. Durch ein präzises Set an räumlichen Entscheidungen wird so die Beziehung von Mensch und Umgebung artikuliert. Lacaton & Vassal entwickeln ihre Gebäude immer von innen nach außen. Auch mag Vassal keine Wände: „Wir sollten sie vermeiden. Wenn es sie gibt, sollten sie lediglich tragende Funktion haben. Trennwände genügen zur Raumteilung, man kann sie öffnen und schließen und verschieben, wenn sie nicht mehr gebraucht werden."

Ambivalenz

Auch wenn viele Materialien so wirken wie aus dem Baumarkt, wird dennoch eine elegante Atmosphäre erzeugt, die zurückhaltend gegenüber Bewohnern und Möbeln bleibt. Sie bewirkt eine gewisse Großzügigkeit, die individuellem Geschmack Raum gibt.

Einfachheit

Nicht nur bei der Maison Latapie schaffen Lacaton & Vassal mit einfachen und kostengünstigen Baumaterialien großzügige Raumangebote. Jean-Philippe Vassal beschreibt ihre Bauweise wie folgt: „Zuerst ein Tragwerk, dann vom Boden aus Stützen, Träger, dann Decken, so wenig

always develop their buildings from the inside out. Moreover, Vassal does not like walls: "We should avoid them. When they exist, they should only be used as a support of something. Partitions are enough to separate, you can open and close them, they can always be changed if they become useless."

Ambivalence

Although many materials seem like they are from the hardware store, an elegant atmosphere is nevertheless created, which remains modest with respect to residents and furniture. They cause a certain generosity that gives room for individual taste.

Simplicity

Maison Latapie is not the only structure where Lacaton & Vassal have created generous spatial designs with simple and inexpensive construction materials. Jean-Philippe Vassal describes their way of building as follows: "A frame first, from the ground, columns, beams, and then floors, no walls at the minimum, for structural reasons only. No windows: openings, large sliding doors from ground to ceiling, like in a Japanese house." In addition to Japanese houses, Le Corbusier's Maison Dom-Ino and the Case Study House Program of the United States between 1945 and 1966 serve as references: "It was a social program of villas. Just six or eight steel posts, a corrugated aluminum roof , sliding transparent doors all around, a swimming pool outside, that's all. It is nearly nothing, and it has provided some of the most beautiful contemporary houses."

With a neutral framework and a neutral building envelope, the interaction between inside and outside is particularly noticeable. Thus in the buildings by Lacaton & Vassal, concepts from Mies—such as "inside is outside is inside" or "less is more," as in the Farnsworth House—are in close proximity: "The Farnsworth House is also indeed a reference, but it seems more sophisticated now, it appears like a demonstration. The intent of the case study houses was to take away these questions and go directly to the essential. This seems easy at first, but it is extremely difficult to do." Simplification, which should serve the improvement and refinement, is often possible only through hard and thorough work.

Permeability

The *open system*, as Lacaton & Vassal understand their structures, is characterized by flexibility and generosity. With inexpensive, neutral materials—derived from greenhouses—individually controllable and switchable spatial situations are created.

Void

A consistent theme in buildings by Lacaton & Vassal is an extra room that remains open for various uses. This idea began with the winter garden of Maison Latapie. As an intermediate zone of interior and exterior space, it allows room to breathe. At the same time, it also expands the perception of interior and exterior as a continuous space.

Authenticity

The extra room of Maison Latapie feels generous, precisely because it allows everything. There is no dictated design and no intended function, change is permitted, each user can do what he wants and put in what he wants—everything fits. Thus every need is met. The focus is not on the design, but the need it serves—with added possibilities.

—

1   Jean-Philippe Vassal in an interview with the author on May 20, 2015. All of the subsequent quotes are also from this interview.

Wände wie möglich, nur der Statik wegen. Keine Fenster: Öffnungen, große Schiebetüren vom Boden bis zur Decke, wie in japanischen Häusern." Neben japanischen Häusern dienen auch Le Corbusiers Maison Dom-ino sowie das Case Study House Program der USA zwischen 1945 und 1966 als Referenzen: „Das war ein gefördertes Programm zum Bau von Villen. Nur sechs oder acht Stahlträger, ein Dach aus Aluminium-Wellblech, transparente Schiebetüren rundum, draußen ein Swimmingpool, das ist alles – also praktisch nichts und es hat doch einige der schönsten Häuser der Moderne hervorgebracht."

Mit einem neutralen Rahmen und einer neutralen Gebäudehülle wird die Wechselwirkung zwischen Innen und Außen besonders spürbar. So liegen in den Gebäuden von Lacaton & Vassal Mies'sche Konzepte wie „innen ist außen ist innen" oder „less is more" wie im Farnsworth House nahe beieinander: „Das Farnsworth House ist auf jeden Fall eine Referenz, aber es erscheint heute eher *sophisticated*, es wirkt wie eine Demonstration. Mit den Case Study Houses wollte man diese Fragen außer Acht lassen, um direkt auf das Wesentliche zu kommen. Dies scheint zunächst einfach, ist jedoch sehr schwer umzusetzen." Vereinfachung, die der Verbesserung und Verfeinerung dienen soll, ist oft erst durch harte und gründliche Arbeit möglich.

Durchlässigkeit

Das *open system*, als das Lacaton & Vassal ihre Bauten verstehen, zeichnet sich durch Flexibilität und Großzügigkeit aus. Mit kostengünstigen neutralen Materialien – von Gewächshäusern abgeleitet – werden individuell steuer- und schaltbare Raumsituationen geschaffen.

Leere

Ein durchgängiges Motiv in Lacaton & Vassals Gebäuden ist ein Extra-Raum, der offen bleibt für verschiedenste Nutzungen. Dieser Gedanke nahm mit dem Wintergarten der Maison Latapie seinen Anfang. Als Zwischenzone von Innen- und Außenbereich gibt er Raum zum Atmen. Gleichzeitig erweitert er als kontinuierlicher Raum die Wahrnehmung von Innen und Außen.

Authentizität

Der Extra-Raum der Maison Latapie fühlt sich großzügig an, gerade weil er alles zulässt. Es gibt kein Design-Diktat und keine beabsichtigte Funktion, Veränderung ist erlaubt, jeder Nutzer kann tun, was er möchte und hineinstellen, was er will – alles passt. So wird jeder Bedarf erfüllt. Der Fokus liegt nicht auf dem Design, sondern auf dem Bedarf, dem das Haus dient – mit einem Plus an Möglichkeiten.

—

1   Jean-Philippe Vassal im Interview mit der Autorin, 20.05.2015. Alle folgenden Zitate entstammen ebenfalls diesem Interview.

Tour Bois le Prêtre

TOUR BOIS LE PRÊTRE, Paris, 2011, Sanierung und Erweiterung
Druot, Lacaton & Vassal, Paris

Wandel

„Den geplanten Abriss des Turms aus den 60ern verwerfend, strebte das Projekt sehr viel mehr an als lediglich neue Standardwohnungen. Dem bereits Bestehenden sollte etwas hinzugefügt werden, das auch in ökonomischer Hinsicht ein besseres Konzept darstellte. Es war keine Modernisierung, sondern könnte als ‚Metamorphose' bezeichnet werden."[1] Beim Tour Bois le Prêtre ging es darum, das Vorhandene nicht abzureißen, sondern mit ihm zu arbeiten, es zu transformieren und zu erweitern. Bei laufendem Betrieb wurde die Fassade des Pariser Wohnturms ausgetauscht, was nicht nur seine Außenerscheinung, sondern auch die Wohnqualität der Nutzer beträchtlich steigerte. Die alte Fassade wurde geöffnet und vorgefertigte Wintergarten- und Balkonmodule vorgesetzt. Während der Umbaumaßnahmen behielten die Mieter ihre Wohnungen, teils mussten lediglich weniger als einen Tag lang Wohnungen getauscht werden. „Dies ist eine alternative Antwort auf die aktuelle Frage nach Energiesparen: statt Schaumisolation eine nicht-beheizte Pufferzone zum Leben, anpassbar an alle Jahreszeiten und Launen."

Innen und Außen

Die durch die erweiterte Fassade zusätzlich geschaffene Wohnfläche verstärkt die Verbindung von Innen- und Außenraum. Durch raumhohe Schiebeelemente aus Glas ist sie über das Jahr unterschiedlich nutzbar. „Es ist keine Wohnung mehr, sondern wird ein Haus. Wie in einem Haus kann man von außen um die ganze Wohnung herumgehen." Die vorgesetzten Wintergarten- und Balkonmodule öffnen die geschlossene Situation der Wohnung und bringen Licht und Luft in die Räume. Die Intimität der Bewohner ist dennoch durch die verschiedenen Filter – Glasfassade in der Ebene der ursprünglichen Außenfassade, vorgesetztes Wintergartenmodul mit Vorhang und Fassade, Balkon mit Brüstung – geschützt. Das neue natürliche Licht wird von der Materialität und Farbigkeit der Objekte im Inneren wiedergegeben.

Einfachheit

Der Einsatz von einfachem und kostengünstigem Material ermöglicht für wenig Geld ein Mehr an Raum. Dabei ersetzt eine Glasfassade mit Schiebeelementen die ursprüngliche Fassade des Hochhauses. Sie führt in einen Wintergarten mit einer Fassade aus durchsichtigen PE-Modulen, die sich ebenfalls aufschieben lässt. Ein silbrig gestreifter Vorhang dient der Verschattung und ist zugleich transluzent. Vom Wintergarten gelangt man auf den Balkon, dessen Brüstung aus einem einfachen Stahlgeländer besteht, welches ebenfalls mit transparenten Platten gefüllt ist.

Ambivalenz

Die farblich und stofflich neutralen, kostengünstigen Materialien der angebauten Wintergärten schaffen dennoch einen eleganten Raum, in dem alle Möbel der Bewohner gut aussehen und Wertschätzung erfahren. Und gerade darin liegt der Kunstgriff der Architektur von Lacaton & Vassal: durch die farbliche Neutralität der eingesetzten Materialien Eleganz und damit ästhetische Qualität zu erreichen.

TOUR BOIS LE PRÊTRE, Paris, 2011, renovation and expansion
Druot, Lacaton & Vassal, Paris

Change

"Instead of the demolition of the tower of the 60s that was intended, the project does much better than the construction of standard new flats; adding to the existing structure is a much better economic answer. It was not a refurbishment, it was called 'metamorphosis.'"[1] With Tour Bois le Prêtre, it was a matter of not demolishing the existing, but working with it, transforming and expanding it. During ongoing services, the façade of the Paris residential tower was replaced, which not only significantly improved its external appearance, but also the quality of living for users. The old façade was opened and prefabricated winter garden and balcony modules installed. During the reconstruction, the tenants kept their apartments, some apartments had to be vacated for just less than a day. "This is an alternative answer to the current question about energy savings: instead of foam insulation, a non-heated buffer zone for living, adaptable to all seasons and moods."

Inside and Outside

The additional living space created by the extended façade strengthens the connection between interior and exterior space. With floor-to-ceiling sliding elements made of glass, it can be used differently throughout the year. "It is no longer a flat, it becomes a villa. As in a villa, you can walk around outside your flat."
The installed winter gardens and balcony modules open the closed situation of the apartments and bring light and air into the spaces. However, the residents' privacy is protected by the various filters—glass façade at the level of the original façade, installed winter garden module with curtain, and winter garden façade, balcony with railing. The new natural light is reflected by the materiality and colors of the objects inside.

Simplicity

The use of simple and inexpensive materials allows more space for little money. Here, a glass façade with sliding elements replaces the original façade of the high-rise. It leads to a winter garden with a façade of transparent PE modules, which also slides. A silvery striped curtain is used to provide shade and is also translucent. From the winter garden, one reaches the balcony, whose parapet is glazed and features a simple steel railing.

Ambivalence

The winter gardens' cost-effective, neutral colors and materials nevertheless create an elegant space, where all the furniture of the high-rise's residents looks good and is appreciated. And therein lies the trick in the architecture of Lacaton & Vassal: achieving elegance, and thus aesthetic quality, with neutral colors of the materials used.

Void

A recurring element in the architecture of Lacaton & Vassal is the creation of extra, neutral space. As an extended threshold between interior and exterior space, it amplifies their effect, "through the absence of a predetermined function, it is a space for freedom and mobility."

Permeability

Jean-Philippe Vassal describes the office's architecture as an *open system*: "For me, the

Leere

Der extra geschaffene, neutrale Raum ist ein wiederkehrendes Element in der Architektur von Lacaton & Vassal. Als ausgedehnte Schwelle zwischen Innen- und Außenraum verstärkt er deren Wirkung; „durch das Fehlen einer vorbestimmten Funktion ist er ein Raum für Freiheit und Beweglichkeit."

Durchlässigkeit

Jean-Philippe Vassal beschreibt die Architektur des Büros als ein *open system*, ein offenes System: „Für mich besteht die Rolle des Architekten darin, einen Impuls zu geben, Möglichkeiten anzubieten. In einem offenen System ist der Raum frei, so wenig wie möglich an ein Programm gebunden, unabhängig, dabei bietet er eher Qualitäten als Funktionen und Verbindungen zwischen Innen und Außen, offen oder geschlossen, mit verschiebbaren Elementen wie in einem traditionellen japanischen Haus. Das Haus nimmt allen Raum ein, den man vom Balkon aus überblicken kann."

Wachstum

Mit der zusätzlich geschaffenen Fläche durch die vorgesetzten Wintergärten und Balkone verbessert sich nicht nur die Außenerscheinung des Wohnturms, sondern es entstehen auch neue Entfaltungsmöglichkeiten für die Nutzer. Vassal äußert sich zu diesem Mehrwert wie folgt: „Wir sind neugierig auf die Möglichkeiten der Stadt. ‚PLUS' meint das, was man einer Situation hinzufügen kann. Eine Situation verbessern, ein Problem lösen. Da wir generell von Villen inspiriert sind, sollten alle Wohnungen einen Garten bekommen, in Form von Wintergärten, Balkonen, Terrassen. In all unseren Projekten versuchen wir, die Idee eines doppelten Raumes zu verwirklichen, um der Freiheit willen und um mehr Luft zu atmen. Der eine Raum ist statisch (durch die Bestandteile des Programms bestimmt), der andere dynamisch (Freiraum) und aktiv. Die Kombination der beiden Teile sorgt für Bewegung. Das ist für uns ein offenes System."

Authentizität

Gerade die Wertschätzung, die jedes Objekt in der Architektur Lacaton & Vassals erfährt, zeugt von ihrer Stimmigkeit für Ort und Zweck. Jean-Philippe Vassal bezeichnet dies als „eine bescheidene und zugleich großzügige Haltung." Mit dieser Aussage beschreibt er den Kern ihrer Vorgehensweise. Die Einfachheit und Effizienz der gewählten Materialien lässt alles in diesen Räumen gut aussehen. Hierin wird ein wahrhaft menschlicher Ansatz in der Gestaltung von Lebensraum erkennbar: Die Würde des Menschen wird gewahrt, indem seinem Mobiliar Wertschätzung entgegengebracht wird. Auf diese Weise entsteht ein selbstverständlich wirkender Lebensraum, der Entfaltung und Veränderung – des Bewohners und des Raumes – zulässt.

---

1 Jean-Philippe Vassal im Interview mit der Autorin, 20.05.2015. Alle folgenden Zitate entstammen ebenfalls diesem Interview.

role of an architect is to give the keys, to offer possible opportunities. In an open system, the space is free and not adjusted to a program. At a minimum, it is independent, offering qualities more than functions, and relations inside and outside, open or closed, with sliding elements— such as in a traditional Japanese house. The dimensions of the house are as far as you can see from your balcony."

Growth

With the additionally created space gained from the winter gardens and balconies, not only has the external appearance of the residential tower improved, but new development opportunities have also been created for the users. Vassal comments on this value as follows: "We have a curiosity about the opportunities of the city. 'PLUS' means what can be added to a situation. To improve a situation, to answer to a problem. As we are inspired by villas in all cases, a garden should be added to the flats; it becomes a winter garden, balcony, or terrace. In all our projects, we try to apply the idea of double

space for freedom and to breathe more air. One space is static (occupied by the elements of the program), one dynamic (free space) and active. The combination of the two parts creates movement. For us, this is an open system."

Authenticity

Precisely the appreciation experienced by each object in the architecture Lacaton & Vassals attests to their consistency of place and purpose. Jean-Philippe Vassal describes it as an "issue of modesty and generosity together." With this statement, he describes the core of their approach. The simplicity and efficiency of the chosen materials makes everything in these spaces look good. Here, a truly human approach in the design of living space is discernible: people's dignity is maintained by appreciating their furnishings. This creates a natural seeming habitat, which allows development and change of the resident, and of the space.

———

1   Jean-Philippe Vassal in an interview with the author on May 20, 2015. All of the subsequent quotes are also from this interview.

HAUS BRUNNENSTRASSE, Berlin, 2010
Brandlhuber + Emde, ERA, Burlon, Berlin

Architektur und Natur

Mit der Heterogenität seiner Gebäude schafft Arno Brandlhuber eine Entsprechung zur Vielfalt des städtischen Lebens und der Natur. So vereint sein Haus in der Brunnenstraße Galerie-, Arbeits- und Wohnqualitäten. Die bebaute Grundfläche gibt Brandlhuber der Stadt auf dem Dach quasi zurück und pflanzt dort einen Baum. Die natürliche Farbigkeit insbesondere des Betons schafft einen zurückhaltenden Rahmen und betont wechselnde Farben innen sowie außen. Seine teilweise roh belassene Oberfläche zeugt noch vom Bauprozess.

Gegensätze

Das Haus in der Brunnenstraße zeigt vor allem rohe Materialien wie unbehandelte Betonwände, jedoch auch feine Fassaden und Geländer. Zur Straßenseite besteht die Fassade weitgehend aus günstigen transluzenten Polycarbonatplatten, die mit wechselnden Tageslichtverhältnissen einen zarten Farbverlauf zwischen rosa und grün aufweisen. Einige Glasflächen zu beiden Seiten erlauben auch zur Straße hin gezielte Ausblicke. Im Gegensatz zur geschlossenen Straßenansicht ist die Fassade zur Hofseite hin nahezu komplett verglast. Die im Gebäudeinneren verbauten Holzelemente bringen etwas Wärme in die ansonsten eher kühl wirkenden Räume und laden zum Anlehnen ein.

Innen und Außen

Brandlhuber geht es „generell um Bindungen – formal und sozial".[1] So möchte er keine Trennung von Wohnen und Arbeiten und schafft in seinen Gebäuden vielfältige Überschneidungen. Im Haus Brunnenstraße verbindet die Außentreppe mit Terrassen alle Stockwerke und schafft Möglichkeiten der Begegnung. Der Abstand der Treppe zur Fassade sichert zum einen den Brandschutz und ermöglicht zum anderen ein Maximum an Privatsphäre.

Im Inneren sind die Einheiten ebenfalls miteinander verbunden. Sie erlauben durch Niveausprünge eigene Zonierungen bei gleichzeitigem Blickbezug und stärken Verbindungen von Nutzungen und Menschen.

Ambivalenz

Die Doppelstegplatten der Fassade „erzeugen ein weiches Licht, ähnlich wie japanische Papierfassaden, und schaffen somit ideale Verhältnisse für Ateliers und Computerarbeitsplätze".[2] So verfügt das Gebäude – vom gegenüberliegenden Berliner Kulturreferat „Garage" genannt – im Inneren über ganz andere Qualitäten. Gerade durch diese ästhetische Ambivalenz entsteht hier eine inspirierende Atmosphäre, die frei macht von gängigen Wertvostellungen und Lust macht, neue Wege einzuschlagen.

Unvollkommenheit

Brandlhubers Gebäude stellen Wasser, Heizung und Strom zur Verfügung, die weitere Ausstattung bleibt dagegen offen. Er nennt dies „unterdeterminieren". Damit schafft er, ähnlich wie die Smithsons, Aneignungsmöglichkeiten durch eine geringe Ausstattung und gibt den Nutzern Freiraum für eigene Vorstellungen.

Einfachheit

Mit dem bewohnbaren Rohbau stellt Arno Brandlhuber nur das Nötigste bereit. „Die Doppelstegplatten der Fassade in der Brunnenstraße sind ein günstiges Material mit guten Ei-

HOUSE BRUNNENSTRASSE, Berlin, 2010
Brandlhuber + Emde, ERA, Burlon, Berlin

Architecture and Nature

With the heterogeneity of his buildings, Arno Brandlhuber creates a correlation to the varied range of urban life and nature. Thus his building on Brunnenstraße combines gallery, working, and living qualities. A tree planted on the roof gives the built area back to the city. The natural color, particularly of the concrete, creates a restrained framework and emphasizes changing colors inside and outside. His partially untreated surface testifies to the construction process.

Opposites

The house on Brunnenstraße features not only mainly raw materials, such as untreated concrete walls, but also fine façades and railings. The façade facing the street was largely created from cheap translucent polycarbonate sheets, which, with changing daylight conditions, display a delicate transition of color between pink and green. Some glass surfaces on both sides also allow targeted views to the street. In contrast to the closed street view, the façade facing the courtyard is almost completely glazed. Wooden elements used in the interior bring some warmth into the otherwise rather cool seeming spaces.

Inside and Outside

For Brandlhuber, it is "generally a matter of bonds—formal and social."[1] Thus, he wants no separation between living and working and creates diverse overlaps in his buildings. In the building on Brunnenstraße, the external staircase with terraces joins all of the floors and provides opportunities for exchange. The spacing of the stairs to the façade provides fire protection and also enables a maximum of privacy for each floor.

The units are also connected to each other in the interior. With the different levels, they allow their zoning, and strengthen the connections of uses and people.

Ambivalence

The twin-wall sheets of the façade "provide a soft light, like a Japanese paper façade, ideal for studios and computer workstations."[2] The building shows very different qualities inside and outside. Precisely through this aesthetic ambivalence, an inspiring atmosphere emerges here that disengages from common value judgements and pursues new paths.

Imperfection

Brandlhuber's buildings provide water, heating, and electricity; further facilities however remain open. He calls this "under determining." Thus, similar to the Smithsons, he creates appropriation opportunities with a few facilities and gives users free space for their own ideas.

Simplicity

Arno Brandlhuber provides only the absolutely necessary in the habitable shell. "The twin-wall sheets of the façade on Brunnenstraße are an inexpensive material with good properties." With them, an aesthetically attractive solution with little effort could be found.

Brandlhuber tries to keep his office small, "so that decisions can be made on one level." For him "more freedom to think, to develop" emerges in a confined area.

Permeability

The different possibilities of usage create a diverse overlap in this construction. Thus, the of-

genschaften." Mit diesen ließ sich bei geringem Aufwand eine ästhetisch interessante Lösung finden.

Brandlhuber versucht, sein Büro klein zu halten, „damit Entscheidungen auf einer Ebene getroffen werden können". Auf begrenzter Fläche entsteht für ihn „mehr Freiraum zum Denken, zum Entwickeln".

Durchlässigkeit

Die verschiedenen Nutzungsmöglichkeiten führen bei diesem Bau zu vielfältigen Überschneidungen. So ist das Büro ein halböffentlicher Raum, der sich mit anderen Nutzungen überlagert: Wenn oben gegrillt wird, „ist es klar, dass die Mitarbeiter im Büro auch ein Würstchen bekommen. Aus diesen Überschneidungen kann sich Weiteres ergeben". Brandlhuber sieht seine Bürostruktur als offenes System, in dem er an verschiedenen Projekten mit unterschiedlichen Menschen zusammenarbeitet.

Wachstum

Das Haus in der Brunnenstraße sollte zunächst prozesshaft nach oben wachsen, dann riet der Künstler Thomas Demand dazu, „das Regal komplett fertig zu bauen und die Fassade nur zum Teil einzusetzen, weil das schlüssiger sei". So wurde es schließlich gemacht. Brandlhuber schafft hier einmal mehr durch räumliche Überschneidungen, aber auch durch seine Praxis des „Unterdeterminierens" einen Raum für verschiedene Aktivitäten und somit ein Mehr an Möglichkeiten. Ihm geht es auch im urbanen Maßstab um eine „dialogische Stadt"[3], nicht als „entweder – oder, sondern und – und: gut organisieren, auch ohne wirtschaftliches Wachstum".

Wandel

„Der Raum bestimmt nicht, was er ist." Das Haus verändert sich mit seinen Nutzern. Die Fassade zeigt über den Tag hinweg ein schönes Lichtspiel. Sie besitzt keinen Permanenzanspruch und lässt sich von einem späteren Nutzer bei Wunsch einfach austauschen.

Seine Arbeitsweise sieht Brandlhuber als Prozess. Wo er früher noch Schalpläne gemacht hat, folgt er heute der Logik der Handwerker: „Wenn ein Anschluss nicht funktioniert, machen wir ihn nächstes Mal anders. Die Erkenntnisse entwickeln sich weiter." Vieles wird direkt auf der Baustelle und nicht im Voraus entschieden. „Oben wäre zum Beispiel ein Stahlgeländer viel zu hart gewesen. Da haben wir uns für die brasilianische Variante mit Holz entschieden." Brandlhuber vergleicht seine Arbeit mit der eines Bildhauers. Er formt ein Gebäude im Prozess und nach Fertigstellung verkauft er es: „Denn wenn die Häuser fertig sind, sind sie sofort weg. Vom Bild von der Zeichnung weg – das ist schwierig." Da seine Häuser selbstfinanziert sind, ist dieses prozesshafte Arbeiten am Objekt möglich.

Authentizität

Mit seiner Architektur sendet Brandlhuber die Botschaft: „Verschuldet Euch nicht, baut billig, trennt nicht zwischen den Funktionen." Damit reagiert er auf wandelnde gesellschaftliche Verhältnisse und schafft authentischen Raum für zeitgemäße Lebensmodelle.

---

1   Freunde von Freunden – Arno Brandlhuber, https://www.youtube.com/watch?v=CeT4sbo-ZGJw
2   Arno Brandlhuber im Interview mit der Autorin, 01.12.2014. Alle folgenden nicht zugeordneten Zitate entstammen ebenfalls diesem Interview.
3   Vgl. Arno Brandlhuber / Florian Hertweck / Thomas Mayfried (Hg.): *Dialogic City – Berlin wird Berlin*. Verlag der Buchhandlung Walter König 2015

fice is a semipublic area, overlapping with other usages. For example, if a barbecue grill is set up on the upper terrace, "it is clear that the people in the office also get a sausage. More can result from these overlaps." Brandlhuber sees his office structure as an open system in which he works on different projects with different people.

Growth

Initially, the building on Brunnenstraße was intended to grow step-by-step, then the artist Thomas Demand advised "completely building the shelf and installing the façade only partially, because that would be more conclusive." This is how it was ultimately done. Brandlhuber creates space for various activities and thus an abundance of options, through spatial overlaps as well as under determining. For him, in the urban scale it is also about a "dialogical city,"[3] not as "either–or, but as and–and: to organize well, even without economic growth."

Change

"The space does not determine what it is." The building changes with its users. The façade shows a beautiful play of light throughout the day. It has no claim to permanence and can be easily replaced by a later user if desired. Brandlhuber see his way of working as a process. A lot is decided on the construction site and not in advance. "For example, a steel railing would have been much too hard upstairs. So we opted for the Brazilian version with wood." Brandlhuber compares his work to that of a sculptor. He forms a building in the process, and after completion he sells it: "For when the houses are finished, they are gone immediately." Because his houses are self-financed, this process-oriented work on an object is possible.

Authenticity

With his architecture, Brandlhuber is sending the message: "Do not get in debt, build cheaply, do not separate between the different functions." Thus, he is responding to changing social conditions and creates authentic space for contemporary lifestyles.

—

1   Freunde von Freunden – Arno Brandlhuber, https://www.youtube.com/watch?v=CeT4s-boZGJw (accessed on April 25, 2016).
2   Arno Brandlhuber in an interview with the author on December 1, 2014. All of the subsequent unattributed quotes are also from this interview.
3   See Arno Brandlhuber, Florian Hertweck, and Thomas Mayfried (ed.), *Dialogic City—Berlin wird Berlin*, (Koln: Verlag der Buchhandlung Walther König, 2015).

ANTIVILLA, Krampnitz, 2015
Brandlhuber + Emde, Burlon, Berlin

Architektur und Natur

Auch wenn die Antivilla auf den ersten Blick in ihrer Umgebung etwas fremd wirkt, vereint ihre Architektur viele Bezüge zur Natur in sich. Zum einen ist sie als Umformung eines Bestandes an sich schon mit dem Umfeld und dessen Geschichte verwurzelt. Darüber hinaus setzt sie mit der natürlichen Farbigkeit ihrer Materialien Beton, Ziegel und Putz einen dezenten Rahmen für das Farbspiel der Natur. Ihre Oberfläche erlaubt ein gutes Altern im Gebrauch, denn sowohl farbliche Veränderungen als auch Gebrauchsspuren tun dem Ausdruck der Materialien keinen Abbruch.

Gegensätze

Schon der Name „Antivilla" birgt einen Gegensatz in sich. Dabei bezieht er sich auf die echten Villen der Umgebung. Geschaffen wurde die Antivilla aus dem Lager einer leer stehenden Trikotagenfabrik. Der rohe Charakter des Bestandsgebäudes wurde äußerlich erhalten und durch in die Wand gebrochene neue Fensteröffnungen um einen Aspekt erweitert. Ein riesiger Wasserspeier zur Entwässerung des Daches ist ein weiteres einprägsames Gestaltungsmerkmal des Hauses. Konträr zur äußeren Ansicht findet man sich im Inneren in einem eleganten und modernen Salon wieder. Dieser Eindruck entsteht durch teilweise geschliffene Oberflächen und eine sparsame Ausstattung mit einigen wenigen exquisiten Möbelstücken und vor allem Kunstwerken.

Einfachheit

Die Architektur Arno Brandlhubers kommt generell mit der Grundausstattung eines bewohnbaren Rohbaus aus. Damit möchte er zeigen, „dass das Wenige und Einfache trotzdem Freude bereiten kann"[1]. Denn „Berlin ist eine niedrigschwellige Stadt. Niedriger Standard und Hedonismus müssen sich nicht ausschließen". Für Brandlhuber gilt: „Wenn etwas schlüssig ist, dann ist es auch schön." Damit steht er in der Tradition des „New Brutalism" der 1950er Jahre, welcher eine *warehouse aesthetic* propagierte.[2]

Durchlässigkeit

Die Durchmischung von verschiedenen Funktionen schafft in diesem Wohn- und Ateliergebäude vielfältige Überschneidungen und fördert das Miteinander der Menschen. So gibt es Austausch zwischen den Nutzern der Einheiten wie auch den wechselnden Gästen. Die verglasten Wanddurchbrüche nach außen drücken diese Durchlässigkeit geradezu sinnbildlich aus. In Bezug auf die Fassade war es Brandlhuber „wichtig, nicht ins Komponieren zu gehen".[3] Mit diesem Ansatz des Laissez-faire erreicht er bei der Antivilla einen flexiblen und großzügigen Ausdruck.

Innen und Außen

Die neuen großen Fensteröffnungen wurden so platziert, dass sich gezielte Blickbezüge zur Landschaft ergeben. Das begehbare neue Flachdach ersetzt ein ursprüngliches Satteldach und bietet als zusätzliches Freiluftgeschoss mit Außendusche einen herrlichen Blick über den nahe liegenden See. Mit diesen Maßnahmen wurde der Bezug zwischen Innen- und Außenraum verstärkt und das lokale Umfeld mit der weiteren Landschaft verknüpft.

ANTIVILLA, Krampnitz, Germany, 2015
Brandlhuber + Emde, Burlon, Berlin

Architecture and Nature

Even if at first glance the Antivilla seems a bit strange in its environment, its architecture combines many references to nature. First, as the conversion of an existing building, it is already rooted in the surroundings and history. Moreover, with the natural color of its materials—concrete, brick, and plaster—it sets a very subdued framework for the colors of nature. Its surface allows for good aging, because both color changes and signs of wear do not diminish the expression of the materials.

Opposites

The name "Antivilla" already poses a contrast in itself. Thereby, it refers to the real villas of the surroundings. The Antivilla was created from the warehouse of a vacant hosiery factory. The raw character of the existing building was maintained externally and reinforced with new window openings broken into the wall. A giant gargoyle for roof drainage is another expressive design feature of the house. In contrast to the external view, an elegant and modern salon is found in the interior; this impression is created by partially polished surfaces and spare décor with a few exquisite pieces of furniture and in particular works of art.

Simplicity

The buildings by Arno Brandlhuber generally make do with the basic configuration of a habitable building shell. With this, he wants to show "that the few and simple can nevertheless give joy."[1] Because "Berlin is an easy accessible city. Low standards and hedonism need not be mutually exclusive." For Brandlhuber, the following applies: "If something is coherent, it is also beautiful." Thus, he follows in the tradition of the "New Brutalism" of the nineteen-fifties, which proposed a "warehouse aesthetic."[2]

Permeability

The mixture of different functions in this studio house allows for various intersections and promotes coexistence. Hence, there are exchanges between users of the units as well as the changing guests. The glazed wall openings to the outside express the permeability almost symbolically. With respect to the façade, for Brandlhuber it was "important not to go into composing."[3] With this laissez-faire approach, he achieves a flexible and generous expression in the Antivilla.

Inside and Outside

The new large window openings were placed so that they result in targeted visual references to the landscape. The walkable new flat roof replaces an original gabled roof, offering an additional outdoor floor with outdoor shower and providing a magnificent view of the nearby lake. With these measures, the relation between interior and exterior space was reinforced and the local surroundings were linked with the broader landscape.

Change

The Antivilla in Krampnitz can be used in different ways during different seasons. In cold periods, a delicate curtain can shield an interior area and thus create a pleasantly temperate zone in the otherwise unheated house. Brandlhuber borrowed this principle from his grandparents farmhouse, where the centrally located kitchen was the warmest. Accordingly, in the

Wandel

Die Antivilla in Krampnitz kann zu verschiedenen Jahreszeiten unterschiedlich genutzt werden. In kalten Zeiten kann ein zarter Vorhang einen Innenbereich abschirmen und so im ansonsten unbeheizten Haus eine angenehm temperierte Zone schaffen. Dieses Prinzip entlehnt Arno Brandlhuber dem bäuerlichen Haus seiner Großeltern, in dem es in der zentralen Küche am wärmsten war. Entsprechend schuf er auch in der Antivilla von der Mitte aus verschiedene Temperaturzonen, die je nach Außentemperatur übers Jahr hinweg unterschiedliche Umwelten bieten.

Wachstum

Arno Brandlhuber versteht die Antivilla als sein Atelier. Diesen „Möglichkeitsraum" öffnet er auch für Symposien und hat mit einer sparsamen Möblierung einen Raum geschaffen, der vielfach nutzbar ist. So ist eine Erweiterung vom Privaten ins Öffentliche und ein Austausch in kleiner wie in großer Runde ohne Probleme möglich. Eine diagonale Spiegelwand versteckt geschickt das dahinter verborgene Schlafzimmer und erweitert gleichzeitig optisch den Raum. Je nach äußeren Wetterbedingungen lassen die verschiedenen Temperaturzonen zudem die nutzbare Wohnfläche schrumpfen oder dehnen sie aus.

Antivilla he also created different temperature zones from the center outwards, which offer different environments throughout the year depending on the outside temperature.

Growth

Arno Brandlhuber sees the Antivilla as his studio. He also opens this "space of possibilities" for symposia, and with sparse furnishings has created a space that is usable in many ways. Hence, an extension from the private to the public, and an exchange in small as well as large groups is possible without problems. A diagonal mirror wall cleverly conceals the bedroom behind it, and visually expands the space.

Depending on the external weather conditions, the different temperature zones can also shrink the usable living space or extend it.

Ambivalence

The indeterminacy of the building allows a variety of uses. Its design breaks allow it to oscillate between ruin and status symbol; its expression varies between repelling and inviting, and one does not know whether the Antivilla should be approached. Precisely the ambivalence of this building banishes every known category, and thus bias. As a result, it can enable real encounters.

Ambivalenz

Die Unbestimmtheit des Gebäudes erlaubt vielfältige Nutzungsmöglichkeiten. Seine gestalterischen Brüche lassen es zwischen Ruine und Statussymbol oszillieren; sein Ausdruck schwankt zwischen abweisend und einladend und man weiß nicht recht, ob man sich der Antivilla nähern darf. Gerade die Ambivalenz dieses Gebäudes verbannt jegliche bekannten Kategorien und damit Voreingenommenheit. Somit kann es wirkliche Begegnungen ermöglichen.

Unvollkommenheit

Die Fensteröffnungen der Antivilla wurden nach Bedarf aus der Wand herausgeschlagen und von innen nachträglich so verglast, dass die Bruchkanten sichtbar blieben. Damit bezieht sich Brandlhuber auf Lina Bo Bardis Kulturzentrum, das SESC Pompéia, und ein von ihr gebautes kleines privates Wohnhaus. Denn auch wenn sich die Entstehung dieser Fenster von denen der Antivilla unterscheidet, drücken beide die Geste aus, „dass man sich die Fenster so machen kann, wie man will, wie bei der Urhütte oder ‚Themroc' ... Faraldos bekanntestem Film, einer Städtebauutopie".[4]

Authentizität

Die Antivilla ist Brandlhubers extremster Bau und geradezu ein Befreiungschlag gegen herkömmliche Wertevorstellungen. Damit schafft Brandlhuber ein Umfeld, in dem neue Wege für authentische Antworten auf aktuelle architektonische Herausforderungen eingeschlagen werden können.

———

1 Arno Brandlhuber im Interview mit der Autorin, 01.12.2014. Alle folgenden nicht zugeordneten Zitate entstammen ebenfalls diesem Interview.
2 Siehe Reyner Banham: *The New Brutalism: Ethic or Aesthetic*. London 1966, S. 2, http://www.architectural-review.com/rethink/viewpoints/the-new-brutalism-by-reyner-banham/8603840.fullarticle
3 Freunde von Freunden – Arno Brandlhuber, https://www.youtube.com/watch?v=CeT4sbo-ZGJw
4 Ebd.

Imperfection

The window openings of the Antivilla were knocked out of the wall as needed, and afterwards glazed from the interior so that the broken edges remained visible. With this, Brandlhuber is referring to Lina Bo Bardi's cultural center, the SESC Pompéia and the small private residence she built. Even if the production of these windows differs from those of the Antivilla, both of them express the gesture, "that you can make the window as you want, as in the primitive hut or *Themroc* ... Faraldo's most prominent film, an urban planning utopia."[4]

Authenticity

The Antivilla is Brandlhuber's most extreme building and nothing less than a strong kick against conventional values judgments. Thus, Brandlhuber creates an environment in which new paths for authentic answers to current architectural challenges can be entered.

—

1   Arno Brandlhuber in an interview with the author on December 1, 2014. All of the subsequent, unattributed quotes are also from this interview.
2   See Reyner Banham: *The New Brutalism: Ethic or Aesthetic*. (London: Architectural Press), 2, http://www.architectural-review.com/rethink/viewpoints/the-new-brutalism-by-reyner-banham/8603840.fullarticle (accessed April 25, 2016).
3   Freunde von Freunden – Arno Brandlhuber, https://www.youtube.com/watch?v=Ce-T4sboZGJw (accessed April 25, 2016).
4   Ibid.

QUINTA MONROY, Iquique, 2004
ELEMENTAL, Santiago

Architektur und Natur

Die Siedlung Quinta Monroy wurde als sozialer Wohnungsbau von ELEMENTAL errichtet. Dabei wurden die Bewohner eines bereits jahrelang besetzten Grundstücks im Zentrum der Wüstenstadt Iquique auf diesem belassen und mit einer architektonischen Infrastruktur versorgt, die bestandene soziale Strukturen respektiert. Die Möglichkeit der individuellen Ergänzung durch die Anwohner bettet die Siedlung in die Umgebung und lokale Bautradition ein.

Unvollkommenheit

Der Name ELEMENTAL ist Programm bei dieser Wohntypologie. Es wird nur ein Teilelement des avisierten Hauses zum Start bereitgestellt. Die Unvollkommenheit dieser „halben" Häuser fordert die Bewohner heraus; zugleich besteht durch geringe architektonische Vorgaben die Möglichkeit zur freien Entfaltung. Konstruktion und Material sind nicht festgelegt, sodass mit der Zeit ein buntes Gesamtbild entstanden ist, in dem die Grundstruktur jedoch immer noch erkennbar bleibt.

Gegensätze

Der Gegensatz zwischen den vorgegebenen Elementen und der freien Ergänzung verleiht dieser Typologie eine einmalige, erkennbare Gestalt und lässt sie vielfältig und lebendig wirken.

Innen und Außen

Die Quinta Monroy bietet vielfältige Bezüge zwischen öffentlichem und privatem, innerem und äußerem Raum. So haben die auf Zuwachs konzipierten Häuser zunächst nur die Hälfte der möglichen Innenfläche, die andere Fläche ist offener Außenraum. Dieser über eine Treppe von der Straße zugängliche Bereich ist als schattige Freifläche angenehm zum Aufenthalt und kann auch als Gewerbefläche – und damit der Erwerbstätigkeit – dienen. Bei ausreichendem Kapital kann der Außenraum in zusätzliche Innenfläche umgewandelt werden. Zusätzlich gibt es eine gemeinsame Außenfläche, deren Bedeutung mit dem Zuwachs des individuellen Innenraums zunimmt. So bleibt der Austausch zwischen Individuum und Gemeinschaft auch auf Dauer bestehen.

Ambivalenz

Der Gegensatz zwischen vorbestimmter Architektur und nachträglich zugefügter verleiht der Siedlung eine ambivalente Gestaltung. Wie viel vorbestimmte Struktur soll auf Dauer erkennbar bleiben? Die Grenzen zwischen Design und Bricolage verschwimmen mit der Zeit zunehmend und tragen zur natürlichen Einbettung bei.

Durchlässigkeit

Vom Grundkonzept her ist diese Architektur durchlässig, denn sie bietet mit ihren Freiflächen vielfältige Möglichkeiten zur Aneignung durch die Nutzer. Die Anbauten an den einzelnen Häusern führen auf Dauer dazu, dass die Bebauung insgesamt dichter wird. Es bleibt zu hoffen, dass die anfängliche Durchlässigkeit in der reichen Gestaltung und Interaktion der Gemeinde auch weiterhin spürbar ist.

Einfachheit

Die einfache Typologie bietet nur die nötigsten Funktionen und ist mit einfachsten Materialien ausgestattet. Diese Schlichtheit des

QUINTA MONROY, Iquique, 2004
ELEMENTAL, Santiago

Architecture and Nature

The settlement Quinta Monroy was built by EL-EMENTAL as social housing. Thereby, the residents of this property—which is in the center of the desert city of Iquique and had been occupied for years—were left there and supplied with an architectural infrastructure that respects the existing social structures. The opportunity for individual additions by the residents embeds the settlement in the surroundings and local building tradition.

Imperfection

The name ELEMENTAL is also the program in this residential typology. Only one element of the prospective building is provided at the beginning. The imperfection of these "half" buildings challenges the residents; at the same time, the opportunity for free development exists through minimal architectural specifications. Construction and materials were not fixed, so that over time a colorful picture has emerged, in which the basic structure is nevertheless still recognizable.

Opposites

The contrast between the predetermined elements and the residents' expansions, grants this typology a unique, recognizable shape and makes it seem diverse and lively.

Inside and Outside

Quinta Monroy offers numerous relationships between public and private, interior and exterior space. Thus, the buildings—which were conceived in increments—initially have only half of the possible inner area, the other area is an open outdoor space. This area, which is acces-sible via a staircase from the street, is pleasant as a shady open space for lounging and can also serve as commercial space—and with this, offer employment. With sufficient capital, the external space can be converted into additional interior space. In addition, there is a common external area whose importance increases with the growth of individual interior space. Thus, the exchange between the individual and society remains effective over time.

Ambivalence

The contrast between predetermined architecture and subsequent expansions gives the settlement an ambivalent design. How much predetermined architecture should remain recognizable permanently? The boundaries between design and bricolage are becoming increasingly blurred over time and contribute to the natural embedding.

Permeability

From its basic concept, this architecture is permeable, because it provides users with many possibilities for appropriation with its open spaces. The extensions to the buildings eventually lead to the development becoming more dense as a whole. It is hoped that the initial permeability in the rich design and interaction of the community will continue to be felt.

Simplicity

The simple typology provides only the most necessary functions and is equipped with the simplest materials. This plainness of the starting levels forms the basis for a reasonable reference to the DIY expansions. It creates a framework in which things are appreciated and

Ausgangslevels bildet die Grundlage für einen angemessenen Bezug zur Ergänzung im Selbstbau. Es entsteht ein Rahmen, in dem die Dinge an sich geschätzt werden und in dem sich auch der Mensch, egal wie arm er ist, angenommen fühlen und Kraft für weitere Entwicklung schöpfen kann.

Wachstum

ELEMENTAL nennt die hier verwendete Bautypologie *Incremental Houses*, was soviel wie „schrittweise wachsende Häuser" bedeutet und das Programm des Büros bezeichnet. Was mit Minimalelementen beginnt, wird durch den Ausbau der Nutzer mit der Zeit zu einem intakten Stadtteil mit enormem Wertzuwachs, der seinen Bewohnern zugute kommt.

Das Siedlungsmodell Quinta Monroy mit 93 Einheiten wurde zum Prototyp für weitere Projekte. So wurde mit dem Prefabricated House Prototype Milan (2008) eine Einheit dieser Infrastruktur als Bausatz aus Fertigteilen präsentiert, bei der Villa Verde (2013) wurde die Typologie in hochwertigerer Form mit 484 Einheiten für die Arauco Forest Company realisiert.

Leere

Die Einheiten in Quinta Monroy bestehen wortwörtlich zur Hälfte aus leerem Raum, der horizontal und vertikal von den Bewohnern gefüllt werden muss – mit Ideen zur Nutzung oder mit selbst errichtetem zusätzlichen Wohnraum. Partizipation und Aneignung durch die Nutzer sind vorprogrammiert.

Authentizität

Quinta Monroy bietet günstigen Wohnraum aus lokalen Materialien für die lokale Bevölkerung. Sie lässt Partizipation zu, wächst mit den Bedürfnissen der Nutzer und ermöglicht durch vielfältige Gestaltungsmöglichkeiten Identifikation mit ihrem Ort. Damit ist nachhaltig auch für die Instandhaltung der Siedlung gesorgt. All das macht sie zu einem zukunftsweisenden Modell für globale Herausforderungen im Siedlungsbau.

in which people, no matter how poor they are, feel accepted and can draw strength for further development.

Growth

ELEMENTAL calls the typology used here *Incremental Houses*, which describes their program. What starts with minimal elements becomes—through the expansion of the users over time—an intact neighborhood with enormous added value that benefits its residents.

The settlement model Quinta Monroy, with ninety-three units, became the prototype for other projects. Thus, at Prefabricated House Prototype Milan (2008), a unit of this infrastructure was presented as a building kit of prefabricated parts; at Villaverde (2013), the typology was realized in a higher quality form with 484 units for Arauco Forest Company.

Void

The units in Quinta Monroy literally consist of half empty space that has to be horizontally and vertically filled by residents—with ideas for use or with self-built additional living space. Participation and appropriation by the users are preprogrammed.

Authenticity

Quinta Monroy provides affordable housing made with local materials for the local population. It allows participation, grows with the needs of users, and enables identification with their location through a variety of design options. Thus, sustainability is also assured for the maintenance of the settlement. All of this makes it a pioneering model for global challenges in housing development.

TORRE DAVID, Caracas, 2011–12 / **EMPOWER SHACK**, Khayelitsha, Kapstadt, 2014
Urban-Think Tank (U-TT), Caracas, New York, Sao Paulo, Zürich

Architektur und Natur

Die Gründer von U-TT verstanden 9/11 – mit dem Zusammenbruch des World Trade Centers – als Anbruch eines neuen Zeitalters, in dem Architekten selbst erfinden müssen, was benötigt wird, um das Überleben der Ärmsten und damit aller zu sichern.[1] Sie begannen weltweit Analysen über die Ansiedlung von Slums in Städten durchzuführen und stellten dabei fest, dass Slums meist am Rand der Städte liegen und ohne Anbindung an öffentliche Verkehrsmittel vom städtischen Leben abgeschnitten sind.[2] Aus diesem Grund entwickelte U-TT verschiedene Projekte, durch die Slums mit der Stadt verbunden werden und eine funktionierende Infrastruktur in diesen Gegenden errichtet wird.

2007 besetzten 750 obdachlose und arme Familien den Torre David, die verwaiste Bauruine eines Bürohochhauses im Zentrum von Caracas und „verwandelten eine Luxusimmobilie in ein gemeinschaftliches Terrain".[3] U-TT analysierte 2011 bis 2012 die Struktur des Hochhauses und half den Bewohnern ihre selbstorganisierte Wohnsituation zu verbessern.

Das, was U-TT aus dem Torre David lernte, informierte Folgeprojekte wie den Empower Shack im Khayelitsha-Township von Kapstadt. Der Wohnhaus-Prototyp ist Teil eines allumfassenden Projekts, das die Lebenssituation der dort ansässigen Menschen verbessern soll. Er bietet durch seine Aufständerung auch in der Monsunzeit trockenen Wohnraum, unterscheidet sich aber im Material kaum von seinen Nachbargebäuden. Er ist aus einer Holzkonstruktion gefertigt und mit Wellblech verkleidet und nimmt eine zwar seltene, jedoch bereits vorhandene zweigeschossige Typologie auf.

Dies unterstreicht den Grundgedanken von U-TT, dass Architekten nicht viel neu erfinden müssen; es reicht, wenn wir uns aufmerksam ansehen, was wir vorfinden und daraus neue Typologien entwickeln.[4]

Gegensätze

Die Entwicklung des Torre David birgt zahlreiche Gegensätze in sich: Ein ursprünglich als Luxusimmobilie im Zentrum von Caracas angelegter Büroturm diente bis zum Sommer 2014 als Wohnraum für die Ärmsten der Stadt. Die Bewohner entwickelten in dem Hochhaus eine komplette städtische Infrastruktur mit einem Handballclub in der Lobby, Geschäften, einem Fitnessstudio und allem, was die Menschen so vor Ort benötigten, die teils im 27sten Stock ohne Lift wohnten. Sie profitierten im Torre David von großzügigen Situationen wie der Sporthalle in der Lobby oder dem Fitnessstudio mit Dachterrasse und einem fantastischen Blick über die Stadt.

Innen und Außen

Durch seine Lage im Stadtzentrum bot der Torre David den sozial schwachen Bewohnern eine weit bessere Lebenssituation als am Rande der Stadt in einer Favela, in der sich ihre soziale Ausgrenzung auch räumlich manifestiert. Auch war das Leben im Hochhaus im Vergleich zu einer Favela relativ sicher, da der Zugang zum Haus nur mit einem Schlüssel möglich war und die Bewohner gemeinsam Hausregeln festlegten. Jede Wohneinheit befand sich in Reichweite zu sich im Hochhaus befindenden Geschäften und öffentlichen Räumen und war damit an gemeinschaftliches Leben angeschlossen. Trotz geringer Aus-

TORRE DAVID, Caracas, 2011–12 / **EMPOWER SHACK**, Khayelitsha, Cape Town, 2014
Urban-Think Tank (U-TT), Caracas, New York, São Paolo, Zurich

Architecture and Nature

For the founders of U-TT a new era dawned with 9/11—the attack on and the collapse of the World Trade Center—, in which architects themselves had to come up with what was required to ensure the survival of the poorest and thus everyone.[1] They began with analyses on the settlement of slums in cities around the world and determined that slums are usually located on the periphery of cities and—without access to public transport—are cut off from urban life.[2] For this reason, U-TT developed several projects where the slums are connected to the city or a working infrastructure is established in slum areas.

In 2007, 750 homeless and poor families occupied the Torre David—the abandoned, unfinished, office high-rise building in the center of Caracas—and "turned exclusive real estate into common ground."[3] From 2011–2012, U-TT analyzed the structure of the high-rise and helped the residents to improve their self-organized housing situation.

What U-TT learned from the Torre David informed subsequent projects—like the Empower Shack in Khayelitsha in Cape Town, which is part of a comprehensive project intended to improve the living conditions of the people living there. Due to its elevation, the residential construction prototype offers dry living spaces, even during the monsoon season, but in terms of material hardly differs from neighboring buildings. It is a wooden construction and covered with corrugated iron, taking up an admittedly rare, but existing two-story typology. This underlines U-TT's basic idea, that "we do not need to invent that much... we find interesting ways that can be translated."[4]

Contrasts

The development of Torre David involves numerous contrasts: a high-rise in the center of Caracas, originally designed as a luxury property, served until the summer of 2014 as housing for the city's poorest inhabitants. The residents developed a complete urban infrastructure in the high-rise building, with a handball club in the lobby, shops, fitness studio, and everything that the people there needed, some of whom who lived on the twenty-seventh floor without an elevator. In Torre David, residents benefited from generous spatial situations, such as the sports hall in the lobby, the fitness studio with a roof terrace, and fantastic views of the city.

Inside and Outside

Due to its location in the city center, Torre David offered the socially deprived inhabitants a much better life situation than on the outskirts of the city in a favela, where their social exclusion also manifests itself spatially. Furthermore, life in the high-rise was relatively safe compared to a favela: due to the building's access, which was only possible with a key, and the building's "house rules," which were jointly set by the residents. Each residential unit was located within range to the shops and public spaces in the high-rise, and was thus connected to community life. Despite the residents' limited opportunities to go out, a high quality of life emerged because of the social mix.

Change

The appropriation of Torre David took some time, because the residents had to bring all of the materials into the building themselves, and had to carry them up the stairs—in some cases

gangsmöglichkeiten der Bewohner entstand aufgrund der Durchmischung eine hohe Lebensqualität.

Wandel

Die Aneignung des Torre David dauerte einige Zeit, da die Bewohner alles Material selbst in das Gebäude schaffen und dort über die Treppen teilweise bis in die obersten Stockwerke hinaufbringen mussten. Nachdem sie das Bürogebäude in mühevoller selbstorganisierter Arbeit in eine funktionierende Wohnsituation umgewandelt hatten, wurden sie von der Stadtverwaltung wieder hinausgesetzt, gegen Bereitstellung von eigenem Wohnraum – allerdings 60 Kilometer von der Stadt entfernt.

Ein anderes Projekt von U-TT zeigt, dass sich mit analytischem Verstand, entsprechendem Einsatz und Durchhaltevermögen grundlegende und nachhaltige Verbesserungen erreichen lassen, die, wie in diesem Fall, die gesamte Lebenssituation von Menschen verändern können: Das Seilbahnsystem Metrocable verbindet den armen Stadtteil San Agustín mit dem Zentrum der Stadt Caracas. U-TT benötigte gemeinsam mit den Bewohnern zehn Jahre, um den Bürgermeister von der Seilbahn zu überzeugen.[5] Das ehemals benachteiligte und von der Stadt abgeschnittene Viertel hat sich durch die Seilbahn zu einem der beliebtesten Viertel von Caracas entwickelt, die Seilbahn zu einer Attraktion.

Einfachheit

Grundgedanke bei den Projekten von U-TT ist eine großzügige, einfache und robuste Tragstruktur, meist aus Beton, die von den Nutzern nach und nach flexibel gefüllt werden kann und damit eine nachhaltige Typologie darstellt. Mit einfachsten Mitteln stellt der Empower Shack in einem Township von Kapstadt grundlegende Verbesserungen für die Bevölkerung bereit.

Der großzügig dimensionierte und aufgeständerte Prototyp besteht aus Fertigteilen und kann ohne große Kenntnisse in drei Tagen aufgebaut werden.

Unvollkommenheit

Der Rohbau des Hochhauses Torre David bot ohne jegliche Geländer teilweise abenteuerliche Situationen, in denen sich die Menschen frei bewegten. Das nahmen sie in Kauf, weil diese Struktur gegenüber den Wohnsituationen in Slums deutliche räumliche Vorteile aufwies. Durch seine Rohheit und Großzügigkeit – einem Parkhaus ähnlich – bot der Bau Raum zur Entfaltung; das Unfertige konnte von jedem individuell ergänzt werden – je nach Bedürfnissen, Möglichkeiten und Mitteln. Solch ein unvollkommener Zustand bietet die Grundlage für Aneignung und Identifikation und trägt so dazu bei, dass die Struktur nachhaltig gepflegt und erhalten werden kann.

Ambivalenz

Alle Projekte von U-TT zeigen ambivalente Situationen in dem Sinn, dass sie versuchen, aus einem bestehenden Mangel heraus eine Qualität zu schaffen. Beim Torre David fanden sich besondere Qualitäten vor allem durch das Zusammentreffen von kleinen Wohn- und großen Gemeinschaftsbereichen sowie durch kurze Wege in der urbanen Infrastruktur dieser vertikalen Stadt. Diese Strukturen haben sich im Laufe des Umwandlungsprozesses durch Selbstorganisation gebildet – auf die man in dieser Kombination womöglich im Voraus gar nicht gekommen wäre.

Wachstum

Ziel von U-TT ist es, in informellen Siedlungen praktische Wohnlösungen und fehlende Infrastruktur bereitzustellen, die in diese Gebiete

Torre David

Empower Shack

hinein und über sie hinaus strahlen können. Durch seine zwei Stockwerke stellt der Empower Shack in Khayelitsha seinen Bewohnern eine größere Wohnfläche als gewöhnlich zur Verfügung, die später weiter ausbaubar ist. Studien haben gezeigt, dass sich durch ein leichtes Verschieben der bestehenden Häuser auch Infrastruktur wie Straßen oder öffentliche Flächen zur Bewirtschaftung von Gärten und zum Zusammenkommen in diesen Bereich des Townships mit insgesamt 68 Häusern einfügen lassen. Sobald es eine Kanalisation gibt, können in den neuen Häusern Sanitärräume installiert und Trennwände eingezogen werden, sodass mehr Privatsphäre entsteht. Der

Wohnhaus-Prototyp lässt sich leicht nachbauen, Pläne dafür stellt U-TT als Open Source zur Verfügung. Bislang gibt es nur wenige Prototypen, aber weitere sind im Entstehen. Sie lassen sich von ihren Nutzern individuell gestalten und stellen eine Wohnsituation bereit, auf der sich nachträglich aufbauen lässt.

Leere

Im Torre David fanden die Menschen viel leere, ungenutzte Fläche vor, die sie sich nach und nach aneigneten. So entstand eine Situation, die trotz ärmlicher Verhältnisse einen großzügigen Lebensraum bereitstellte. U-TT hat daraus gelernt und Folgeprojekte wie den Open

up to the top floors. Having converted the office building—in painstakingly self-organized work—into a functioning housing situation, they were evicted by the city council in return for the provision of private housing, which, however, was located sixty kilometers away from the city. Another project by U-TT shows that with analytical understanding, an appropriate application, and perseverance, fundamental and sustainable improvements can be achieved, which—as in this case—can also change people's entire life situation: the cable car system Metrocable, which connects the poor district of San Agustín with the center of Caracas. Together with the district's inhabitants, U-TT needed ten years to convince the mayor to approve the cable car.[5] Through the cable car, the district that was formerly disadvantaged and cut off from the city has developed into one of the most popular areas of Caracas, and the cable car into an attraction.

Simplicity

The basic idea in U-TT's projects is a spacious, simple, and robust support structure—usually made of concrete—which can be filled flexibly by the users over time and thus represents a sustainable typology.

With the simplest means, the Empower Shack in the township of Cape Town provides fundamental improvements for the population. The generously sized and elevated prototype consists of prefabricated parts and can be built in three days without a lot of expertise.

Imperfection

Without any railings, the shell of the high-rise Torre David sometimes presented adventurous situations, where people moved freely. They accepted this, because the spatial advantages of this structure relative to the housing conditions in the favelas were predominant. Through its rawness and generosity—similar to a parking garage—the building offered space for development; the unfinished could be completed by each individual depending on his/her needs, opportunities, and resources. Such an imperfect state provides the basis for appropriation and identification, and thus contributes to the structure being sustainably looked after and maintained.

Ambivalence

All of U-TT's projects show ambivalent situations, in the sense that they are trying to create quality from an existing shortage. Torre David's special qualities are found primarily in the meeting of small residential and large communal areas, and in the short distances in the urban infrastructure of this vertical city. These structures formed during the conversion process through self-organization—which one may never have conceived of in this combination beforehand.

Growth

U-TT's goal is to provide practical living solutions and missing infrastructure for informal settlements, which can extend into the area and beyond. With its two floors, the Empower Shack in Khayelitsha provides its residents with a bigger space than otherwise available, and can be expanded further at a later stage. Studies have shown that by a slight shifting of existing buildings, infrastructure—such as roads or public land for cultivating gardens and for coming together—can be integrated into this area of the township with a total of sixty-eight houses. Once there is a sewer, sanitary facilities can be installed in the houses and the partition walls can be drawn, allowing for more privacy. The housing prototype can be easily recreated; U-TT

Open Building Prototype

Building Prototype auf einer frei bespielbaren Struktur aufgebaut. Als historische Vorbilder hierzu nennen die Architekten Le Corbusiers Haus Dom-ino von 1916 oder Frei Ottos im Rahmen der IBA 1987 realisierten Ökohäuser in Berlin.

Alle hier genannten architektonischen Konzepte sind großzügig dimensioniert, solide und haltbar und können mit einfachsten Mitteln flexibel gefüllt und individuell angeeignet werden. Damit können sie sich auch wandelnden Erfordernissen anpassen.

Authentizität

Mit sehr unterschiedlichen Interventionen im städtischen Bereich erzeugt U-TT große Verbesserungen für die jeweiligen Menschen vor Ort. Was die Architekten mit enormem persönlichen Einsatz und viel Durchhaltevermögen erreicht haben, birgt zukunftsweisende Strategien, um den Lebensraum der Armen weltweit

zu verbessern und damit nachhaltig das Überleben aller zu sichern. „Corbusiers Buch *Vers une Architecture* sollte ursprünglich eigentlich ‚Architecture ou Revolution' heißen"[6], und genau hier muss man heute ansetzen. Denn „Gestaltung kann Menschen ermächtigen"[7] und es ist die Verantwortung der heutigen Intellektuellen, sich dieser Herausforderung zu stellen.

1 Vgl. Alfredo Brillembourg: „Urban Village – Open Building", Talking Heads, HEAD Genève, 2012, https://www.youtube.com/watch?v=ENwE9GAvLac
2 Vgl. ebd.
3 Ebd.
4 Vgl. ebd.
5 Vgl. Alfredo Brillembourg: „Design can empower people", What Design Can Do, Amsterdam, 2013, https://www.youtube.com/watch?v=xMwWy2VfpOs
6 Alfredo Brillembourg, „Urban Village – Open Building"
7 Alfredo Brillembourg, „Design can empower people"

makes the plans for it as available as an open source initiative. So far, there are only a few prototypes, but more are being developed. They can be personalized by their users and provide a housing situation on which one can sustainably build.

Void

In Torre David, people found many empty, unused spaces, which they gradually appropriated. Thus emerged a situation, where despite poor conditions, a generous living space was made available. U-TT learned from this, and built subsequent projects—such as the Open Building Prototype—on a freely performable structure. As historical precedents for this, they named Le Corbusier's Maison Dom-Ino (1916) and the eco-houses in Berlin realized by Frei Otto for the IBA 1987.

All of the architectural concepts mentioned here are generously sized, solid, sustainable, and can be flexibly filled with the simplest means and individually appropriated. Thus, they can also adapt to changing needs.

Authenticity

With very different interventions in the city space, U-TT achieves major improvements for the respective local communities. What the architects have achieved—with enormous

personal commitment and a lot of perseverance—involves pioneering strategies in order to improve the living spaces of poor people around the world, and thus sustainably ensure the survival of everyone. "Corbusier's book *Vers une Architecture* was originally titled *Architecture ou Revolution*"[6] and that's exactly where it should start today. Because "design can empower people"[7] it is the responsibility of intellectuals today, to meet this challenge.

—

1   See Alfredo Brillembourg, "Urban Village–Open Building," Talking Heads, HEAD Genève, 2012, https://www.youtube.com/watch?v=ENwE9GAvLac (accessed April 25, 2016).
2   See ibid.
3   Ibid.
4   Ibid.
5   See Alfredo Brillembourg, "Design can empower people," What Design Can Do, Amsterdam, 2013, https://www.youtube.com/watch?v=xMwWy2VfpOs (accessed April 25, 2016).
6   Alfredo Brillembourg, "Urban Village–Open Building."
7   Alfredo Brillembourg, "Design can empower people."

Öffentlicher Bau

KANAGAWA INSTITUTE OF TECHNOLOGY WORKSHOP, Tokio, 2010
Junya Ishigami, Tokio

Einfachheit

Der von Junya Ishigami errichtete Workshop für das Kanagawa Institute of Technology ist ein einfacher Bau: Er besteht in erster Linie aus einem großen flachen Dach, das von vielen schlanken Stahlstützen getragen wird. Außen wird er durch eine umlaufende Glasfassade geschlossen. Durch die einfache Form seiner Bauteile sowie die monochrom weiße Farbe wirkt das Gebäude geradezu abstrakt.

Architektur und Natur

Die 305 frei angeordneten schlanken Stahlstützen bilden eine Art „Stützenwald". Sie haben unterschiedliche Querschnitte und zeigen so eine gewisse Vielfalt wie echte Bäume. Junya Ishigami sagt, durch sein Gebäude zu laufen, sei wie durch einen Wald zu gehen.[1] Die das Dach durchziehenden Lichtbänder lassen Sonnenstrahlen wie durch Baumwipfel in das Innere fallen.

Gegensätze

Gerade die Gegensätze in diesem Gebäude machen es spannend. Auch wenn in ihm ein Wald nachgeahmt wird, wirkt der Bau durch seine monochrom weiße Farbigkeit sowie die komplette Verglasung stark abstrakt. Die schlanken Stützen wirken durch das Weiß unwirklich und korrespondieren dennoch perfekt mit den echten Bäumen draußen.

Innen und Außen

Durch ihre Proportion und Anordnung wirken die Stützen wie Bäume und lassen die Unterscheidung zwischen Innen- und Außenraum zurücktreten. Im Inneren des Gebäudes erscheint es einem auch durch die raumhohe Glasfassade fast so, als wäre man draußen und die Grenze zwischen dem Innenraum und der umgebenden Natur löst sich auf. Außen spiegeln sich die großen Bäume der Umgebung in der Glasfassade, wordurch diese die natürliche Umgebung in gewissem Sinn aufnimmt und „reproduziert".

Ambivalenz

Beim Blick aus dem abstrahierten Wald des Innenbereichs hinaus auf die umliegenden Bäume entsteht ein spannender Dialog zwischen konkreten und abstrakten Bäumen, wobei das Auge zwischen beiden hin und her gleitet – wie bei der Treppe in Alvar Aaltos berühmter Villa Mairea. Gesteigert wird dieser Effekt noch durch gleichzeitig im Innenraum platzierte konkrete Möbel aus Holz und solche aus weißem Werkstoff. Beide werden flankiert von Pflanzen in weißen Töpfen. Dieses Wechselspiel zwischen konkreten und abstrakten Elementen trägt zur Ambivalenz des Raumes bei.

Wandel

Durch die unregelmäßige Anordnung der Stützen ergeben sich verschiedene räumliche Situationen – von Lichtungen bis zu dichtem

Public Buildings

KANAGAWA INSTITUTE OF TECHNOLOGY WORKSHOP, Tokyo, 2010
Junya Ishigami, Tokyo

Simplicity

Built by Junya Ishigami, the workshop for the Kanagawa Institute of Technology is a simple construction: it consists primarily of a large flat roof, which is supported by many slender steel columns. On the exterior, it is closed by a continuous glass façade. Due to the simple form of its components and the monochrome white color, the building seems almost abstract.

Architecture and Nature

The 305 freely arranged slender steel columns form a kind of "forest of pillars." They have different dimensions and thus show a certain diversity, like real trees. Junya Ishigami says that walking through his building is like [walking] through a forest.[1] The skylights that traverse the roof allow the sun to shine into the interior, as if through the treetops.

Opposites

The contrasts in this building are precisely what make it exciting. Even if a forest is imitated in it, the structure seems highly abstract due to its monochromatic white color and the complete glazing. The slender columns seem surreal because of the white, and yet still correspond perfectly with the real trees outside.

Inside and Outside

Because of their proportion and arrangement, the columns seem like trees and allow the distinction between interior and exterior space to recede. In the building's interior, it also almost appears—due to the floor-to-ceiling glass façade—as though one were outside, and the boundary between the interior space and surrounding nature disintegrates. Outside, the large trees that surround the workshop are reflected in the glass facade, which thus takes up and "reproduces" the natural environment in a certain sense.

Ambivalence

Looking out of the abstract forest in the interior area at the surrounding trees creates an exciting dialogue between concrete and abstract trees, whereby the eye glides back and forth between the two—as with the staircase in Alvar Aalto's famous Villa Mairea. This effect is increased even more by the furnishings—some made of wood and some of white material—in the interior space, which are flanked by plants in white pots. This interplay between tangible and abstract elements contributes to the ambivalence of the room.

Change

Due to the irregular arrangement of the columns, different spatial situations arise—from lighting to the thick support forest—and there are several different possibilities for using and crossing the building. As a consequence, the workshop features different and variable workspaces and can also be used for larger events.

Stützenwald – und es finden sich verschiedene Möglichkeiten, das Gebäude zu nutzen und zu durchkreuzen. So können unterschiedliche Arbeitsplätze variabel darin Platz finden, genauso kann der Raum aber auch für größere Veranstaltungen genutzt werden.

Unvollkommenheit

Im abstrakten, monochrom weißen Innenraum befinden sich alte und gebrauchte Arbeitstische und Stühle, aber auch neue in weißem Werkstoff, die wie zufällig in den Stützenwald eingestreut sind. Die alten Möbel wirken in dieser Umgebung sehr präsent und erfahren entsprechende Wertschätzung. Gerade der Kontrast zu den glatten Oberflächen der weißen Säulen und Möbel sowie dem grauen Boden lässt das Holz und jedes Detail der Möbel besonders stark zur Geltung kommen, ebenso wie die Form, Struktur und Farbigkeit der grünen Topfpflanzen. Die so entstehende Wertschätzung auch von einfachen, wie ausrangiert wirkenden Möbeln bewirkt einen positiven Rückbezug auf den Menschen, der sich in diesem Umfeld bei allen persönlichen Unzulänglichkeiten angenommen fühlen kann.

Durchlässigkeit

Die Unregelmäßigkeit in der Anordnung der Stützen lässt den Raum lebendig und durchlässig wirken, da kein klares Raster erkennbar ist. Die Gleichzeitigkeit von abstrakten und konkreten Elementen wie Stützen und Bäumen, alten und neuen Möbeln sowie Pflanzen im Innen- und Außenraum bringt die Raumgrenze ins Schwingen.

Wachstum

Der gebaute Raum wirkt aufgrund seiner Durchlässigkeit unendlich; er erweitert sich optisch in den Außenraum hinein. Innen- und Außenraum werden austauschbar. In der Rückkopplung auf den Menschen heißt das, dass auch dieser über sich hinauswachsen kann. Der Arbeitsraum des Kanagawa Institute of Technology bietet so fantastische Arbeitsbedingungen für Wissenschaftler und Studierende.

Authentizität

Mit unklaren Grenzsetzungen möchte Junya Ishigami eine neue Qualität von Architektur schaffen.[2] Damit steht er ganz in der Tradition japanischer Architektur, auch wenn es vielleicht zunächst nicht so aussieht. Denn auch hier geht es darum, möglichst viele Verbindungen zwischen Architektur und Natur herzustellen, und dies jeweils der Zeit, dem Ort und der Funktion entsprechend umzusetzen. Die reiche Palette architektonischer Gestaltungkriterien und deren spannungsvolles Ineinandergreifen lassen dieses Gebäude bei aller Einfachheit komplex erscheinen, vor allem aber besitzt es eine ganz eigene lebendige, „offene" Architektur.

———

1   Vgl. Junya Ishigami, „Lecture on his Works and New Architecture", Strelka Institute, Moscow, 09/2011, https://vimeo.com/29136821
2   Vgl. *Arch+* 208, „Tokio: Die Stadt bewohnen", Junya Ishigami im Gespräch mit Anh-Linh Ngo, S. 126–127

Imperfection

In the abstract, monochrome white interior, there are old and used worktables and chairs, as well as new materials in white, which are all casually interspersed in the support forest. The old furniture seems very present in these surroundings and experiences the appropriate appreciation. The contrast to the smooth surfaces of the white columns and furniture, as well as the gray floor, allows the wood and every detail of the furniture to be shown to its best advantage—likewise the form, structure, and color of the green potted plants. The appreciation emerging from this—as well as from the simple, seemingly discarded furniture—effects a positive reference to people, who can feel accepted in this environment with all of their personal inadequacies.

Permeability

The irregularity in the arrangement of the columns makes the room seem vivid and permeable, because no clear grid is visible. The spatial boundaries oscillate due to the simultaneity of abstract and concrete elements—such as, columns and trees, old and new furniture, and plants in the interior and exterior space.

Growth

The permeability of the built space makes it endless, because it simply expands visually into the exterior space. Interior and exterior space are interchangeable. With regard to human beings, this means that they can also surpass themselves. Thus, fantastic working conditions for scientists and students exist in the workshop at the Kanagawa Institute of Technology.

Authenticity

With an unclear setting of boundaries, Junya Ishigami aims to create a new quality of architecture.[2] In the process, he is completely following in the tradition of Japanese architecture, even though it may not initially look like it. For here, it is a matter of creating as many connections between architecture and nature as possible, and implementing each of them according to the time, the location, and the function. The rich palette of architectural design criteria and their intriguing interlocking make this building complex in all its simplicity. Above all, however, it has its own very unique, vibrant "open architecture."

—

1   See Junya Ishigami, "Lecture on his Works and New Architecture," Strelka Institute, Moscow, 09/2011, https://vimeo.com/29136821 (accessed April 25, 2016).
2   See *Arch+* 208, "Tokio: Die Stadt bewohnen", Junya Ishigami in conversation with Anh-Linh Ngo, 126–27.

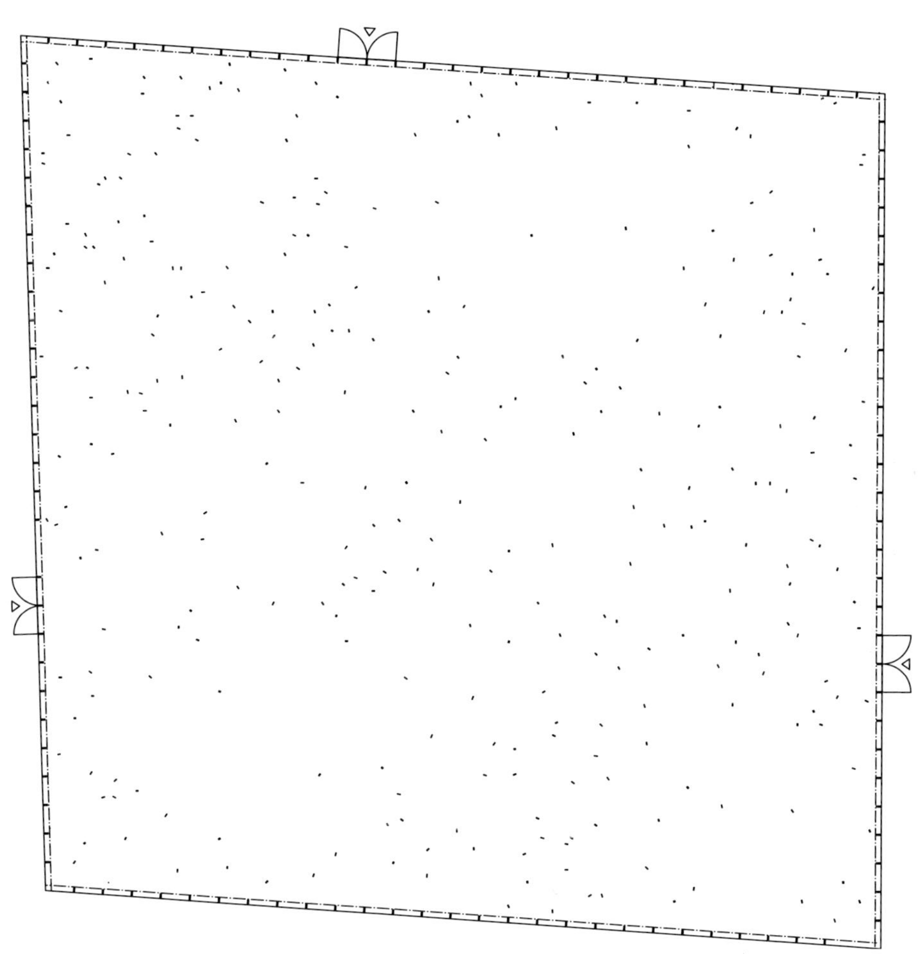

ROLEX LEARNING CENTER, École Polytechnique Fédérale de Lausanne, 2010
SANAA, Tokio

Architektur und Natur

Das Rolex Learning Center, welches von SANAA als multifunktionales Zentrum des Campus der Technischen Hochschule in Lausanne realisiert wurde, greift mit seinen weichen Schwüngen die Topologie der umgebenden Landschaft auf. Boden und Decke sind meist parallel gewölbt und bilden Hügel- und Talsituationen. Die Fassaden entsprechen in ihrer industriellen Optik den Fassaden der umliegenden Institutsgebäude und greifen so den direkten architektonischen Kontext auf.

Gegensätze

Auch wenn in diesem Gebäude viele verschiedene Bezüge zur Umgebung geschaffen werden, so bleibt es durch die Neutralität seiner monochrom weiß/grau gehaltenen Farbigkeit abstrakt und wirkt geradezu immateriell. Durch diesen Gegensatz entfaltet die Präsenz der Besucher im Inneren und die der äußeren Landschaft eine fast magische Wirkung.

Innen und Außen

Innen- und Außenraum beginnen in diesem Gebäude ineinander zu fließen. Durch das landschaftliche Auf und Ab des Innenraums kann dieser als Fortsetzung des Außenraums erfahren werden. Auch die vielen Löcher in Decke und Dach ermöglichen Blickbezüge zwischen Innen und Außen, machen beide Sphären gleichzeitig wahrnehmbar und verbinden sie teilweise sogar vom Grund bis zum Himmel.

Ambivalenz

Mit seinen Bezügen zur kurvigen Landschaft der Umgebung und seinem Gegensatz in Material und Farbigkeit zu dieser, generiert das Raumgefüge Verwandtschaft und Abstand zugleich und erzeugt so Ambivalenz. Der Bezug zur umgebenden Natur wird mit einer gewissen Distanz erfahren, da der Besucher aufgrund der Abstraktion in der Architektur nie ganz in sie eintauchen und so immer bei sich bleiben kann.

Unvollkommenheit

Viel wurde in diesem Besucherzentrum des Unicampus Lausanne weggelassen, vor allem Wände. Allein administrative Bereiche sind visuell und kleine Seminarräume akustisch vom fließenden Raum abgegrenzt. Ansonsten verläßt sich diese Lernlandschaft allein auf die sich natürlich ergebenden Abgrenzungen der Wellenlandschaft von Boden und Decke.

Durchlässigkeit

Die Bezüge zur Landschaft, das weitgehende Fehlen von Wänden, Fluren und Türen, das ineinander Übergehen der Hügel- und Talbereiche und die bis auf den Grund gehenden großzügigen Lichtöffnungen machen das Rolex Learning Center in seiner Struktur durchlässig.

Einfachheit

Einfache Details wie Rahmen und Griffe der Fassaden bringen Ruhe in den Bau und robuste Materialien wie der durchgehend graue Teppich lassen eine intensive Nutzung zu. Entsprechend wirkt dieser Ort entspannt und leicht zugänglich.

Wandel

Etwa die Hälfte der Nutzflächen des Gebäudes bestehen aus öffentlichen Bereichen, die in ihrer Nutzung undefiniert sind. So entsteht eine

ROLEX LEARNING CENTER, Swiss Federal Institute of Technology, Lausanne, 2010
SANAA, Tokyo

Architecture and Nature

The Rolex Learning Center, which was realized by SANAA as a multifunctional center for the campus of the Swiss Federal Institute of Technology in Lausanne, captures the topology of the surrounding landscape with its soft curves. For the most part, the floors and ceilings are parallel curves, thus forming hill and valley settings. With their industrial optics, the façades correspond to the façades of the surrounding university buildings and thus pick up on the direct architectural context.

Opposites

Although many references are made to the environment in this building, it remains abstract due to the neutrality of its monochrome white/gray use of color and seems almost immaterial. Through this contrast, the presence of visitors inside and the landscape outside creates an almost magical effect.

Inside and Outside

In this building, interior and exterior space begin to flow into each other. Because of the scenic ups and downs of the interior space, it can be experienced as a continuation of the exterior space. The many openings in the ceiling and roof also enable visual references between the interior and exterior, making both spheres simultaneously perceptible and in some cases connecting them from the ground up to the sky.

Ambivalence

With its references to the curvy landscape of the surroundings and its contrast to them in material and color, the spatial structure generates relationship and distance simultaneously

and thus creates ambivalence. The relationship to the surrounding nature is experienced with a certain distance, because the visitor never fully immerses in the architecture due to its abstraction, and can thus always remain with him- or herself.

Imperfection

A lot was omitted from the visitor center at the Lausanne campus—above all, walls. The only separations from flowing space are in the administrative areas (visual) and the small seminar rooms (acoustic). Otherwise, this learning environment relies solely on the naturally occurring boundaries of the rolling landscape of the floors and ceilings.

Permeability

The Rolex Learning Center becomes permeable in its structure through the references to the landscape; the virtual absence of walls, corridors, and doors; the merging of the hill and valley areas; and the generous light openings.

Simplicity

Simple details, such as the frames and handles of the façades, bring calm to the building, and robust materials, such as the continuous gray carpet, allow an intensive use. Accordingly, the Rolex Learning Center seems relaxed and easily accessible.

Change

About half of the building's useable space consists of public areas that are undefined in their use. Thus, spatial flexibility is created. The natural spatial boundaries of the rolling landscape

räumliche Flexibilität. Die natürlichen Raumgrenzen der Berg- und Tallandschaft bieten Strukturierungen an. Studierende und Besucher können sich frei herumliegende bunte Sitzkissen nehmen und sich allein oder in der Gruppe ein Plätzchen zum Verweilen suchen.

Wachstum

Die Freiheit, welche dieses Gebäude zum Ausdruck bringt, kann ein inspirierendes Vorbild für zukünftige Lernlandschaften sein. Denn wo komplexe Bezüge ermöglicht und kaum räumliche Grenzen gesetzt werden, kann sich auch der Geist bis ins Endlose entfalten – und das ist es wohl, was junge Wissenschaftler brauchen.

Leere

Als multifunktionales Lern- und Besucherzentrum der Technischen Hochschule Lausanne bietet das Rolex Learning Center vor allem viel Freiraum. Auf der riesigen Fläche in, um und unter dem Gebäude sind kaum Nutzungen vorgegeben, stattdessen werden vielseitig nutzbare Raumsituationen angeboten, die sich kreativ aneignen lassen und so jeden Besucher herausfordern, in Interaktion mit der Architektur zu treten.

Authentizität

Mit seinen komplexen Bezügen und fließenden Raumgrenzen, seiner gleichzeitigen Abstraktion, seinen einfachen Details und robusten Materialien wirkt dieser Ort bei aller Eleganz unprätentiös. Damit erfüllt er genau seinen Zweck und dient sowohl der Repräsentation der Hochschule als auch als Treffpunkt der Studierenden und Hochschulmitarbeiter zum Entspannen und Lernen.

offer structuring. Students and visitors are free to take the colorful cushions lying around and look for a place to linger alone or in a group.

Growth

The freedom that this building conveys can be an inspiring model for future learning environments. Because where complex relationships are enabled and hardly any spatial limits set, the mind can develop endlessly—and that is surely what young scientists need.

Void

As a multifunctional learning and visitor center of the Swiss Federal Institute of Technology in Lausanne, the Rolex Learning Center has, above all, a lot of open space. In the vast area in, around, and under the building, hardly any uses are specified—instead, versatile spatial situations are offered, which can be creatively appropriated, thereby challenging each visitor to interact with the architecture.

Authenticity

With its complex relationships and flowing spatial boundaries, its simultaneous abstraction, its simple details and robust materials, the building looks unpretentious for all its elegance. Thus, it precisely fulfills its purpose and serves both as a representation of the university, as well as a meeting place for students and university staff to relax and learn.

NORWEGISCHE OPER UND BALLETT, Oslo, 2008
Snøhetta, Oslo

Architektur und Natur

Der Baukörper der Oper fügt sich mit seinen schrägen Dachflächen wie ein Eisberg als Landschaftselement in den Stadtraum ein. Damit setzt er Verweise auf die Berge im Hintergrund und schafft einen innerstädtischen Berg als Ort zum Verweilen und als Aussichtspunkt. Mit seinen ins Wasser laufenden schrägen Ebenen entsteht eine urbane Ufersituation. Die Verkleidung der Böden und Wände mit weißen Marmortafeln verstärkt den Bezug zum Stein der Uferfelsen und Berge. Holz als natürliches Material gibt Wärme im Inneren und so auch einen Rückbezug auf den Menschen als Lebewesen.

Gegensätze

Das Operngebäude vereint in sich mehrere Gegensätze, die seine architektonische Wirkung gleichermaßen verdichten. Kjetil Thorsen interessiert das „Ein- und Auszoomen" beim Entwerfen und das „Erzeugen von Kontrasten in der Wahrnehmung".[1] So finden hier der landschaftliche und der urbane Bezug in einer hybriden Gebäudeform zueinander. Die äußere Hülle aus weitgehend weißen Marmorplatten bildet eine robuste Schale um den handwerklich fein ausgestalteten Klangkörper des Opernsaals aus Holz. Für den Innenraum wurde dieses mit Ammoniak geräuchert und zeigt so eine dunkle Färbung und schöne Maserung. An der Außenwand zum Foyer hin ist der Opernsaal mit vertikal aufgesetzten Holzlatten strukturiert, die für eine angenehme Akustik in der Halle sorgen.

Innen und Außen

Die begehbaren schrägen Ebenen lassen Außen- und Innenraum ineinanderfließen. Das Foyer ist somit von mehreren Höhen aus einsehbar und verbindet diese als Zwischenzone miteinander, ebenso wie die Musiksäle mit der Stadt.

Durchlässigkeit

Die Dachlandschaft ist 24 Stunden, das Foyer tagsüber an allen Wochentagen öffentlich zugänglich. Das Café und der Geschenkshop sind nahtlos in das Gesamtkonzept integriert. Damit ist dieser Bau „nicht nur eine skulpturale Architektur, sondern darüber hinaus auch eine soziale Plastik".[2] Großzügige Fensteröffnungen gewähren Einblicke in die Werkstätten. Skateboarder oder Spaziergänger können sich auf den öffentlichen Ebenen tummeln und bekommen durch die Fenster auch etwas vom Betrieb hinter den Kulissen mit.

Das Gebäude schafft in jedem Maßstab Bezüge zur Landschaft und zum Menschen und wird auch damit durchlässig. So besitzt bespielsweise die Verkleidung des Bühnenturms aus farblos eloxierten Metallplatten mit Punktreliefs eine fein strukturierte Oberfläche, die zur Berührung einlädt und dadurch für den Menschen nahbar wird.

Ambivalenz

Der hybride Charakter des Opernhauses macht es spannend und vielseitig. Denn es ist viel mehr als nur ein Raum, in dem Opern produziert und aufgeführt werden. Seine komplexe Form sowie die Durchlässigkeit zwischen Innen- und Außenraum fordern die Kreativität der Nutzer und Besucher heraus.

Leere

Die Außenfläche der Oper wie auch das Foyer bieten als nicht kommerzielle, öffentliche Orte

NORWEGIAN NATIONAL OPERA HOUSE AND BALLET, Oslo, 2008

Snøhetta, Oslo

Architecture and Nature

With its sloping roof surfaces, the opera building blends as landscape element into the urban space like an iceberg. It references the mountains in the background, creating an inner-city mountain as a place to linger and as a vantage point. With its tilted planes running into the water, an urban riparian situation emerges. The cladding of the floors and walls with white marble slabs reinforces the reference to the stone of the shore rocks and mountains. As a natural material, wood gives warmth to the interior and thus also a reference to people as living beings.

Opposites

The opera building combines several contrasts that equally condense its architectural effect. When designing, Kjetil Thorsen is interested in the "zooming in and out" and the "production of contrasts in perception."[1] Thus, the landscape and the urban reference find common ground in a hybrid building form. The exterior building shell, of largely white marble slabs, forms a robust shell around the exquisitely designed main auditorium, which is made of wood. For the interior space, the wood was smoked with ammonia and hence features a dark color and beautiful grain. The auditorium's exterior wall to the foyer is structured with vertically attached wooden slats that provide pleasant acoustics in the hall.

Inside and Outside

The exterior and interior flow into each other with the walkable, sloping surfaces. As a result, the foyer is visible from several heights, and connects them to each other as an intermediate zone, as well as the concert halls with the city.

Permeability

The roofscape is accessible twenty-four hours a day, and the foyer is open during the day seven days a week. The café and gift shop are seamlessly integrated into the overall concept. Hence, this building is "not only a sculptural architecture, but also a social sculpture."[2] Generous window openings grant views into the workshops. Skateboarders and pedestrians can enjoy themselves on the public level and, through the window, also catch a glimpse of operations behind the scenes.

On every scale, the building creates relationships to the landscape and the people, and is thus also permeable. For example, the cladding of the stage tower—made from colorless anodized metal plates with a dot design—has a finely textured surface, which is a joy to touch and thus approachable for visitors.

Ambivalence

The hybrid nature of the opera house makes it exciting and versatile, because it is much more than a space in which operas are produced and performed. Its complex form and the permeability between interior and exterior spaces challenge the creativity of the users and visitors.

Void

As non-commercial, public places to linger, the opera's exterior surface and foyer offer certain basic equipment—the type of use, however, remains open. This uncertainty creates space for various uses.

Simplicity

Simplification is an important work process in Snøhetta's design practice; they refer to it as

zum Verweilen eine gewisse Grundausstattung, die Art der Nutzung bleibt jedoch offen. Durch diese Unbestimmtheit entsteht Freiraum für verschiedene Nutzungen.

Einfachheit

Vereinfachung ist ein wichtiger Arbeitsprozess in der Entwurfspraxis von Snøhetta und wird von ihnen selbst als *simplexity* bezeichnet. Dabei geht es darum, „Komplexität erst durch eine bestimmte Vereinfachung zu definieren".[3] So konnte bei diesem Gebäude ein komplexes Raumprogramm letztendlich in eine einfache, trotzdem vielseitige und stimmige Form gegossen werden.

Wandel

Über das Jahr hinweg ändert sich der Bezug der Oper zu ihrem Umfeld: Im Sommer steht sie mit ihrem weiß strahlenden Marmor prachtvoll da wie ein Solitär; in der winterlich weißen Landschaft wird sie hingegen ganz von dieser absorbiert. Ihre tektonische Architektur sowie ihre unbestimmten Flächen lassen vielfältige Nutzungsmöglichkeiten der öffentlichen Bereiche zu, von Open-Air-Konzerten im Sommer bis zum Schlittenfahren im Winter.

Wachstum

Durch das Herausarbeiten eines besonderen Charakters – Kjetil Thorsen nennt es *distinctiveness* – entsteht ein Resultat, das über das reine Erfüllen eines Raumprogramms hinausgeht. Mit dieser begehbaren Skulptur schufen Snøhetta einen Mehrwert für die Stadt Oslo und gleichzeig eine Ikone für das gesamte Land,

vergleichbar mit der Oper in Sydney, deren Lage für diesen Bau Vorbild war.

Die Bürostruktur Snøhettas ist auf Kreativität ausgelegt. Mitarbeiter aus verschiedenen Disziplinen arbeiten gemeinsam in einem Arbeitsraum und inspirieren einander. Damit ist ein Querdenken möglich und es können innovative Ergebnisse erzielt werden. Durch diese „kreative Arbeitsweise" sollen „Vorurteile überwunden und Grenzen verschoben werden".[4] Für das Opernhaus wurden explizit auch Künstler hinzugezogen: So schufen Jorunn Sannes, Kalle Grude und Kristian Blystad die skulpturale Form des Dachs, Olafur Eliasson gestaltete die Wände zwischen Foyer und Garderobe mit einer komplexen Wabenstruktur, Pae White übernahm die dreidimensionale Gestaltung des Bühnenvorhangs, Løvaas und Wagle die Verkleidung des Bühnenturms. All diese Beiträge bereichern die Architektur durch eine Verdichtung der Gestaltung enorm.

Authentizität

Mit all seinen Verbindungen und Anreicherungen gelingt mit diesem Bau ein architektonisches Angebot, welches weit über die eigentliche Bauaufgabe hinausgeht und sowohl einem kulturell-musikalisch interessierten Publikum dient als auch der allgemeinen Bevölkerung.

---

1 Kjetil Thorsen „Light On Snohetta", iGuzzini illuminazione S.p.A., Recanati, 2/2015, https://www.youtube.com/watch?v=wfTy1-P12s0; Kjetil Thorsen, „Idea Works", TEDxArendal, https://www.youtube.com/watch?v=eOgnb7NYVJQ
2 Kjetil Thorsen „Light On Snohetta"
3 Ebd.
4 Ebd.

"simplexity." The aim is to "define complexity first by a certain simplification."[3] Thus with this building, a complex spatial program could ultimately be shaped into a simple, yet versatile and coherent form.

Change

Through the year, the opera house's relationship to its surroundings changes: in the summer, it stands magnificently there like a solitaire with its white shining marble; in the wintry white landscape, however, it is completely absorbed by its surroundings. Its tectonic architecture and its indefinite surfaces allow for a variety of uses of public spaces—from open-air concerts in summer, to sledding in winter.

Growth

By developing a special character—Kjetil Thorsen calls it *distinctiveness*—a result emerges that goes beyond purely fulfilling a spatial program. With this walkable sculpture, Snøhetta created both added value for the city of Oslo, and an icon for the entire country—similar to the Sydney Opera House, whose location was the model for this building.

Snøhetta's office structure is designed for creativity. Employees from different disciplines work together in one space and inspire each other. Thus, lateral thinking is also possible and innovative results can be achieved. Through this "creative way of working ... prejudices are overcome and boundaries are moved."[4] Artists

Tverrfjellhytta

were explicitly consulted for the opera house: Jorunn Sannes, Kalle Grude, and Kristian Blystad created the sculptural design of the roof; Olafur Eliasson designed the walls between the foyer and wardrobe with a complex honeycomb structure; Pae White took on the three-dimensional design of the stage curtain; Løvaas and Wagle created the lining of the stage tower. All of these contributions enrich the architecture tremendously through a densification of the design.

Authenticity

With all of its connections and enrichments, an architectural offering succeeds with this building that goes far beyond the actual building task, and serves both an audience interested in music and culture, as well as the general population.

—

1   Kjetil Thorsen, "Light On Snøhetta," iGuzzini illuminazione S.p.A., Recanati, https://www.youtube.com/watch?v=wfTy1-P12s0 (accessed April 25, 2016); Kjetil Thorsen, "Idea Works," TEDxArendal, https://www.youtube.com/watch?v=eOgnb7NYVJQ (accessed April 25, 2016).
2   Kjetil Thorsen, "Light On Snøhetta."
3   Ibid.
4   Ibid.

TVERRFJELLHYTTA, Observationspavillon der Norwegian Wild Reindeer Foundation, 2011
Snøhetta, Oslo

Architektur und Natur

Der Observationspavillon der Norwegian Wild Reindeer Foundation bietet Schutz vor Wind und Wetter und erlaubt ein unauffälliges Beobachten der seltenen Tiere. Er befindet sich in unmittelbarer Nähe des Berges Snøhetta, der als Namensgeber des norwegischen Architekturbüros diente. Schon darin wird der Bezug zur Natur als Programm des Büros deutlich. Der 90 Quadratmeter große Quader sitzt wie ein Fels an einem Hang, orientiert sich in seiner Größe an umliegenden Felsbrocken wie auch an den Rentieren und fügt sich so bestens in die Landschaft ein. Dazu tragen zusätzlich seine Oberfläche aus rostendem Stahl, die in der Landschaft farblich unauffällig bleibt, ebenso wie auch eine sich auf der Schattenseite befindende Glasscheibe, welche die umgebende Landschaft leicht spiegelt, und eine sich auf der Sonnenseite befindende hölzerne Sitzlandschaft, welche die Landschaft physisch nachahmt, bei.

Innen und Außen

Auch im Innenraum gibt es eine diesmal einladend große hölzerne Sitzlandschaft, von der aus man über die volle Breitseite der Fensterwand in die Berglandschaft blicken kann. Mit einem eleganten, frei vor der Glaswand von der Decke hängenden Kaminofen aus Stahl kann man sich archaisch wie an einem Lagerfeuer wärmen und sich gleichzeitig als Teil der Berglandschaft begreifen.

Gegensätze

Als streng geometrischer Quader bildet der Pavillon genau genommen einen Gegensatz zur Landschaft. Beim Blick aus der Glaswand wird diese durch die strenge geometrische Form wie in einem Bild gefasst, wodurch ihre Formen besonders reizvoll zur Geltung kommen.

Die Gestaltung der äußeren Form und die ihres Innenlebens stellt einen anderen interessanten Gegensatz dar: So wird mit der Sitzlandschaft im Inneren wiederum die äußere Landschaft nachgeahmt und ein Raum gebildet, der sich physisch mit dieser verbindet. Holz, welches aus der traditionellen Blockbauweise vertraut ist, wird hier als großer zusammenhängender Körper verwendet, der sich aus einzelnen Blöcken zusammensetzt. Mit einer CNC-Fräse aus dem Schiffsbau wurde die Gesamtform aus den einzelnen Blöcken herausgefräst und diese vor Ort trocken gedübelt als offene Struktur zusammengesetzt. So verbinden sich bei diesem Projekt auf neue Weise Kunsthandwerk und Hightech.

Durchlässigkeit

Als öffentlicher Bau ist diese Schutzhütte das ganze Jahr über frei zugänglich, also von jedermann jederzeit benutzbar. Snøhetta bezeichnen sie dementsprechend als „keyless structure". Diese Nichtabgeschlossenheit, aber vor allem auch seine Gestaltung, die mit der hölzernen Landschaft den Außenraum ins Innere holt, macht das Gebäude trotz seiner starken symmetrischen Abgrenzung durchlässig.

Ambivalenz

Auch wenn die Landschaft im Inneren aus Holzbalken ausgefräst wurde, wirkt sie wie die Fortsetzung der Landschaft im Außenraum. Der Besucher fühlt sich als Teil derselben, obwohl er innen im Warmen sitzt. Das Glas das von innen eine Durchsicht erlaubt, spiegelt

TVERRFJELLHYTTA, Norwegian Wild Reindeer Pavilion, 2011
Snøhetta, Oslo

Architecture and Nature

The Norwegian Wild Reindeer Pavilion provides protection against wind and weather, allowing an unobtrusive observation of rare animals. It is located in the immediate vicinity of the mountain Snøhetta, the namesake of the Norwegian architectural firm. Even in this, the relationship to nature in the firm's program is clear. The ninety-square-meter building sits like a rock on a slope, and is oriented in its size to the surrounding boulders to the reindeer and thus fits so well in the landscape. Other factors that contribute this are its surface of raw steel, whose color remains inconspicuous in the landscape, the glass panel located on the shady side, which slightly reflects the surrounding landscape, and the wooden seating landscape on the sunny side that physically mimics the landscape.

Inside and Outside

In the interior, there is also a large, inviting wooden seating landscape, from which one can look through the entire broad side of the window wall into the mountain landscape. With an elegant steel fireplace, which hangs freely from the ceiling in front of the glass wall, visitors can warm themselves, as if by a campfire, and at the same time see themselves as part of the mountain landscape.

Opposites

As a strictly geometric structure, the pavilion actually forms a contrast to the landscape. In the view through the glass wall, the landscape is composed like a picture—due to the geometric shape—whereby its forms spectacularly reach their full effect.

The design of the external form and that of its interior life represents another interesting contrast: thus, the interior seating landscape copies the exterior landscape and forms a space that physically connects with it. Wood, which is familiar from traditional block construction, is used here as a large continuous body made up of individual blocks. The overall shape was cut from the individual blocks with a CNC milling machine used in ship construction and dry-dowelled on-site as an open structure. Hence, the project combined artisan craftwork and high technology in a new way.

Permeability

As a public building, this refuge is freely accessible year round—i.e., for use by anyone at any time. Accordingly, Snøhetta describes it as a "keyless structure." Through this openness, but above all also through its design—which brings the exterior into the interior with the wooden landscape—the building is permeable despite the strong symmetrical delimitation.

Ambivalence

Although the interior landscape was milled from wooden beams, it works like a continuation of the landscape in the exterior space. The visitor feels part of the same, even though he/she is sitting inside in the warmth. The glass that allows a viewing from the interior, reflects the scenery in the exterior, thus allowing the animals to approach the building more closely.

Imperfection

The digitally generated form of the seating area "was perfect and had no kinks."[1] Therefore Snøhetta deliberately produced it with wood,

außen die Landschaft und lässt so die Tiere näher an das Haus herantreten.

Unvollkommenheit

Die digital generierte Form der Sitzlandschaft „war perfekt und hatte keine Knicke"[1]. Daher produzierte Snøhetta sie ganz bewusst aus Holz, damit sie „lebendig wird". Da sich das Holz nach der Verarbeitung wieder verzieht und bewegt, wirkt es nicht perfekt. „Das Holz beginnt sich zu verändern. Die Imperfektion des Werkstoffs schafft die Atmosphäre. Dieser organisch geschwungene Holzkörper war gleich allen sympathisch."[2]

Wandel

Mit dem rostenden Cortenstahl der Außenhaut und mit der hölzernen Landschaft im Inneren verändert sich der Pavillon im Laufe der Zeit durch die Witterung, aber auch durch seine Benutzung und wird so in gewisser Weise zu einem lebendigen Bestandteil der Natur. Als Ort zum Beobachten der Tiere und der Landschaft bildet er mit seiner Architektur einen präzisen und klaren Rahmen, der die sich ständig wandelnde Natur mit all ihren Erscheinungen wundervoll in Szene setzt.

Authentizität

Patrick Lüth, Partner bei Snøhetta und am Bau beteiligt, beschreibt die Wirkung des Ortes wie folgt: „Das Spannende ist, dass man in diesem verglasten Objekt tatsächlich der Landschaft gegenüber steht. So weit, dass die wilden Rentiere von draußen in die Hütte hinein sehen. Das ist ein ganz besonderes Gefühl. Es ist auch so, dass die Menschen Respekt vor diesem Schutzhaus haben. Ich glaube, das kommt daher, dass man es ihnen schenkt. Es kostet nichts, sich darin aufzuhalten. Einige haben sicher schon darin übernachtet. Es hat sich aber bisher niemand darin verewigen wollen. Es gibt keine eingeritzten Herzen oder Namen, keine Graffiti, nichts."[3] Der Ort ist abgelegen und nur zu Fuß erreichbar.

———

1 Isabella Marboe: „Learning from Norway", Interview mit Patrick Lüth, Snøhetta, in: *Architektur Aktuell* 12/2014, http://www.architektur-aktuell.at/news/learning-from-norway
2 Ebd.
3 Ebd.

so that it could "come to life." Because wood warps and moves again after processing, it does not seem perfect. "The wood starts to change. The imperfection of the material creates the atmosphere. This organically curved wooden body was equally pleasant to everyone."[2]

Change

With the rusting Corten steel of the exterior skin and the wooden landscape in the interior, the pavilion alters over time not only due to the weather, but also due to its use, and in a way is a living element of nature. As a place for observing the animals and the landscape, it provides a precise and clear frame with its architecture, which draws attention to the constantly changing nature with all of its phenomena.

Authenticity

Patrick Lüth, partner at Snøhetta and involved in the construction, describes the effect of the place as follows: "The exciting thing is that you are actually facing the landscape in this glass object. To such an extent that the wild reindeer look into the hut from outside. That is a very special feeling. It is also the case that people have respect for this shelter. I think the reason is that it has been given to them. It costs nothing to linger there. Some have certainly stayed there overnight. Thus far, however, no one has wanted to be immortalized in it: there are no carved hearts or names, no graffiti, nothing."[3] The location is remote and can only be reached by hiking.

—

1   Isabella Marboe, "Learning from Norway," Interview with Patrick Lüth, Snøhetta, *Architektur Aktuell* 12 (2014), http://www.architektur-aktuell.at/news/learning-from-norway (accessed April 25, 2016).
2   Ibid.
3   Ibid.

ELBPHILHARMONIE, Hamburg, 2016
Herzog & de Meuron, Basel

Architektur und Natur

Die Elbphilharmonie erscheint wie eine Vision aus Bruno Tauts *Alpiner Architektur*: Über einem alten Speicher schwebend, verbindet sie sich je nach Witterung auf verschiedene Weise mit dem Himmel und wirkt gleichzeitig wie ein Eisberg. Ihre aufwendig gestaltete Glasfassade ist in einem irregulären Muster mit spiegelnden Punkten bedampft und hat unregelmäßig eingestreute Ein- und Auswölbungen, die perlmuttschimmernd wirken wie das Innere einer Muschel. Der Bau weist vielfältige Bezüge zur Natur auf, die sowohl von der Ferne wie auch von ganz nahe wirksam sind.

Gegensätze

Der große Speicher, der als Sockel der Elbphilharmonie dient und neben Hotel und Wohnungen ein riesiges Parkhaus beherbergt, wirkt als Teil der ihn umgebenden Wasserlandschaft und weniger der Stadt, die sich mit der Elbphilharmonie in diesen Bereich hinein erweitert. Im Gegensatz zu der „stoischen Fassade des Speichers"[1] wirkt die differenziert verkleidete Elbphilharmonie ephemer und schillernd. Die Konzertsäle sind konstruktiv komplett von den um sie herum angeordneten Wohnbereichen entkoppelt, um jegliche akustische Übertragung zu vermeiden. Dadurch erst wird die urbane Vielfalt dieses Komplexes ermöglicht.

Wandel

Die Fassade der Philharmonie „verändert sich ständig, da sie Reflexionen des Himmels, des Wassers und der Stadt einfängt und vereint"[2]. Der alte Speicher wurde komplett entkernt und allein seine Fassade erhalten. So thront der Neubau nur scheinbar auf dem Altbau – in Wahrheit handelt es sich um einen kompletten Neubau, mit einer teilweise alten Fassade. Damit zeigt die Elbphilharmonie den Wandel der Speicherstadt von einem Handelszentrum zu einer Mischnutzung aus Business, Wohnen und Kultur.

Innen und Außen

Das von außen geschlossen wirkende Volumen erschließt sich im öffentlich zugänglichen Inneren zu einem Komplex aus Wegen, Foyers und Sälen. Eine gebogene Rolltreppe, über die der Zugang zur Elbphilharmonie erfolgt, erzeugt zusätzliche Distanz zwischen Innen und Außen, da zu Beginn der Rolltreppe deren Ende nicht zu sehen ist. In der Kehre erlaubt ein gezielt gesetztes Fenster aus neuer Perspektive einen spektakulären Blick über den Hafen. Eine zweite Rolltreppe führt weiter in die öffentliche Plaza zwischen dem Speicher und seinem neuen Aufsatz. Von hier aus gelangt man in den kleinen Konzertsaal und über ein Foyer mit mehreren Ebenen in den großen Konzertsaal. Die separat zugänglichen Wohnbereiche sind voll verglast mit weitreichendem Blick über Hafen und Stadt. Ihre teilweise gewölbten Glasflächen ergeben zwischen Innen und Außen vermittelnde Raumsituationen wie kleine Balkone und Wintergärten und beleben damit die Fassade.

Durchlässigkeit

Das Gebäude vermittelt zwischen Stadt und Landschaft, Kunst und Kommerz, Mensch und Umwelt. Es schafft durch seine schillernde Gestalt und Programmatik einen Ort, der erhebend wirkt und zumindest in Teilbereichen von allen nutzbar ist. Denn die öffentliche Plaza auf Höhe des ehemaligen Speicherdaches gewährt

ELBPHILHARMONIE, Hamburg, 2016
Herzog & de Meuron, Basel

Architecture and Nature

The Elbphilharmonie looks like a vision from Bruno Taut's *Alpine Architecture*: suspended above an old warehouse, it unites in various ways with the sky depending on weather conditions, and at the same time seems like an iceberg. Its elaborately designed glass façade is coated with reflective dots in an irregular pattern, and has intermittently interspersed concave and convex elements that shimmer like the inside of a seashell. The building features many references to nature, which are effective from a distance and from very close.

Opposites

The large warehouse that serves as the base of the Elbphilharmonie—and in addition to a hotel and apartments houses a huge parking garage—seems more like part of the surrounding water landscape than of the city, which expands with the Elbphilharmonie into this area. Unlike the "stoic façade of the warehouse,"[1] the sophisticatedly clad Elbphilharmonie seems ephemeral and dazzling. Structurally, the concert halls are completely decoupled from the residential areas arranged around them, in order to avoid any acoustical transmission. Without this, the urban diversity of the complex would not be possible.

Change

The façade of the Elbphilharmonie "keeps changing as it captures and combines reflections from the sky, the water and the city."[2] The old warehouse was completely gutted and just kept its façade. Thus, the new building only seems to sit on top of the old building—in fact, it is a completely new building with a partially old façade. As a result, the Elbphilharmonie shows the transformation of the warehouse district from a trade center to a mixed use of business, housing, and culture.

Inside and Outside

The volume, which seems closed from the outside, opens up in the publicly accessible interior into a complex of paths, foyers, and halls. An additional distance between the interior and exterior is created on a curved escalator—via which visitors access the Elbphilharmonie—because at the beginning of the escalator, its end cannot be seen. In the bend, a purposefully placed set window allows a spectacular view of the harbor from a different perspective. A second escalator continues into the public plaza between the warehouse and its new attachment. From here, one arrives at the small concert hall, and through a foyer with several levels into the large concert hall. The separately accessible residential areas are fully glazed with ample views of the harbor and city. Their partially curved glass surfaces result in intermediary spatial situations between interior and exterior, such as small balconies and sunrooms, and thus enliven the façade.

Permeability

The building mediates between city and landscape, art and commerce, people and the environment. With its dazzling design and objectives, it creates a venue that seems uplifting and is available—at least in some areas—to everyone. For instance, the public plaza, which features an outdoor terrace at the level of the former warehouse roof, offers an extensive

mit Außenterrasse einen weitreichenden Blick über Hafen und Stadt und soll frei für jedermann zugänglich sein.

Ambivalenz

Als architektonische Komposition eines Eisberges mit Muschelfassade auf einem ausgehöhlten Speicher erscheint die Elbphilharmonie ambivalent und spektakulär. Die dabei entstehenden, vielfältigen Assoziationen passen in keine bekannten Schemata und beflügeln so die Fantasie.

Wachstum

Die Elbphilharmonie wächst wie ein Kristall aus dem alten Speicherhaus. Ihr faszinierendes Äußeres wie auch ihr vielseitiges Innenleben werden die Stadt Hamburg bereichern. Der große Saal erinnert mit seinen terassenartig aufsteigenden Rängen an Sharouns Philharmonie in Berlin und weckt durch die ausgetüftelte Akustik Yasuhisa Toyotas hohe Erwartungen an seine Performanz. Bruno Taut schrieb zu seiner alpinen Architektur „Wir müssen immer das Unerreichbare kennen und wollen, wenn das Erreichbare gelingen soll." Es steht zu hoffen, dass die fertige Elbphilharmonie auch in diesem Sinne Menschen beflügeln wird.

Authentizität

Diese Kulturikone krönt schon jetzt die Speicherstadt und wirkt als neues Wahrzeichen der Stadt Hamburg. Ihre Mischnutzung aus Kultur, Wohnen und öffentlichem Raum kommt sowohl speziellen Interessenten als auch der Gemeinschaft zugute. Der Komplex mit seinem breiten Spektrum an Nutzungen soll zu einem „Zentrum für soziales, kulturelles und tägliches Leben"[3] werden. Der enorme Einsatz aller an Planung und Bau Beteiligten steht dabei auch für Herzogs Auffassung von Architektur: „Ich weiß gar nicht was Architektur überhaupt ist, man muss sich das immer wieder neu erarbeiten … Architektur soll so toll sein wie ein schöner Tag."[4]

—

1   Herzog & de Meuron, http://www.herzogde-meuron.com/index/projects/complete-works/226-250/230-elbphilharmonie-hamburg.html
2   Ebd.
3   Ebd.
4   Jacques Herzog im Gespräch mit Friedrich Teja Bach, skills 2, Akademie der Künste, Berlin, 08.12.2015

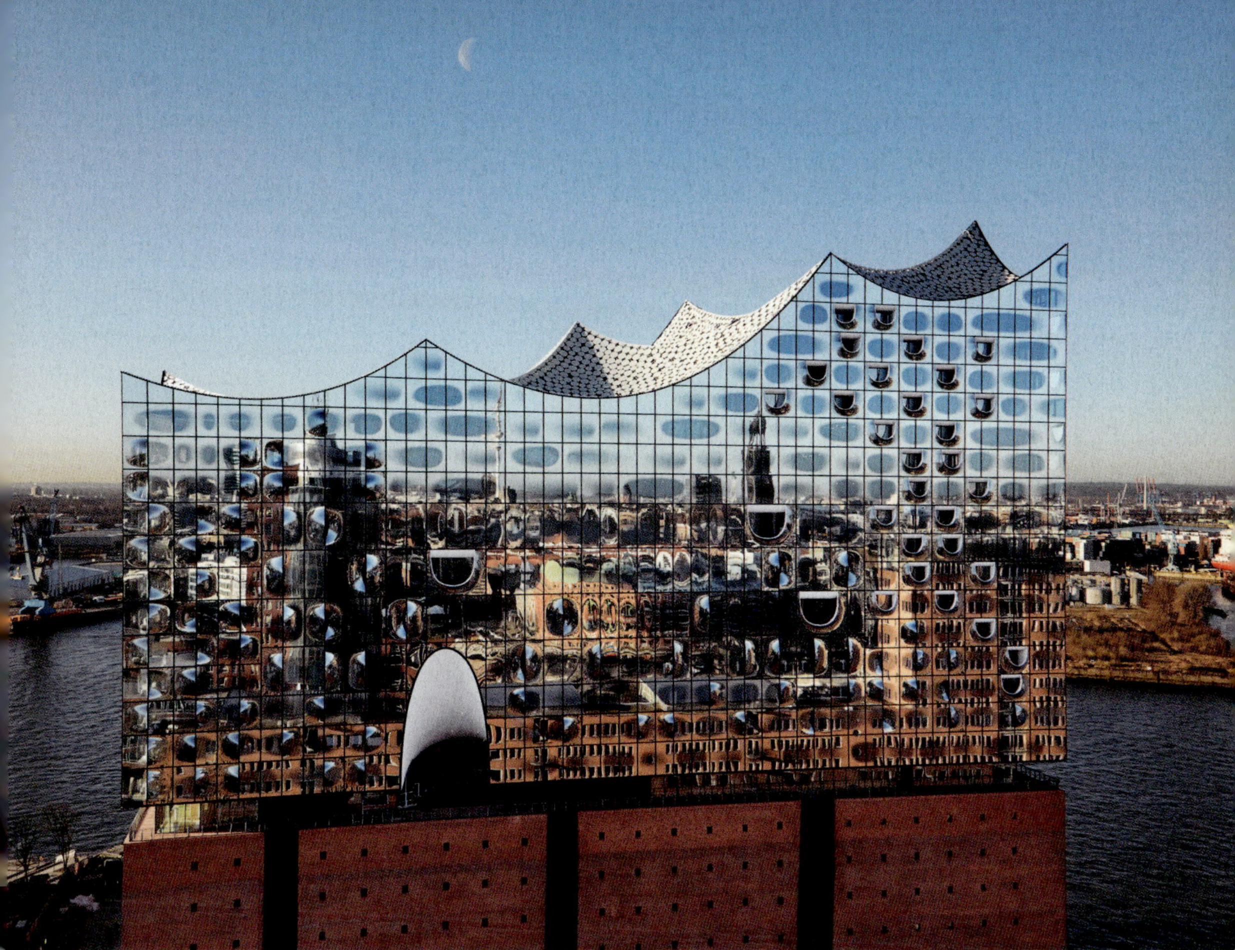

view of the harbor and city and is intended to be freely accessible.

Ambivalence

As an architectural composition of an iceberg with shell façade on a gutted warehouse, the Elbphilharmonie appears ambivalent and spectacular. The various associations arising from it, do not fit into any known schemes and thus inspire the imagination.

Growth

The Elbphilharmonie grows like a crystal from the old warehouse. Its fascinating exterior, as well as its diverse interior, will enrich the city of Hamburg. With its terraced, ascending tiers, the large hall is reminiscent of Sharoun's Berliner Philharmonie, and through the subtle acoustical design by Yasuhisa Toyota raises high expectations for its performance. Regarding his alpine architecture, Bruno Taut wrote, "We must always recognize and strive for the unattainable, if we are to achieve the attainable."[3] It is hoped that, in this sense, the finished Elbphilharmonie will also inspire people.

Authenticity

This cultural icon already crowns Speicherstadt and functions as a new landmark for the city of Hamburg. Its mixed use of cultural, residential,

and public space benefits both specially interested parties and the community. With its wide range of uses, the complex becomes a "center for social, cultural, and daily life."[4] The tremendous efforts of everyone involved in the planning and construction also mirror Herzog's view that architecture must be continuously reworked: "I don't know what architecture is at all, one has to rework it time and again ... Architecture should be as wonderful as a beautiful day."[5]

—

1   Herzog & de Meuron, http://www.herzog-demeuron.com/index/projects/complete-works/226-250/230-elbphilharmonie-hamburg.html (accessed April 25, 2016).
2   Ibid.
3   Quoted in Ian Boyd White, "Modernity and Architecture," in: *Tracing Modernity: Manifestations of the Modern in Architecture and the City*, by Mari Hvattum and Christian Hermansen (London: Routledge, 2004), 264.
4   Herzog & de Meuron, http://www.herzog-demeuron.com/index/projects/complete-works/226-250/230-elbphilhamonie-hamburg.html (accessed April 25, 2016).
5   Jacques Herzog in a discussion with Friedrich Teja Bach, skills 2, Akademie der Künste, Berlin, December 8, 2015.

NATIONALSTADION, Peking, 2008
Herzog & de Meuron, Basel, Ai Wei Wei, Peking

Architektur und Natur

Das Nationalstadion, von den Chinesen auch „Birds Nest" genannt, wurde von den Architekten Herzog & de Meuron zusammen mit dem Künstler Ai Wei Wei für die Olympischen Spiele 2008 in Peking entworfen. Mit diesem Bau wollten die Planer ein „Gefäß"[1] für kollektives Erleben schaffen, welches auch über die olympischen Spiele hinaus öffentliches Leben generiert. Die gitterartige Struktur erinnert an natürliche Strukturen bzw. Konstruktionen wie zum Beispiel Vogelnester und schafft so einen Bezug zur Natur. Die Besonderheit dieser Struktur machte das Nationalstadion zur Ikone Pekings und weltweit bekannt.

Gegensätze

Im Nationalstadion trifft der Maßstab eines Vogelnestes auf den Maßstab eines riesigen Stadions. Gerade das Vereinen dieser gegensätzlichen Maßstäbe schafft einen Raum, der trotz seiner gigantischen Größe von Weitem filigran wirkt und gleichzeitig eine gewisse Geborgenheit ausstrahlt. Die scheinbar ungeordnete Struktur ist bei genauer Betrachtung nach technischen Grundlagen geordnet. Von Nahem wirkt die Struktur mit ihren riesigen Stahlträgern robust, was ihrer Nutzung entspricht.

Innen und Außen

Der Raum zwischen Tragstruktur und dem Inneraum des Stadions ist Fassade, Struktur, Dekoration und öffentlicher Raum zugleich. Er dient als Erschließungszone und beherbergt Restaurants, Bars, Hotels und Geschäfte. Damit ist er „Verbindung zwischen der Stadt draußen und dem Stadion drinnen und gleichzeitig ein autonomer städtischer Raum ... Diese Zone zwischen Innen und Außen bietet die Möglichkeit, einen neuen städtischen und öffentlichen Raum" mit vielfältigen Bespielungsmöglichkeiten zu erzeugen.

Einfachheit

Der räumliche Effekt dieses Stadions ist laut Aussage der Architekten „neu und radikal und gleichzeitig einfach, von einer fast archaischen Unmittelbarkeit. Seine Erscheinung ist reine Struktur". Die konstruktiven Elemente stützen sich gegenseitig und verbinden sich zu einer gitterartigen Formation, in der Fassaden, Treppen, Schalenstruktur und Dach integriert sind. Um das Dach wetterfest zu machen, „wurden die Bereiche der Struktur innerhalb des Stadions mit einer transluzenten Membrane gefüllt, so wie Vögel ihre Nester mit weichem Material füllen. Da alle Zusatzfunktionen wie Restaurants und Suiten selbständige Einheiten sind, konnte man ohne geschlossene Fassade auskommen. Dies erlaubte eine natürliche Belüftung des Stadions".

Durchlässigkeit

Die scheinbar ungeordnete Struktur des Stadions ist nicht gleich erfassbar, denn dass sich darunter ein Fachwerkträgersystem befindet, erkennt man erst auf den zweiten Blick. Das irreguläre äußere Gitter der Struktur lässt sie großzügig und durchlässig wirken, gerade weil ihr System nicht leicht erkennbar ist. Somit tritt die Wahrnehmung der Raumgrenze in den Hintergrund. Dies wird noch dadurch verstärkt, dass in dem Gitter Fassaden größtenteils fehlen und ein kontinuierlicher Raumabschluss erst mit der Ebene der Tribünen im Inneren geschaffen wird.

NATIONAL STADIUM, Beijing, 2008
Herzog & de Meuron, Basel, Ai Wei Wei, Beijing

Architecture

The National Stadium, also known by the Chinese as "Bird's Nest," was designed by the architects Herzog & de Meuron in collaboration with artist Ai Wei Wei for the 2008 Olympic Games in Beijing. With this construction, the planners wanted to create a "vessel"[1] for collective experience, which also generates public life beyond the Olympic Games. The grid-like structure is reminiscent of natural structures or constructions—such as bird nests—and thus creates a link with nature. The uniqueness of this structure made the national stadium a Beijing icon, which is also known worldwide.

Opposites

In the National Stadium, the scale of a bird's nest comes up against the scale of a huge arena. Precisely the combination of these opposing scales creates a space that, despite its huge size, seems delicate from a distance and at the same time exudes a certain sense of security. On closer inspection, the seemingly disordered structure is ordered according to technical principles. With its huge steel beams, up close the structure seems durable, which is consistent with its use.

Inside and Outside

The space between the support structure and the interior space of the stadium is façade, structure, decoration, and public space at the same time. It serves as an access zone and home to restaurants, bars, hotels, and shops. Thus, it is the "link between the city outside and the interior of the stadium and is, at the same time, an autonomous, urban site....This area between inside and outside affords the opportunity to create a new kind of urban and public place."

Simplicity

According to the architects, the spatial effect of the stadium is "novel and radical, and yet simple and of an almost archaic immediacy. Its appearance is pure structure." The structural elements mutually support each other and combine into a grid-like formation that is integrated into the façade, stairs, bowl structure, and roof. To weatherproof the roof, "the spaces in the structure of the stadium are filled with a translucent membrane, just as birds stuff the spaces between the woven twigs of their nests with soft filler. Since all of the facilities—restaurants, suites, shops and restrooms—are self-contained units, it is largely possible to do without a solid, enclosed façade. This allows natural ventilation of the stadium."

Permeability

The seemingly disordered structure of the stadium is not immediately ascertainable, because there is a truss girder system underneath that can only be seen at second glance. The irregular external grid of the structure makes it seem generous and permeable, precisely because the system is not easily recognizable. Thus, the perception of the spatial boundary recedes into the background. This is reinforced by the fact that façades are largely missing from the grid and a continuous enclosed space is only created at the level of the stands in the interior.

Ambivalence

The stadium appears ambivalent, because the small structure of a nest has been implement-

Ambivalenz

Das Stadion erscheint ambivalent, da die kleine Struktur eines Nestes in die große Struktur eines Stadions umgesetzt ist. So entzieht es sich einer genauen Eingrenzung in existierende Muster und bildet eine überraschend neue Architektur, die viele Nutzungsmöglichkeiten eröffnet und von seinen Besuchern erst entdeckt werden muss.

Wandel

Auch wenn das Stadion ursprünglich für die Olympischen Spiele geplant war, ist es darüber hinaus vielseitig nutzbar. Das Innere des Stadions ist Sport, Konzerten und weiteren kulturellen Aktivitäten vorbehalten, der Park rundherum sowie der Sockel mit kleinen Gärten „dient Menschen zum Verweilen und zur Entspannung". Der Übergangsraum zwischen Stadion und Stadt lädt dazu ein, „umherzuwandeln, zusammenzukommen und sich aneinander zu erfreuen".

Wachstum

Die einander unregelmäßig kreuzenden Träger schaffen eine Raumhülle, die ungezwungen und fast improvisiert wirkt. Die Geometrie der Träger setzt sich in den „Stegen des Sockels fort wie die Wurzeln eines Baumes" und verbindet so das Gebäude mit dem Grund.

Authentizität

„Das Stadion wird als großes kollektives Gefäß wahrgenommen, welches einen unmissverständlichen Eindruck hinterlässt, egal ob es von Weitem oder von Nahem gesehen wird. Innerhalb des Stadions dient eine glatte schalenartige Form dazu, Massenbegeisterung wachzurufen und Athleten zu Höchstleistungen anzuspornen. ... Die Menschenmenge formt die Architektur."

———

1   Herzog & de Meuron, http://www.herzog-demeuron.com/index/projects/complete-works/226-250/226-national-stadium.html, im Folgenden entstammen alle Zitate dem Projekttext auf der Website von Herzog & de Meuron.

ed in the large structure of a stadium. There-fore, it somehow evades a precise limitation in existing patterns and forms a surprising new architecture that opens many possibilities of use and first has to be discovered by its visitors.

Change

Although the stadium was originally planned for the Olympics, it has multiple uses beyond this. The interior of the stadium is reserved for sports, concerts, and other cultural activities, the park around it and the base with small gardens "will invite people to stop a while and relax." The transition area between the stadium and city invites "people to move about, to be together and to enjoy each other's company."

Growth

The irregularly intersecting beams provide a spatial shell that seems informal and almost improvised. "The geometries of the plinth and stadium merge into one element, like a tree and its roots," and thus connects the building with the ground.

Authenticity

"The stadium is conceived as a large collective vessel, which makes a distinctive and unmistakable impression both when it is seen from a distance and from close up. Inside the stadium, an evenly constructed bowl-like shape serves to generate crowd excitement and drive athletes to outstanding performances.... The human crowd forms the architecture."

—
1   All of the quotes are taken from the project descriptions on the Herzog & de Meuron website: http://www.herzogdemeuron.com/index/projects/complete-works/226-250/226-national-stadium.html (accessed April 25, 2016).

MERCAT SANTA CATERINA, Barcelona, 2005
EMBT, Barcelona

Wandel

Die Markthalle Santa Caterina steht auf den Ruinen eines alten Klosters im Zentrum von Barcelonas Altstadt und wurde von EMBT modernisiert und ausgebaut. Auf einer neuen Stahlstruktur wölben sich unterschiedlich geformte Holzbögen, die ein wellenförmiges Dach ausbilden. Auch an den Fassaden sowie den Griffen der Eingangstüren findet sich Holz. Das Holz zeigt natürliche Gebrauchsspuren, wird aber gut gepflegt und ist gut erhalten; es erfährt nicht nur Wertschätzung, sondern strahlt diese auch aus.

Architektur und Natur

Besonders auffällig an dem wellenförmigen Dach ist seine keramische Dachhaut aus bunten Waben. Vorbild waren hierfür die Auslagen der Gemüsestände in der alten Markthalle. Die bunten Gemüse- und Obstsorten wurden in den einzelnen Farbflächen abstrahiert und ergeben einen interessanten Farbverlauf über die gesamte Dachfläche. Das Holz an den Fassaden und im Inneren schafft als lebendiges Material einen Bezug zur Umwelt und zum menschlichen Körper.

SANTA CATERINA MARKET, Barcelona, 2005
EMBT, Barcelona

Change

The Santa Caterina Market stands on the ruins of an old convent in the center of Barcelona's historic district and was modernized and expanded by EMBT. Differently shaped wooden arches curve on a new steel structure, forming an undulating roof. Wood is also found on the façades as well as on the handles of the entrance doors. The wood shows natural signs of usage, but is well maintained and in good condition; it not only receives appreciation, but also radiates it.

Architecture and Nature

Particularly striking on the undulating roof is its ceramic cladding of multicolored honeycombs. The displays of the vegetable stalls in the old market hall were the model for this. The colorful vegetables and fruits were abstracted in the various areas of color and create an interesting color gradient over the entire roof surface. As living material, the wood on the façades and in the interior creates a reference to the environment and the human body.

Opposites

In the transformation of the old building with a new roof, the existing exterior walls were kept and only provided with wooden doors and windows. These new elements mediate between the new roof structure and the existing building. Old and new constructions stand independently, and also harmonize naturally together.

Growth

The undulating roof floating above the hall extends it spatially. In the color field of the roof—where the individual, differently colored ceramic tiles form juxtaposed fruit and vegetable shapes—the small scale of fruit and vegetables converges into a unity with the large scale of the market hall.

Inside and Outside

On the west side of the market hall, the new glass façade opens to the newly built residential quarter. Between the market and residential area, a public square emerges, which offers opportunities to meet and merges the market with the residential quarter.

Permeability

Benedetta Tagliabue of EMBT describes the convent as a place where the sky opens, and the market as a square in the Catalan tradition. Both moments are found again in the new market hall. The roof, which from a distance floats over the old building, leaves a gap, whereby sunlight can fall onto the displays. Wood panels on the exterior side of the frontal façade filter the sunlight, where necessary. The market hall is accessible from three sides for the public and from one side for delivery traffic. With its very short paths, the newly created residential district directly adjoining the market allows older people to participate in urban life.

Authenticity

With its colorful, undulating roof, the Santa Caterina Market continues in the tradition of imaginative and rich architecture of Gaudí, yet conveys a unique and contemporary statement due to the differentiation of its components. Its architecture exudes vitality and incorporates

Gegensätze

Bei der Überformung des Altbaus mit einem neuen Dach wurden die bestehenden Außenwände erhalten und nur mit Türen und Fenstern aus Holz versehen. Diese vermitteln zwischen der neuen Dachstruktur und dem Bestand. Alt- und Neubau stehen eigenständig für sich und harmonieren ebenso selbstverständlich zusammen.

Wachstum

Das wellenförmige über der Halle schwebende Dach erweitert diese räumlich. In der Farbfläche des Daches – in der einzelne unterschiedlich gefärbte Keramikfließen nebeneinanderliegend Obst- und Gemüseformen ausbilden – findet der kleine Maßstab von Obst und Gemüse mit dem großen Maßstab der Markthalle zu einer Einheit zusammen.

Innen und Außen

An der Westseite der Markthalle öffnet sich diese mit einer neuen Fassade aus Glas zum neu gebauten Wohnquartier. Zwischen Markthalle und Wohnquartier entsteht ein öffentlicher Platz, der Möglichkeiten zur Begegnung bietet und Markthalle mit Wohnquartier zusammenschließt.

Durchlässigkeit

Benedetta Tagliabue von EMBT beschreibt das Kloster als einen Ort, wo sich der Himmel öffnet, den Markt in katalanischer Tradition als Platz. Beide Momente finden sich in der neuen Markthalle wieder. Das auf Abstand über dem Altbau schwebende Dach lässt einen Spalt offen, wodurch Sonnenlicht auf die Auslagen fallen kann. Holzpaneele an den Außenseiten der Stirnfassaden filtern das Sonnenlicht, wo nötig. Die Markthalle ist von drei Seiten für Publikum und von einer Seite für Lieferverkehr zugänglich. Das direkt an die Markthalle angrenzende und zusammen mit dieser neu entstandene Wohnquartier lässt durch sehr kurze Wege auch ältere Menschen am städtischen Leben teilhaben.

Authentizität

Die Markthalle Santa Caterina steht mit ihrem bunten wellenförmigen Dach in der Tradition der fantasievollen und reichhaltigen Architektur Gaudís, vermittelt aufgrund der Differenzierung ihrer Bauteile jedoch eine ganz eigene und zeitgenössische Aussage. Ihre Architektur strahlt Lebensfreude aus und bezieht mit ihrer Feinteiligkeit nicht nur den menschlichen Maßstab mit ein. Sie ist für jeden zugänglich und bildet räumlich und sozial einen Ort, an dem die Menschen zusammenkommen – und somit das Zentrum des Stadtteils.

not only the human scale with its fineness. It is accessible to everyone and forms—both spatially and socially—a place where people come together, and thus the center of the district.

PALAIS DE TOKYO, Paris, Renovierung 2012
Lacaton & Vassal, Paris

Einfachheit

Das Palais de Tokyo ist für Jean-Philippe Vassal – wie auch seine anderen Gebäude – ein *open system*: „Im Palais de Tokyo haben wir mit dem absoluten Minimum gearbeitet, da die Künstler und Kuratoren weiter machen. Und wir vertrauen darauf, dass die Besucher, Künstler und Kuratoren besser darin sind als wir."[1] Die fehlende Innenausstattung des verlassenen und verfallenen Vorgängerbaus wurde beibehalten. So wurde der Innenraum von seiner Monumentalität befreit und stattdessen eine offene Situation geschaffen, die frei und künstlerisch vielseitig bespielbar ist.

Wandel

In der Gestaltung des Palais de Tokyo bleibt gezielt offen, wie sich der Raum entwickelt. So wird dem Wandel und der Aneignung durch verschiedene Künstler Raum gegeben. „Der Raum ist extra-groß und hat verschiedene Qualitäten, die Möglichkeiten der Auswahl und Freiheit bieten."

Ambivalenz

Die ambivalente Situation eines Museums mit dem Inneren einer Industriehalle bietet den perfekten Rahmen für künstlerische Aneignung jeglicher Art.

Gegensätze

Aus dem Zusammenspiel der Gegensätze von repräsentativer Raumanlage und ruppigem Zustand entsteht der nötige künstlerische Freiraum für eine kraftvolle eigene Aussage.

Unvollkommenheit

Das Palais de Tokyo entstand aus einer gigantischen Ruine. Jean-Philippe Vassal beschreibt diese als „ein instabiles Skelett auf 4 Ebenen ... und das war perfekt so. Wir machten nur das Nötigste, um das Außergewöhnliche, die Atmosphäre zu erhalten. Wir reinigten Wände und Tragstrukturen, strichen sie jedoch nicht an, wir stabilisierten die Fußböden dort, wo Gefahr bestand einzubrechen, wir erhielten die Spuren der verschiedenen Nutzungsepochen, um sie den Besuchern sicht- und erfahrbar zu machen. Wir installierten effiziente Heiz- und Beleuchtungssysteme. Das Ergebnis war eine Abenteuerlandschaft, die von Künstlern und Besuchern genutzt werden kann. Sie wurde angeeignet und wird von den Künstlern, Kuratoren und Besuchern permanent transformiert und weiterentwickelt."

Wachstum

Lacaton & Vassal verstehen alle Dinge einschließlich Gebäude als „living objects", als lebende Objekte. Von einer Ausgangsposition von 5000 Quadratmetern dehnten sie den Raum auf 10.000 Quadratmeter aus und später auf die jetzige Gesamtfläche von 30.000 Quadratmetern, „indem geleitet von den vorhandenen Qualitäten nur die nötigsten Schritte vorgenommen wurden – von Cedric Prices „Fun Palace" träumend. Das Gebäude ist nie fertig, weil seine Nutzung sich permanent ändert. ‚Everything is a living object', wie der Titel einer Ausstellung zu Yona Friedman in Berlin konstatiert."

PALAIS DE TOKYO, Paris, Renovation 2012
Lacaton & Vassal, Paris

Simplicity

For Jean-Philippe Vassal, Palais de Tokyo—like his other buildings—is an *open system*: "In Palais de Tokyo, we worked with the absolute minimum, because the artists and curators would do that continuously. And we are confident that the visitors, artists, and curators do that better than us."[1] The missing interior fittings of the abandoned and dilapidated previous building were retained. Thus, the interior was freed from its monumentality, and an open situation was created that is free and artistically versatile.

Change

In the design of Palais de Tokyo, how the space is developed deliberately remains open. As a result, the transformation and appropriation are facilitated by the various artists. "The space is extra-large and has different qualities, which offer possibilities of choice and freedom."

Ambivalence

The ambivalent situation of a museum with the interior of an industrial building provides the perfect setting for artistic appropriation.

Opposites

From the interplay of the opposites of representative spatial facilities and rough conditions, the necessary artistic freedom for powerful statements arises.

Imperfection

Palais de Tokyo emerged from a giant ruin. Jean-Philippe Vassal describes it as "an unstable skeleton on four levels… it was perfect like this. We just did what was necessary and kept what was extraordinary, a feeling. We cleaned the walls and structures, but we did not paint them, we stabilized the floors where there was danger to fall through and kept the marks of the different periods of occupation visible, so that visitors could understand. We put in efficient systems for heating and light. The result was an adventurous landscape for artists and visitors to use. It became inhabited. It is being permanently transformed and continued by the artists, curators, and users."

Growth

Lacaton & Vassal see all things, including buildings, as "living objects." From a starting position of 5,000 square meters, the space expanded to 10,000 square meters, and later to the current total area of 30,000 square meters, "by doing just the minimum, guided by the qualities we found—dreaming of Cedric Price's Fun Palace.' The building is never finished, because the occupation is always changing. 'Everything is a living object,' as declared in the title of the Yona Friedman exhibition in Berlin."

Inside and Outside

Unlike the renovation of the Centre Pompidou—which developed from an open architecture into a closed one, because the fine movement from the forecourt to the box office was stopped—at Palais de Tokyo, the architects took care to really connect interior and exterior spaces to each other with open foyer areas.

Authenticity

With the deliberately imperfect, which repeatedly gives appropriation space once again, a new authentic situation is constantly created in Palais de Tokyo, "a space for mobility."

Innen und Außen

Anders als bei der Renovierung des Centre Pompidou, welches sich von einer offenen Architektur zu einer geschlossenen entwickelte, weil die schöne Bewegung vom Vorplatz an den Kassen gestoppt wird, wurde beim Palais de Tokyo darauf geachtet, Innen- und Außenräume durch offene Foyerbereiche wirklich miteinander zu verbinden.

Authentizität

Mit dem gezielt Unvollkommenen, welches der Aneignung immer wieder erneut Raum gibt, wird im Palais de Tokyo beständig eine neue authentische Situation geschaffen: ein Raum für Beweglichkeit.

—

1   Jean-Philippe Vassal im Interview mit der Autorin, 20.05.2015. Alle folgenden Zitate entstammen ebenfalls diesem Interview.

1   Jean-Philippe Vassal in an interview with the
author on May 20, 2015. All subsequent quotes
are also from this interview.

MUSEUM BRANDHORST, München, 2009
Sauerbruch Hutton, Berlin

Architektur und Natur

Das Museum Brandhorst fügt sich mit seiner vielfarbigen, filigranen Fassade aus gefalteten Blechen und Keramikstäben wundervoll in den städtischen Kontext ein und bildet dabei ein Pendant zum feingliedrigen Nachkriegswohnungsbau von Sep Ruf. Beide Gebäude entsprechen mit ihrer differenzierten Gestaltung der Natur. Im Inneren fällt wundervoll verarbeitetes Holz bei den Böden, Galerien und Treppenläufen auf. Die Profilierung der Brüstungen erlaubt es, sich angenehm anzulehnen. Die Handläufe sind mit Leder ummantelt und fassen sich gut an. Damit stellt dieses Museum gleichzeitig den Bezug zum Umfeld und zum Menschen her.

Gegensätze

Die stark differenzierte Fassade des Museums wirkt mit dem intensiven Farb- und Lichtspiel wie ein Beispiel der Op-Art von Bridget Riley und trägt so die Funktion des Baus hinaus in den Stadtraum. Im Inneren ist das Museum im Gegensatz dazu ganz neutral mit weißen Betonwänden und diffusem Zenithlicht aus gestattet. Dieses fällt teilweise über Spiegel und von oben direkt ins Gebäude, das somit ganz auf die Präsentation der Kunstwerke ausgerichtet ist: „Die auch durch das Holz intim wirkenden Ausstellungsräume sollen an Wohn- oder Atelierräume erinnern, in denen die Sammlerstücke vorher hingen und den Besucher in ganz nahen Kontakt mit der Kunst bringen."[1]

Wandel

Die Fassade wandelt sich mit der Witterung. Bei diesigem Wetter wirkt sie zweidimensional mit breiten horizontalen Streifen und schmalen vertikalen Streifen. Bei klarem Wetter, wenn die Sonne direkt auf die Fassade fällt, wirkt sie dreidimensional. Dann wird die leichte Faltung der horizontalen Blechstreifen hinter den vertikalen Keramikstäben sichtbar und die Fassade wirkt durch den Schattenwurf fast wie ein Korbgeflecht.

Innen und Außen

Als Museumsbau ist das Gebäude zum Außenraum hin eher geschlossen. Trotzdem bestehen einige Verbindungen zwischen Innen und Außen: Lichtbänder dienen dem Einbringen indirekten Lichts in die Ausstellungsräume. Einige gezielt gesetzte Fenster erlauben Aus- und Einblicke. Dies geschieht einmal im Foyer mit Buchladen und Restaurant, wodurch das Museum ein einladendes Entrée bekommt und einmal oben in einem an den Ausstellungsbereich angrenzenden Raum. Dort kann man wie in einer Lounge sitzen und lesen oder einfach zur Entspannung auf das Museumsquartier Münchens hinausblicken.

Einfachheit

In den Ausstellungsräumen wurde abgesehen von der sorgfältig gestalteten Treppe und einigen schönen Bänken komplett auf auffällige Details verzichtet. So sind Lüftungsschlitze beispielsweise einfach in den Holzboden hineingefräst und Sockelleisten wurden weggelassen. Beides dient dazu, die Architektur ganz hinter die Exponate zurücktreten zu lassen, um diese in ihrer Beschaffenheit perfekt in Szene zu setzen.

MUSEUM BRANDHORST, Munich, 2009
Sauerbruch Hutton, Berlin

Architecture and Nature

With its multicolored, filigree façade of folded sheet metal and ceramic rods, the Brandhorst Museum blends in wonderfully in the urban context and forms a counterpart to the delicately built postwar residential construction by Sep Ruf. Both buildings correspond to nature with their differentiated design. In the interior, beautifully finished wood—on the floors, galleries, and staircases—attracts one's attention. The profiling of the parapets allows one to lean against them pleasantly. The handrails are covered with leather and are nice to the touch. Thus, this museum simultaneously produces a relationship to the environment and to people.

Opposites

The highly differentiated façade of the museum—with the intense play of color and light—seems like an example of the Op art by Bridget Riley, and thus carries the function of the building out into the urban space. The museum's interior, in contrast, is fitted quite neutrally with white concrete walls and diffuse zenith light. This falls partly via mirrors and at the top directly into the building, which is thus completely aligned with the presentation of works of art: "The exhibition spaces, which seem intimate due to the wood, are meant to be reminiscent of living or studio spaces, where collectors' pieces previously hung and bring visitors in very close contact with the art."[1]

Change

The façade changes with the weather. In hazy weather, it seems two-dimensional—with wide horizontal stripes and narrow vertical stripes. On a clear day, when the sun is shining directly on the façade, it is three-dimensional. Then the slight folding of the horizontal metal strips is visible behind the vertical ceramic rods, and the façade looks almost like a basket weave because of the shadowing.

Inside and Outside

As a museum building, the structure is rather closed to the exterior. Nevertheless, there are some connections between the interior and exterior: skylights serve to introduce indirect light into the exhibition rooms. Some windows are specifically set to allow views in and out. This occurs once in the foyer with the bookstore and restaurant, whereby the museum gains a welcoming entrance, and once upstairs in a space adjacent to the exhibition area. There one can sit and read as if in a lounge or just relax and look out onto the Munich's Museum Quarter.

Simplicity

In the exhibition spaces, apart from the carefully designed staircase and some lovely benches, gaudy details have been completely excluded. For example, air vents are simply cut into the wooden floor, and baseboards were omitted. Both of these measures are meant to allow the architecture to withdraw behind the exhibits, in order to stage them perfectly.

Authenticity

With its striking façade, the Brandhorst Museum shows how well a building can integrate into its surroundings with a delicate and sophisticated design, even if it is clearly distinguished from it. In the case of Brandhorst Museum, not only does the building express itself in urban space, but a fascination emerges with

Authentizität

Das Museum Brandhorst zeigt mit seiner einprägsamen Fassade, wie gut sich ein Gebäude mit einer feingliedrigen und differenzierten Gestaltung in die Umgebung einfügen kann, auch wenn es sich klar von ihr unterscheidet. In diesem Fall artikuliert sich nicht nur das Gebäude im Stadtraum, sondern es entsteht mit der Fassade ein Faszinosum, welches vielleicht auch beiläufige Passanten dazu verführen kann, in das Museum einzutreten. Dort finden sie sich vor beeindruckender Kunst in sensibel und zurückhaltend gestalteten Ausstellungsräumen wieder.

———

1   Matthias Sauerbruch über „Räume", Museum Brandhorst, https://www.youtube.com/watch?v=h7EN1aByVJ8

the façade, which perhaps can also seduce casual passers-by to enter the museum. There, they will find themselves before impressive art in sensitively and discreetly designed exhibition spaces.

—

1   Matthias Sauerbruch on "Spaces," Museum Brandhorst, https://www.youtube.com/watch?v=h7EN1aByVJ8 (accessed April 25, 2016).

UMWELTBUNDESAMT, Dessau, 2005
Sauerbruch Hutton, Berlin

Architektur und Natur

Das Umweltbundesamt schmiegt sich in einer großen Schlangenform schön in ein aufgelassenes Industrieareal und bezieht auch Bestandsgebäude mit in seine Architektur ein. Die viergeschossigen Fassaden besitzen innen und außen horizontale Holzbänder im Brüstungsbereich und auf der Höhe der Fenster in den geschlossenen Wandflächen farbige Glaspaneele. Wer um das Gebäude herumgeht, stellt fest, dass die Farben der Glaspaneele jeweils auf die Farben der Umgebung abgestimmt sind, wie zum Beispiel Grüntöne von Pflanzen oder Rottöne von Ziegelwänden. Um das Gebäude herum wurde ein öffentlicher Park angelegt. Im Bereich der Fassaden harmoniert die Bepflanzung mit den farbigen Paneelen, was zusätzlich zur Einbettung des Gebäudes in die Umgebung beiträgt.

Wandel

Mit seiner unterschiedlichen Farbigkeit wandelt sich das Gebäude seiner Umgebung entsprechend, wodurch es differenziert und abwechslungsreich wirkt. Das Holz im Bereich der Brüstungen zeigt Witterungseinflüsse und ist an den Außenfassaden inzwischen ergraut. Es wird als lebendiges Material wahrnehmbar und schafft so auch einen Bezug zum menschlichen Körper.

Gegensätze

Die reichhaltige Architektur des Umweltbundesamts fasst mehrere Gegensätze in sich zusammen. Neben der bunten Fassade der Schlangenform ist das zentrale Atrium mit Eingangsbereich im Wand- und Dachbereich mit einer gefalteten Glasfassade verkleidet, die an Industrieverglasungen und damit an die Geschichte des Ortes erinnert. Ein neuer Baukörper mit Ziegelwand und einer geschwungenen Dachform bindet ein Bestandsgebäude aus Ziegeln in den Komplex mit ein. Hier werden gegensätzliche Architekturelemente verwendet, um eine vielschichtige Einbindung in die Umgebung zu ermöglichen.

Innen und Außen

Die Innen- und Außenbereiche gehen ineinander über: Vom Park aus gelangt man über den Eingangsbereich direkt in das Atrium, welches wie der Park draußen bepflanzt und von den gleichen Fassaden umgeben ist. Dadurch entsteht im Inneren des Gebäudes eine urbane und kommunikative Atmosphäre, die wie ein Außenraum wirkt. Die Fenster der Büroräume lassen sich in das Atrium öffnen und schenken diesen so durch schöne Aussichten ebenfalls eine gute Atmosphäre.

Durchlässigkeit

Die Beziehungen zwischen Außen- und Innenraum machen dieses Gebäude durchlässig, was für ein Amt eher ungewöhnlich ist. Es wirkt geradezu sinnbildlich für das Umweltbundesamt, dass mit seiner Architektur eine Umwelt mit sorgfältigen Bezügen in die Umgebung und innerhalb des Gebäudes gestaltet wurde, die eine positive und aufgeschlossene Haltung vermittelt.

Wachstum

Die hohe Qualität dieser Architektur trägt sicherlich dazu bei, dass sich Mitarbeiter und Besucher darin auch auf Dauer wohlfühlen und das Gebäude weiterhin schätzen und pflegen werden.

FEDERAL ENVIRONMENT AGENCY, Dessau, Germany, 2005
Sauerbruch Hutton, Berlin

Architecture and Nature

The Federal Environment Agency is beautifully nestled in the form of a large snake on an abandoned industrial site, and also includes existing buildings in its architecture. The four-story façades have interior and exterior horizontal wood strips in the parapet area, and colored glass panels at the height of the windows in the closed wall surfaces. Walking around the building, it becomes clear that the colors of the glass panels are each matched to the colors of the surroundings—such as green tones from plants or red tones of the brick walls. A public park was created around the building. In the area of the façades, plants harmonize with the colored panels, which additionally contributes to the embedding of the building in the vicinity.

Change

With its changing colors, the building changes accordingly to its surroundings, whereby it seems differentiated and varied. The wood in the parapet areas shows weathering and is already gray on the exterior façades. It is perceived as a living material, thus creating a reference to the human body.

Opposites

The rich architecture of the Federal Environment Agency combines several opposites. Beside the colorful façade of the snake form, there is the central atrium with the entrance, clad in the wall and roof area with a folded glass façade, reminiscent of industrial glazing and thus the history of the location. A new building with a brick wall and a curved roof shape integrates an existing brick building into the complex. Here, contrasting architectural elements are used to enable a multilayered integration into the surroundings.

Inside and Outside

The indoor and outdoor areas merge into each other: from the park, one reaches the atrium directly via the entrance area. Like the park outside, the atrium features plants and is surrounded by the same façades. This creates an urban and communicative atmosphere inside the building, which acts like an exterior space. The windows of the offices can be opened into the atrium and thus give beautiful views as well as a good atmosphere.

Permeability

The relationship between exterior and interior space makes this building permeable, which is unusual for an agency. It seems almost symbolic for the Federal Environment Agency, that with its architecture an environment has been created with careful relationships to the surroundings and within the building, which conveys a positive and open attitude.

Growth

The high quality of this architecture certainly contributes to the fact that employees and visitors feel comfortable there in the long term, and will continue to appreciate and maintain the building.

Authenticity

With regard to their work practices, Sauerbruch Hutton say: "We are keen to make architecture that is welcoming, accessible communication-friendly, and is suitable to use, inhabit, touch and enjoy. An emotional bond should emerge to

Authentizität

Sauerbruch Hutton selbst sagen zu ihrer Arbeitsweise: „Wir möchten eine einladende, zugängliche, kommunikationsfreundliche Architektur schaffen, geeignet zum Benutzen, Aneignen, Berühren und Genießen, die eine emotionale Bindung erzeugt, eine Liebe und Sorgfalt, die auch auf kommende Generationen übergeht. Neben der technischen Nachhaltigkeit betrachten wir dies als Nachhaltigkeit auf einer emotionalen, persönlichen Ebene."[1] Solch eine Architektur ist ihnen mit dem Umweltbundesamt sicherlich gelungen.

---

1 Louisa Hutton, „Emotional Bonds", FSBlox13, https://www.youtube.com/watch?v=mhzjDvz EsyE

love and look after it for generations to come. Apart from sustainability, on a technical level we see this as sustainability on an emotional, personal level."[1] They have certainly succeeded in creating such an architecture with the Federal Environment Agency.

—

1   Louisa Hutton, "Emotional Bonds," FSBlox13, https://www.youtube.com/watch?v=mhzjDvz EsyE (accessed April 25, 2016).

NINGBO HISTORIC MUSEUM, Ningbo, China, 2008
Amateur Architecture Studio, Zhejiang, China

Architektur und Natur

Wang Shu und Lu Wenyu von Amateur Architecture Studio bezeichnen alle ihre Bauten gezielt als „Häuser", um eine gewisse Bescheidenheit zum Ausdruck zu bringen. Sie versuchen in ihnen, die Verbindung von Mensch und Natur zu vermitteln: „Das Haus, das wir bauen wollen, sollte in erster Linie die Natur respektieren. Das Haus selbst ist nicht das Wichtigste: Wir sollten zunächst von unserem Podest herabsteigen und versuchen, voller Respekt mit der Natur zu harmonieren. Unser heutiges Konzept bezieht sich auf die chinesische Tradition: die Harmonie zwischen Mensch und Natur."[1]

Dabei berücksichtigen sie in ihren Bauten verschiedene Maßstäbe, um Bezüge zur Landschaft und zum Menschen gleichzeitig herstellen zu können. Berge fungieren als ein Leitmotiv: „Ein Berg ist für die Chinesen der Ort, an dem sie ihre verlorene und verborgene Kultur wiederfinden können."[2] So steht das Ningbo Museum durch seine Form wie ein Berg in der Stadt und vermittelt gleichzeitig durch kleinteilige Handwerkskunst einen Bezug zum Menschen.

Gegensätze

Das Nebeneinander von traditionellen und neuen Bautechniken sowie die Hingabe zum Detail machen die Bauten von Amateur Architecture Studio reich und äußerst differenziert. In den massiven Wänden des Museums wird traditionelles Mauerwerk mit Betonflächen kombiniert; im Inneren fasst transluzentes Industrieglas die Ausstellungsräume zu den Lichthöfen. Betonstürze halten viele unregelmäßig sitzende und unterschiedlich proportionierte Öffnungen in den gemauerten Wänden frei, die Licht ins Innere bringen und gleichzeitig an natürliche Öffnungen in den Felswänden der Umgebung erinnern.

Wandel

Für die felsartigen Wände des Ningbo Museums wurden Wand- und Dachziegel der auf dem Gelände abgerissenen Dörfer verwendet. Hierzu wurde die traditionelle *wa pian qiang*-Technik (Lehm-Ziegel-Wand) genutzt. „Als wir das Historische Museum in Ningbo planten, schien es keinen äußeren Bezug zu geben. Bei unserem ersten Besuch des Geländes war nur noch ein halbes Dorf vorhanden, ursprünglich waren es einmal 20 Dörfer. So entschieden wir uns bei unserem Entwurf für ein Konzept der Erinnerung. Deshalb kommen die Menschen aus der Umgebung gern dorthin, um sich zu erinnern ... Obwohl sie ein neues Gebäude sehen, finden sie vertraute Erinnerungen ... Die Unmengen an Material, die wir benutzten, stammten aus abgerissenen Häusern der Umgebung. Es handelte sich um unterschiedliche Materialien verschiedener Epochen der letzten 100 Jahre. Sie wurden nach dem Abriss hierher gebracht."[3]

Innen und Außen

Der von außen massige Baukörper des Museums wird durch eine 30 Meter breite Wandöffnung großzügig erschlossen. Das Innere ist von Außenräumen durchzogen – drei Täler, vier Höhlen und vier Höfe –, die Licht in die Austellungsräume bringen. Auf dem Dach findet sich eine Landschaft aus Terrassen und Wegen zwischen Felsen aus Mauerwerk und Beton, die Blicke auf die Stadt, Felder und Berge erlauben

NINGBO HISTORIC MUSEUM, Ningbo, China, 2008
Amateur Architecture Studio, Zhejiang, China

Architecture and Nature

Amateur Architecture Studio specifically labels all of their buildings "houses," in order to express a certain modesty, and they try to convey in them the connection between human beings and nature: "This house that we want to make, should first of all respect nature. The house itself is not the most important: we should first lower our position and respectfully try to be in harmony with nature. Our concept today is still a traditional Chinese concept: it is the harmony between human and nature."[1]

In their buildings, they take into account different standards in order to be able to establish relationships with the landscape and people simultaneously. Mountains function as a leitmotif: "A mountain represents the place for Chinese people to find their lost and hidden culture."[2] Thus, the Ningbo Museum stands like a mountain in the city, due to its shape, and at the same time conveys a relationship to people through its detailed craftsmanship.

Opposites

The coexistence of traditional and new construction technologies, as well as the attention to detail make the buildings from Amateur Architecture Studio rich and highly differentiated. In the massive walls of the museum, traditional brickwork is combined with concrete surfaces; in the interior, translucent industrial glass frames the exhibition spaces towards the atria. Concrete lintels keep free many irregularly positioned and differently proportioned openings in the brick walls, which bring light into the interior and at the same time recall the natural openings seen in the region's cliffs.

Change

In the Ningbo Museum, the wall and roof tiles from demolished villages in the area were reused in the rock walls. For this purpose, the traditional *wa pian qiang* technique (clay-tile wall) was used. "By the time we made our Historic Museum in Ningbo, it seemed to be without any context. There was only half a village left, when we first visited the site, but originally there used to be twenty. So we chose a method of memory in the design. That is the reason people from all around love to go there, to remember ... Though they see a new house, they find close memories ... All of the materials we used were recycled from demolished constructions nearby. They were all different materials from different ages, ranging from one hundred years ago until now. It was brought back here after demolition."[3]

Inside and Outside

The (from the outside) massive structural shell of the museum is accessed through a thirty-meter-wide opening in the wall. The interior is crisscrossed by exterior spaces—three valleys, four caves, and four courtyards—which bring light into the exhibition spaces. On the roof, there is a landscape of terraces and paths between rocks of masonry and concrete, allowing views of the city, fields, and mountains, and making the connection to the landscape experienceable. Through all of these measures, the simultaneity of interior and exterior space is conflated in the perception of visitors.

Imperfection

The buildings by Amateur Architecture Studio are distinguished by an imperfection of their surfaces. Yet precisely this artisanal—and thus

und die Verbindung zur Landschaft erfahrbar machen. Durch all diese Maßnahmen wird die Gleichzeitigkeit von Innen- und Außenraum in der Wahrnehmung des Besuchers zusammengeführt.

Unvollkommenheit

Die Bauten von Amateur Architecture Studio zeichnen sich durch eine Unvollkommenheit ihrer Oberflächen aus. Gerade diese handwerkliche und damit nicht ganz perfekte Bauweise aber macht sie lebendig und nahbar. Beim Ningbo Museum fertigte Wang Shu genaue Zeichnungen für die gemauerten Wände an. Die fertigen Wände weichen jedoch von diesen Vorgaben ab, da die Ausführenden das Material nicht hinreichend kontrollieren konnten. „Letztendlich hatte ich keine andere Wahl, als alle involvierten Parteien von der Theorie zu überzeugen, der Natur ihren Lauf zu lassen. Ich fühlte mich wie ein alter chinesischer Philosoph."[4] Am Ende ist ein wundervolles Bild entstanden.

Authentizität

„Das Konzept der Amateur-Architektur, das in erster Linie auf einen bewussten, experimentellen Bauprozess abzielt, kann eine ganzheitli-

chere, grundsätzlichere Bedeutung entwickeln als die professionelle Architektur. Für mich ist jegliche Bautätigkeit ohne umfassende Überlegungen bedeutungslos."[5] Für Amateur Architecture Studio steht die Menschheit über der Architektur, einfache Handwerkskunst ist wichtiger als die Anwendung neuer Technologien. „Wir brauchen mehr Menschen, die etwas tun, anstatt zu reden. Wir verbringen enorm viel Zeit damit zu experimentieren, um fast verlorene Handwerkstechniken wiederzubeleben. Wir nutzen also alte Techniken, die langsam verschwanden, wo sie doch in der neuen Architektur hätten erhalten werden sollen, um diese Fähigkeiten wieder einzusetzen. Anstatt über abstrakte, jedoch leere Konzepte zu sprechen, benutzen wir eine Methode, die von Mensch zu Mensch weitergegeben wird, um Traditionen wieder neu zu beleben."[6]

1   Lu Wenyu, http://www.archdaily.com/630645/ an-interview-with-lu-wenyu-amateur-architecture-studio

2   Wang Shu, http://www.architectural-review. com/buildings/ningbo-museum-by-pritzker-prize-winner-wang-shu/5218020.fullarticle

3   Ebd.

4   Ebd.

5   Wang Shu, http://www.chinese-architects.com/ en/amateur

6   Lu Wenyu, http://www.archdaily.com/630645/ an-interview-with-lu-wenyu-amateur-architecture-studio

not quite perfect—construction makes it vibrant and approachable. For Ningbo Historic Museum, Wang Shu made detailed drawings for the brick walls; the finished walls, however, depart from these specifications because the craftsmen could not sufficiently control the material. "Finally I had no choice but to persuade all parties with a theory of letting nature take its course. I felt like an ancient Chinese philosopher."[4] At the end, a wonderful image emerged.

Authenticity

"The attitude of amateur architecture, though first of all being an attitude towards a critical experimental building process, can have a more holistic and fundamental meaning than professional architecture. For me, any building activity without comprehensive thoughtfulness will be insignificant."[5] For Amateur Architecture Studio, humanity stands above the architecture, simple craftsmanship is more important than the application of new technologies. "We need more people doing instead of talking. We spend an enormous amount of time experimenting, trying to resurrect the craftsmanship that is almost lost. So we are using the ancient techniques that were fading away when they were supposed to be preserved in new architecture,

WA SHAN GUESTHOUSE, China Academy of Art, Xiangshan Campus, Hangzhou, China, 2004–2013
Amateur Architecture Studio, Zhejiang, China

Architektur und Natur

Für Amateur Architecture Studio existiert ein Bauwerk nur in Bezug zur Umgebung und Architektur ist nur sinnvoll, wenn sie die Natur reflektiert. Der Name *Wa Shan* – wörtlich „Berg aus Ziegeln" – bezeichnet das Motto für den Entwurf des Gästehauses: Das riesige Dach mit 5000 Quadratmetern fasst alle 20 Gästezimmer und sonstige Nutzungen unter sich zusammen und stellt durch seine Form einen Bezug zur bergigen Landschaft Hangzous her.

Wandel

Eine ursprünglich an diesem Ort stehende Häuserzeile wurde abgerissen und im Neubau des Gästehauses reinterpretiert. Dabei wurden alte Materialien wie zum Beispiel Dachziegel wiederverwendet. Amateur Architecture Studio experimentierte zudem mit traditionellen und neuen Techniken. So wird traditionelle Handwerkskunst und damit Kultur erhalten und gleichzeitig in eine neue Form gebracht. Dabei arbeiten die Architekten vor allem mit Präsenz auf der Baustelle: „Obwohl die Zeit, die wir für den Entwurf aufwenden, im Vergleich zum Westen sehr kurz ist, kontrolliert unser Studio den gesamten Bauprozess sehr streng. Zur Kontrolle des Bauprozesses und des Ergebnisses brauchen wir Zeit – vielleicht sogar mehr als wir dem Entwurf widmen –, um gute Ergebnisse zu erzielen, weil es bei jedem Arbeitsschritt passieren kann, dass anders gebaut wird als geplant, was ganz normal ist. Und genauso die Qualität ... wenn man nicht die ganze Zeit die Kontrolle behält, wird sie den eigenen Erwartungen nicht gerecht."[1]

Gegensätze

Wiederverwendete Dachziegel ergeben eine wundervolle Dachlandschaft und werden getragen von einer komplexen, fachwerkähnlichen Konstruktion aus unbehandelten, teilweise auch recycelten Holzlatten. Traditionelle Techniken wie *wa pui* oder *adobe* füllen eine moderne Betonkonstruktion. Durch das Zusammenspiel dieser Gegensätze entsteht eine überraschend neue Architektur, welche gleichzeitig die jahrtausende alte chinesische Baukultur am Leben erhält.

Innen und Außen

Vielfältige Wege durchkreuzen das Wa Shan Guesthouse längs und quer auf mehreren Ebenen und ermöglichen den Nutzern unterschiedliche Erkundungsmöglichkeiten des Raums. Damit entsteht ein maximaler Kontakt zwischen dem Innenleben der Anlage und dem Umfeld ebenso wie zwischen dem einzelnen Bewohner und der Gemeinschaft.

Ambivalenz

Die Gebäude von Amateur Architecture Studio sind voller Ambivalenzen: Sie nehmen Bezug auf die Geschichte, entsprechen aber auch den heutigen Bedürfnissen ihrer Nutzer. Sie stellen Bezüge zur Landschaft sowie zum einzelnen Menschen her. Und dabei finden sie mit ihren ungewöhnlichen räumlichen Situationen einen ganz eigenen und neuen Ausdruck.

Unvollkommenheit

Die wiederverwendeten Ziegel und der Lehm ergeben poröse Flächen, die gepflegt werden müssen; auch das unbehandelte Holz der Trag-

to reestablish this capability. We use a method that is passed on, hand-to-hand, to reestablish tradition instead of talking about an abstract but empty concept."[6]

—

1 Lu Wenyu, http://www.archdaily.com/630645/an-interview-with-lu-wenyu-amateur-architecture-studio (accessed April 25, 2016).

2 Wang Shu, http://www.architectural-review.com/buildings/ningbo-museum-by-pritzker-prize-winner-wang-shu/5218020.fullarticle (accessed April 25, 2016).

3 Ibid.

4 Ibid.

5 Wang Shu, http://www.chinese-architects.com/en/amateur (accessed April 25, 2016).

6 Lu Wenyu, http://www.archdaily.com/630645/an-interview-with-lu-wenyu-amateur-architecture-studio (accessed April 25, 2016).

China Academy of Art, Xiangshan Campus

struktur des Daches muss ab und zu erneuert werden. Die einfache Konstruktion lässt dies leicht zu und gibt ihren Nutzern zugleich Raum zur Aneignung und Partizipation. Erst diese Interaktion erweckt die Architektur zu vollem Leben.

Einfachheit

Auch wenn die Bauten von Amateur Architecture Studio komplex und äußerst differenziert sind, liegen ihnen einfache Bauweisen zugrunde, die Tradition und Moderne zu einem neuen Ausdruck vereinen.

Durchlässigkeit

„Wir haben wirklich große Gebäude gebaut, uns in dieser Größe aber auf die Landschaft konzentriert, wir haben Landschaft und Architektur in Beziehung gesetzt. So wird die Beziehung zwischen den Gebäuden durch eine freie Struktur bestimmt. Hierbei geht es nicht um architektonische Formen, sondern um einen sensiblen Umgang mit dem Gelände und der Natur." Die Bauten unter dem großen Dach des Wa Shan Gästehauses sind so verschoben, dass zwischen ihnen eine komplexe Landschaft aus Gärten, Wegen und Brücken entsteht. Die Fassaden des neuen Campusgebäudes

Wa Shan Guesthouse

WA SHAN GUESTHOUSE, China Academy of Art, Xiangshan Campus, Hangzhou, China, 2004–2013
Amateur Architecture Studio, Zhejiang, China

Architecture and Nature

For Amateur Architecture Studio, a building only exists in relation to the environment and architecture is only meaningful if it reflects nature. The name *Wa Shan* (literally "mountain of tiles") refers to the motto for the guesthouse design: the huge 5,000-square-meter roof covers all twenty guest rooms and other uses, and with its form produces a reference to the mountainous landscape.

Change

A row of houses that originally stood at this location was demolished and reinterpreted in the new guesthouse building. Thereby, old materials— such as roof tiles—were reused. Amateur Architecture Studio also experimented with traditional and new technologies. As a result, traditional craftsmanship and thus culture are preserved, and at the same time brought into a new form. In this process, the architects maintain a strong presence on the construction site: "Even though the amount of time we spend designing compared to the West is still so short, our studio's control over the whole process is still extremely strict. We spend time controlling the procedure and the result—maybe more than the amount of time we spend designing— to have good results, because it is possible that at any step, they could construct in a different way, which is so normal. And even the quality... If you don't have really strong control the whole time, it won't reach your expectations."[1]

Opposites

Reused tiles produce a wonderful roofscape and are supported by a complex, truss-like structure made of untreated, partially also recycled wooden slats. Traditional techniques such as *wa pui* or *adobe* fill a modern concrete structure. Through the interplay of these opposites, a surprising new architecture emerges, which at the same time keeps thousands of years of Chinese architectural building culture alive.

Inside and Outside

Many paths crisscross the Wa Shan Guesthouse lengthwise and crosswise on several levels, and give users different opportunities to explore the space. Thereby, maximum contact emerges between the inner life of the guesthouse and the surroundings, as well as between the individual residents and the community.

Ambivalence

The buildings by Amateur Architecture Studio are full of ambivalences: they refer to history and correspond to the current needs of their users. They produce relationships to the landscape as well as to individuals. With their unusual spatial situations, they find their very own and new expression.

Imperfection

The recycled tiles and clay result in porous surfaces that have to be maintained; the untreated wood of the roof's supporting structure also has to be renewed from time to time. The simple design easily allows this, and at the same time gives its users space for appropriation and participation. It is this interaction that fully brings the architecture to life.

werden von irregulär stehenden, schmalen Säulen getragen oder auch von unregelmäßig geformten Öffnungen durchbrochen. Ersteres erinnert an einen Bambuswald, letzteres als Element der chinesischen Gartenarchitektur an natürliche Öffnungen in einer Felswand.

Wachstum

Bei der Realisierung neuer Bauten, die im Gegensatz zu traditionellen chinesischen Häusern größere Dimensionen aufweisen, versuchen Wang Shu und Lu Wenyu, das Volumen immer aufzubrechen, um einen menschlichen Maßstab zu erreichen. So wurde das große Volumen des Wa Shan Gästehauses in kleine Einheiten unterteilt, die sich alle unter einem großen gemeinsamen Dach befinden. Die Bauten verlangen Pflege und verbinden sich auf Dauer zunehmend mit Mensch und Natur. Viele der Bauten von Amateur Architecture Studio weisen, wie Lu Wenyu selbst sagt, direkt nach ihrer Entstehung nicht unbedingt den idealen Zustand auf. Erst im Laufe der Zeit wachsen sie auf natürliche Weise mit der Umgebung zusammen, fügen sich in diese ein. Diese Besonderheit kann nur vor Ort erfahren werden.

Leere

Viele Öffnungen, Durchbrüche, Wege, Höfe, Gärten und Terrassen machen diese Architektur durchlässig. Zudem werden so Lufträume geschaffen, die als leere, unbestimmte Orte ein Gegengewicht zu den Bauten bilden und zur Kreativität herausfordern.

Authentizität

„‚Wir erschaffen nur Häuser, keine Architektur.' … Ein Haus zu bauen, bedeutet, es für die Menschen zu bauen, es friedvoller oder näher an der Natur, menschlicher zu gestalten … ‚Häuser erschaffen, nicht Architektur' bedeutet nicht, ein abstraktes Konzept zu entwickeln, sondern etwas ganz Konkretes, Handfestes zu machen, etwas, das man berühren kann oder das mit den Händen gebaut wurde … wenn man also dieses Haus sieht, empfindet man anders. … Man muss unsere Gebäude vor Ort erleben, sie erklären sich ohne Worte. Bilder oder Videos allein können dieses Gefühl nicht vermitteln." Hiermit machen die Architekten deutlich, dass die authentische Wirkung eines Gebäudes, wie sie hier beschrieben ist, erst in der direkten Begegnung wirklich erfahrbar wird.

---

1 Lu Wenyu, http://www.archdaily.com/630645/an-interview-with-lu-wenyu-amateur-architecture-studio. Alle weiteren Zitate entstammen ebenfalls diesem Interview.

Simplicity

Although the buildings by Amateur Architecture Studio are complex and highly differentiated, they are based on simple designs that combine tradition and modernity into a new expression.

Permeability

"We made really big houses, but inside this bigness we also focused on the landscape, we dealt with the landscape and architecture at the same time. In this situation, the relation between each house is defined by a free pattern. This free system is not about architectural forms, but is a sensitive response to the site and nature." The buildings under the large roof of Wa Shan Guesthouse are so positioned that a complex of gardens, paths, and bridges is created between them. The façades of the new campus building are supported by irregularly standing narrow columns, or pierced by irregularly shaped openings. The former is reminiscent of a bamboo forest, the latter—as an element of Chinese garden architecture—of natural cliff openings.

Growth

When Amateur Architecture Studio realizes new buildings, which in contrast to traditional Chinese building have larger dimensions, they always try to break the volumes in order to achieve a more human scale. Thus, the large volume of Wa Shan Guesthouse has been divided into small units, which are all located under a large roof. The buildings require maintenance and over time increasingly combine with people and nature. Many of the buildings by Amateur Architecture Studio do not have, as Lu Wenyu says, the ideal condition directly after their completion. Only during the course of time do they grow together with their surroundings in a natural way, and integrate into them. This special feature can only be experienced on-site.

Void

Many openings, breakthroughs, paths, courtyards/gardens, and terraces make this architecture permeable. In addition, air spaces are created, which—as empty, undefined places—bring a counterweight to the buildings and challenge users to creativity.

Authenticity

"'We only make houses, we don't make architecture.' ... Making a house means making it for the people, making it more tranquil, or close to nature, more humanized... 'making houses, not architecture' is about not making that abstract concept, but to make something really concrete and tangible, something that you can touch or that is made with your own hands ... so when you see this house you feel differently.... It is necessary to experience our houses on-site: it is explained without any words. Just pictures or videos are not able to explain this feeling." With this, the architects make clear that the authentic effect of a building, as described here, is only really experienceable in the direct encounter.

—

1   Lu Wenyu, http://www.archdaily.com/630645/an-interview-with-lu-wenyu-amateur-architecture-studio (accessed April 25, 2016). All subsequent quotes are also from this interview.

METI-SCHULE, Rudrapur, Bangladesch, 2006
Anna Heringer, Laufen mit Eike Roswag, Berlin

DESI TRAINING CENTER, Rudrapur, Bangladesch, 2008,
Anna Heringer, Laufen

Architektur und Natur

Die METI-Schule und das DESI Training Center reagieren auf die Lebensbedingungen in Rudrapur, im ländlichen Bangladesch, einem der am dichtesten besiedelten Gebiete der Welt. Um der aus Armut und mangelnder Infrastruktur resultierenden Landflucht entgegenzuwirken, wurde ein Programm angestoßen, das der ländlichen Bevölkerung Perspektiven anbietet. Teil des Programms ist ein besonderes Schulkonzept, das den Kindern Selbstvertrauen und Unabhängigkeit geben soll, mit dem Ziel ihr Identitätsbewusstsein zu stärken. Dies soll durch eine offene Lernform erreicht werden.

Der zweigeschossige Bau der METI-Schule stellt hierzu vielfältige Räumlichkeiten zur Verfügung und verwendet lokal verfügbare Ressourcen. Im Sockelbereich aus Lehm sind intime Klassenräume mit kleinen angeschlossenen Rückzugsnischen vorhanden, im Obergeschoss aus Bambus gibt es offene Räume, die sich für vielfältige Aktivitäten eignen. Im DESI Training Center, einer Schule für Elektrotechnik, sind Klassenräume, Sanitäranlagen und Wohnräume für die Lehrer enthalten. Auch hier kommen Lehm und Bambus in traditionellem Handwerk zum Einsatz. Solarkollektoren erzeugen Strom und heißes Wasser.

Gegensätze

Auch wenn viele Gebäude in der Gegend Lehmbauten sind, halten sie oft nur zehn Jahre, weil ihnen bei den hohen Niederschlagsmengen jegliche Gründung fehlt. Im Gegensatz zur traditionellen Bauweise wurde die METI-Schule daher auf ein Ziegelfundament gestellt und mit einer Folie gegen Feuchte von unten isoliert. Dies stellt keinen großen Mehraufwand dar, verbessert aber die Nachhaltigkeit der Schule enorm; die Klassenräume bleiben auch bei starkem Regen trocken. Der breite Dachüberstand im Obergeschoss verschattet, öffenbare Klappläden aus Bambus erlauben gute Durchlüftung und sorgen für ein angenehmes Raumklima. In den aus einzelnen Bambusstangen gebündelten Trägern können hohe Querschnitte und damit eine hohe Tragkraft erreicht werden. Gleichzeitig sind einzelne Baukomponenten leicht ersetzbar.

Beim DESI Training Center kommt traditionelle Flechtkunst in Verschattungspaneelen an den Fassaden zum Einsatz, die im Raum dahinter ein schönes Lichtspiel ergeben. Auf dem Dach befinden sich Solarpaneele, die Strom zum Beispiel für Licht und Pumpe sowie für heißes Wasser erzeugen.

An beiden Bauten finden so lokale Baumaterialien und neue Bautechnik zu einer überzeugend neuen Einheit zusammen, die traditionell verankert und zugleich zeitgemäß und nachhaltig ist.

Wandel

Die METI-Schule soll einen Wandlungsprozess in der Umgebung anstoßen. Dafür bietet sie Räume mit verschiedenen Qualitäten: So sind die Klassenräume im Erdgeschoss mit ihren dicken Lehmwänden angenehm kühl und mit ihren kleinen Fenstern und Türen eher dunkel. In der Rückwand gegenüber den Türen befin-

METI SCHOOL, Rudrapur, Bangladesh, 2006
Anna Heringer, Laufen with Eike Roswag, Berlin

DESI TRAINING CENTER, Rudrapur, Bangladesh, 2008
Anna Heringer, Laufen, Germany

Architecture and Nature

The METI School and the DESI Training Center respond to the living conditions in Rudrapur, in rural Bangladesh, one of the most densely populated areas in the world. To counteract the rural exodus resulting from poverty and lack of infrastructure, a program was initiated to offer the rural population perspectives. Part of the program is a special school concept, which is intended to give the children self-confidence and independence, with the aim of strengthening their identity awareness. This is to be achieved through an open form of learning.

The two-story building of the METI School provides diverse spaces and uses locally available resources. In the plinth area made of clay, there are intimate classrooms with small, connected retreat niches; in the upstairs, which is made of bamboo, there are open spaces that are suitable for a variety of activities. In DESI—a school for electrical training—classrooms, sanitary facilities, and living quarters for the teachers are included. Here, clay and bamboo are also used with traditional craftsmanship. Solar panels generate electricity and hot water.

Opposites

Although many buildings in the area are clay buildings, they often last for only ten years, because the foundations fail as a result of the high rainfall. Unlike the traditional design, the METI School was therefore built on a brick base and insulated with a foil to fight moisture from below. This presents no extra effort, but improves the sustainability of the school tremendously; the classrooms remain dry even in heavy rain. The wide roof overhang upstairs provides shade, and bamboo shutters that can be opened allow good ventilation and ensure a comfortable indoor climate. In the bundled beams, which are made from individual bamboo poles, large diameters—and thus a high load capacity—could be achieved. At the same, individual building components are easily replaceable.

In the DESI Training Center, traditional weaving is used in the shading panels on the façades, resulting in a beautiful play of light in the space behind them. On the roof, there are solar panels that generate electricity—for example, for lighting and pumps as well as for hot water.

Thus, in both buildings, local building materials and new building technology converge in a compelling new unity, which is traditionally anchored and at the same time contemporary and sustainable.

Change

The METI School aims to launch a process of change in the area. Therefore, it offers spaces with different qualities: the classrooms on the ground floor are pleasantly cool with their thick clay walls, and rather dark with their small windows and doors. In the rear wall opposite the doors are small round berths, which can serve the children as a retreat. Above in the open spaces is place for movement and for larger groups. Here, it is pleasantly airy and spacious. In front of the classroom upstairs, the DESI Training Center has a wide loggia, which—with

den sich kleine runde Kojen, die den Kindern als Rückzugsort dienen können. Oben in den offenen Räumen ist Platz für Bewegung und für größere Gruppen. Hier ist es angenehm luftig und weiträumig.

Das DESI Training Center bietet vor den Klassenräumen im Obergeschoss eine breite Loggia, die – zusammen mit der Fassade aus Flechtwerk – Sichtschutz und Schatten spendet und einen schönen Aufenthaltsort für die Schüler bereitstellt.

Mit diesen unterschiedlichen Räumlichkeiten kann die Architektur auf die Befindlichkeit ihrer Nutzer, verschiedene Veranstaltungsanforderungen, Tages- und Jahreszeiten reagieren.

Innen und Außen

Die introvertierten Räume im Erdgeschoss der METI-Schule stehen durch Türen und Fenster in Kontakt mit dem direkten äußeren Umfeld. Die farbigen Türblätter und weißen Fensterfassungen verleihen dem Gebäude einen freundlichen und offenen Ausdruck. Die prächtige Bambuskonstruktion, welche das Obergeschoss bildet und das Dach trägt, schafft mit ihren Strebepfeilern einen großen Dachüberstand. Dieser bildet zusammen mit dem Sockel im Erdgeschoss einen Zwischenbereich, der sich etwa bei Regen als Unterstand nutzen lässt. Luftige und schattige Hallen im Obergeschoss bieten Ausblicke in die Landschaft und verbinden das Gebäude durch diesen Sichtbezug mit der weiteren Umgebung. Farbige Tücher an den Decken filtern abends das elektrische Licht und schenken den Räumen auch tagsüber eine angenehme Atmosphäre.

Im DESI Training Center bildet die breite Loggia im Obergeschoss einen Übergang zwischen Innen und Außen und wird als Aufenthaltsraum genutzt. Auch wenn man sich hier noch innerhalb des Gebäudes befindet, ist der Bereich luftig gestaltet und so mit dem Außenraum verbunden. Er bietet gefiltertes Licht und Ausblicke, bei gleichzeitigem Sichtschutz von draußen. Farbige Tücher unter der Decke und Teppiche auf dem Boden machen den Raum wohnlich.

Einfachheit

Sowohl die METI-Schule als auch das DESI Training Center beruhen auf einfachen räumlichen Ideen. Zur Errichtung wurden einfache, lokal verortete Bautechniken mit neuen kombiniert. In harmonische Proportionen gebracht, gut detailliert und mit Sorgfalt ausgeführt, konnte in beiden Fällen ein überzeugendes Ergebnis erzielt werden.

Unvollkommenheit

Die natürlich belassenen Bambusstangen der Tragstruktur der METI-Schule sind mit Seilen verbunden, die Klappläden aus Bambus wurden in Handarbeit gefertigt. Sie ergeben eine hochkomplexe, eher unregelmäßige Struktur. Auch die Lehmwände wurden in Handarbeit gefertigt. Ihre poröse Oberfläche ist nicht ganz ebenmäßig. Diese kleinen Unvollkommenheiten machen die Architektur nahbar für den Menschen und schenken ihm ein humanes Umfeld.

Durchlässigkeit

Beide Schulen sind frei zugänglich und bieten den Kindern mit ihrer offenen Lernform die Möglichkeit zur individuellen Förderung und Entwicklung. Im heißen Klima kann der Wind zur Querlüftung überall durch die Gebäude streifen. Besonders der obere Bereich aus Bambus ist sehr durchlässig und verbindet durch seine Aussicht die nähere Umgebung mit der weiten Landschaft.

METI School

DESI Training Center

a façade made of wickerwork—gives privacy and shade and provides a nice place for the students to relax.

With these different spaces, the architecture can respond to the conditions of its users, different event requirements, and times of day and year.

Inside and Outside

Through the doors and windows, the introverted spaces on the ground floor of the METI School are in contact with the direct external surroundings. The colored door leaves and white window frames give the building a friendly and open expression. The magnificent bamboo construction, which forms the floor and supports the roof, creates a large roof overhang with its buttresses. This, together with the base on the ground floor forms an intermediate area, which can be used as a rain shelter. The airy and shady halls upstairs offer views of the landscape and connect the building through this visual reference to the wider area. Colored fabrics on the ceilings filter the electric light in the evenings and give the rooms a pleasant atmosphere during the day.

The wide loggia upstairs in the DESI Training Center provides a transition between interior and exterior and is used as a lounge area. Even when one is still in the building here, the area is airy in design and thus connected to the exterior space. It provides filtered light and views, with simultaneous visual protection from outside. Colored fabrics under the ceilings and carpets on the floor make the space livable.

Simplicity

Both the METI School and the DESI Training Center are based on simple spatial ideas. For the construction, simple, local materials were combined with new construction techniques. Taken in harmonious proportions, well detailed, and executed with care, convincing results were achieved in both cases.

Imperfection

The METI School's untreated bamboo poles in the supporting structure are tied with ropes, and the bamboo shutters are handmade. They give a highly complex, rather irregular structure. The clay walls were also made by hand and their porous surface is uneven. These small imperfections make the architecture approachable and provide a human environment.

Permeability

Both schools are freely accessible and offer the children opportunities for individual advancement and development, with its open form of learning. In hot climates, the wind for cross ventilation can blow throughout the building. In particular, the upper area of bamboo is very permeable and through its views connects the immediate surroundings and the wide landscape.

Growth

With its spaciousness, the special architecture of these schools creates a sense of security and vision. Through the construction of clay and bamboo, it shows appreciation for local traditions and enriches them through technical know-how, thus increasing their endurance. At the same time, the path to sustainable development is paved. The buildings were constructed with local firms and craftsmen, which also ensures their long-term maintenance.

Authenticity

For Anna Heringer, architecture is "a tool to improve lives." The motivation behind her work is as follows: "...to explore and use architecture as a medium to strengthen cultural and individual

Wachstum

Die besondere Architektur dieser Schulen erzeugt mit ihrem Raumangebot Geborgenheit und Weitblick. Durch ihre Bauweise aus Lehm und Bambus zeigt sie Wertschätzung für lokale Traditionen. Dabei bereichert sie diese durch technisches Know-how und erhöht damit ihre Beständigkeit. Gleichzeitig wird der Weg für eine nachhaltige Entwicklung geebnet. Die Gebäude wurden mit lokalen Firmen und Handwerkern errichtet, wodurch auch langfristig für ihre Instandhaltung gesorgt ist.

Authentizität

Für Anna Heringer ist Architektur ein Werkzeug, um unser Leben zu verbessern: „Die Vorstellung und Motivation, die meiner Arbeit zugrunde liegen, erwachsen aus dem Wunsch, Architektur als ein Medium zu untersuchen und zu nutzen, das das kulturelle und persönliche Selbstvertrauen stärkt, die regionale Wirtschaft unterstützt und das ökologische Gleichgewicht fördert. Ein von Freude bestimmtes Leben ist ein kreativer, aktiver Prozess und die nachhaltige Entwicklung unserer Gesellschaft und gebauten Umgebung ist mir ein ernsthaftes Anliegen. Für mich ist Nachhaltigkeit ein Synonym für Schönheit: ein Gebäude, das hinsichtlich des Entwurfs, der Konstruktion, der Bautechnik und Materialien sowie des Standorts, der Umgebung, des Nutzers, des soziokulturellen Kontextes harmonisch ist. Für mich definiert dies seinen nachhaltigen und ästhetischen Wert."[1] Davon zeugen die METI-Schule und das DESI Training Center auf wundervolle Weise.

—

1   Anna Heringer, http://www.anna-heringer.com

confidence, to support local economies and to foster the ecological balance. Joyful living is a creative and active process and I am deeply interested in the sustainable development of our society and our built environment. For me sustainability is a synonym for beauty: a building that is harmonious in its design, structure, technique and use of materials, as well as with the location, the environment, the user, the socio-cultural context. This, for me, is what defines its sustainable and aesthetic value."[1] The METI School and the DESI Training Center testify to this in a wonderful way.

—

1   Anna Heringer, http://www.anna-heringer.com

Öffentlicher Raum

SANDWORM, Wenduine, Belgien, 2012
Marco Casagrande, Helsinki

Architektur und Natur

Der Sandworm von Casagrande schmiegt sich in die belgische Dünenlandschaft der Gezeitenstrände, als wäre er ein Teil von ihr. Die 48 Meter lange, zehn Meter hohe und breite Installation ist ein aus Weidenzweigen geflochtener Tunnel, der sich weitet und verengt und teilweise kathedralartige Raumsituationen erzeugt. Das Flechtwerk besteht aus formgebenden Bögen, welche horizontal durchflochten sind und greift eine traditionelle Flechttechnik auf, die in kleinem Maßstab lokal verortet ist. Durch ihre organische Form, feine Struktur und Farbigkeit integriert sich die Rauminstallation perfekt in den Dünenbewuchs.

Gegensätze

Die Installation bietet mit ihrem dichten Flechtwerk Schutz insbesondere vor der Sonne, aber auch ein wenig vor Wind und Regen. Damit stellt ihr Inneres einen angenehmen Gegensatz zum Strand dar; zugleich passt sie sich durch ihre äußere Gestalt fast vollständig an die Naturlandschaft an.

Innen und Außen

Trotz seiner Dichte gelangt Licht durch die Fugen des Flechtwerks ins Innere, was ein schönes Lichtspiel ergibt und auf diese Weise den Innenraum mit dem Außenraum verbindet. Gezielt gesetzte, große runde Lichtöffnungen akzentuieren zusätzlich die weiten Bereiche des Tunnels sowie seine Enden und geben minimale Ausblicke auf Himmel und Strand frei.

Wandel

Die unbehandelten Weidenzweige des Korbgeflechts sind zunächst frisch und grün, verbleichen nach einiger Zeit und werden spröde und unterstreichen so den wandelbaren Charakter dieser „weichen" Installation. Ohne Abdeckung der Witterung ausgesetzt, gibt das Korbgeflecht mit der Zeit nach und kann sich verformen.

Einfachheit

Mit einfachen Weidenzweigen, in lokaler Flechttechnik miteinander verbunden, wurde hier ein Raum geschaffen, der durch seine komplexe Atmosphäre überwältigt. Gerade darin zeigt sich seine herausragende Gestaltung.

Unvollkommenheit

Weichheit, Fehlstellen, Verfall zeigen den Lauf der Natur und tragen dazu bei, diese Installation als Teil von ihr wahrzunehmen. Für Marco Casagrande ist „Entwerfen nicht genug". Für ihn „ist die gebaute menschliche Umgebung ein Vermittler zwischen Mensch und Natur. Das Gebäude muss aus dem Umfeld heraus wachsen, es muss auf seine Umgebung reagieren, es muss das Leben reflektieren und auch es selbst sein, wie jedes andere Lebewesen."[1]

Durchlässigkeit

Das feine Weidengeflecht erzeugt ein flirrendes Licht im Inneren. Innen- und Außenraum werden durch diese weiche, durchlässige Raumgrenze zusammengeführt und sind gleichzeitig wahrnehmbar.

Public Space

SANDWORM, Wenduine, Belgium, 2012
Marco Casagrande, Helsinki

Architecture and Nature

The Sandworm by Marco Casagrande nestles in the Belgian dunescape of tidal beaches, as if it were a part of it. The installation—which is forty-eight meters long and ten meters wide and high—is a tunnel woven from willow twigs that widens and narrows creating partially cathedral-like spatial situations. The wickerwork consists of forming arches that are horizontally interwoven, and takes up a traditional, local weaving technique. With its organic shape, fine texture, and color, the spatial installation integrates perfectly into the dune vegetation.

Opposites

With its dense wickerwork, the installation provides protection—especially from the sun, but also a little from wind and rain. Thereby, its interior represents a pleasant contrast to the beach; at the same time, it assimilates almost entirely into the natural surroundings due to its exterior design.

Inside and Outside

Despite its density, light passes through the gaps in the wickerwork, resulting in a beautiful play of light in the interior and connecting it in this manner to the exterior. Deliberately placed, large, round light openings further accentuate the tunnel's wide areas as well as its ends, and enable minimal views of sky and beach.

Change

The untreated willow branches of the wickerwork are initially fresh and green, fade after some time, then become brittle and thus underline the changing character of this "soft" installation. Exposed to the elements without cover, the wickerwork slackens over time and can warp.

Simplicity

With simple willow branches, connected to each other with a local weaving technique, a space was created here that dazzles through its complex atmosphere. This is particulary manifested in its outstanding design.

Imperfection

Softness, defects, and decay show the course of nature and contribute to perceiving this installation as part of it. For Marco Casagrande, "designing is not sufficient." For him, "The built human environment is a mediator between human nature and nature itself…. The building must grow out of the location, it must react to its environment, it must be a reflection of life and also be itself, as every other living being."[1]

Permeability

The fine wickerwork creates a flickering light in the interior. The interior and exterior spaces are merged by this soft, permeable spatial boundary and are perceived simultaneously.

Ambivalence

The name Sandworm already refers to the ambivalence of this installation. Despite its size, it acts like a creature that completely integrates into the dunes as part of nature. It is neither being, nor thing, nor architecture—and conse-

Ambivalenz

Der Name Sandworm verweist bereits auf die Ambivalenz dieser Installation. Trotz ihrer Größe wirkt sie wie eine Kreatur, die sich als Teil der Natur ganz in die Dünenlandschaft einfügt. Sie ist weder Wesen, Ding noch Architektur und entzieht sich somit jeglicher Einordnung. So fordert sie jeden zu einer unvoreingenommenen Begegnung heraus.

Wachstum

Die mäandernde weiche Form des Sandworm wirkt wie ein temporär existierender Zustand. Es ist leicht vorstellbar, dass sie sich verändern oder dass sich ähnliche Formen in der Nähe befinden könnten. Die Flechttechnik ist bereits vom kleinen in den großen Maßstab übertragen und kann sich durch die Zahl der Weidenzweige ganz leicht an verschiedene Querschnitte anpassen.

Leere

Das Innere des Sandworm besteht aus einem komplett leeren Raum von sakralem Charakter, in dem sich die Besucher ganz dem Spiel des Lichts sowie den durch die Raumhülle gedämpften Geräuschen des Windes und des Meeres hingeben können. So wird die eigene Aufmerksamkeit verstärkt und die wahrgenommenen Phänomene intensiviert, wobei vielleicht auch die Leere als Kehrseite der Sinneseindrücke ins Bewusstsein gerufen wird.

Authentizität

Casagrande beschreibt den Sandworm als *„weak architecture* – eine von Menschen gemachte Struktur, welche durch Flexibilität und organische Präsenz Teil der Natur werden soll".[2] In dieser Beschreibung wird eine architektonische Haltung deutlich, die im Einklang mit der Natur nach authentischen und damit auch einfachen und nachhaltigen Lösungen sucht.

---

1   Peter Beyen, SANDWORM/Marco Casagrande, http://www.archdaily.com/223656/sandworm-marco-casagrande
2   Marco Casagrande, http://www.clab.fi/projects/sandworm/

quently escapes all classification. Thus it challenges everyone to an unbiased encounter.

Growth

The meandering, soft shape of the Sandworm is like a temporarily existing condition, and it is easy to imagine that it changes or that similar shapes may be found in the vicinity. The weaving technique has already been transferred from the small to the large scale, and can easily be adjusted to different dimensions by the number of willow branches.

Void

The interior of the Sandworm consists of a completely empty space of sacral character, where visitors can completely indulge in the play of light and the muted sound of the wind and the sea through the spatial shell. Thus,

one's own attention is amplified and the perceived phenomena intensified, whereby the void is perhaps called into consciousness as the flip side of sensory impressions.

Authenticity

Casagrande describes Sandworm as "weak architecture—a human-made structure that wishes to become part of nature through flexibility and organic presence."[2] In this description, an architectural approach becomes clear that searches for authentic, and thus simple and sustainable, solutions in harmony with nature.

---

1   Peter Beyen, SANDWORM/Marco Casagrande, *archdaily*, 04/2012, http://www.archdaily.com/223656/sandworm-marco-casagrande (accessed April 25, 2016).
2   Marco Casagrande, http://www.clab.fi/projects/sandworm/ (accessed April 25, 2016).

JELLYFISH THEATRE, London, 2010
Folke Köbberling & Martin Kaltwasser, Berlin mit The Red Room Theatre Company und
The Architecture Foundation, London

Architektur und Natur

Das Jellyfish Theatre wurde im Rahmen des Oikos Theatre Festival und des London Festival of Architecture als temporärer Spielort mit 120 Sitzen für ein Theater mit ökologischen Themen errichtet. Schon der Name schafft einen Bezug zur Natur, auch wenn viele Menschen Quallen als etwas Störendes empfinden. In ihrem fragilen Wesen verweisen sie auf das flüchtige Leben. „Sie brauchen das saubere Wasser, welches wir verschmutzen. Und sie kommen und gehen einfach so"[1], ähnlich wie die temporären Gebäude von Folke Köbberling und Martin Kaltwasser. An eine Qualle erinnerte das Theater auch durch seine Form: die runde Lounge auf der einen Seite und seine wie Tentakeln ausfransenden Umkleiden auf der anderen Seite.

Innen und Außen

Das Innere des Theaters war durch die Tragstruktur bestimmt und bestand aus einem rechteckigen, flexibel nutzbaren und weitgehend neutralen Raum. Außen wurde der rechteckige Kern des Jellyfish Theatre von eher losen Bereichen umspielt, die zu seiner Quallenform beitrugen und durchlässige Zonen zwischen dem Theaterraum und seiner Umgebung erzeugten. Sie förderten den Kontakt zwischen Theater und Umgebung.

Gegensätze

Das Jellyfish Theatre trug mehrere Gegensätze in sich: Bereits der Name weckt einen Widerspruch zur Stadt. Darüber hinaus war mit dem Theater für kurze Zeit ein repräsentativer Kulturort aus recyceltem Material entstanden.

Das Endprodukt Müll wurde hier in etwas Sinnvolles, Nutzbares und Schönes umgewandelt und so eine Konsumkritik angebracht, die verdeutlichte, zu welchen Ergebnissen eine höhere Wertschätzung unserer Ressourcen führen kann.

Wandel

Folke Köbberling und Martin Kaltwasser verstehen die Stadt als eine Ressource. Mit „One man's trash is another man's treasure" benennen sie ihre Grundeinstellung. Zu Beginn ihrer künstlerischen und architektonischen Arbeit haben sie mit der Selbstbedienungszentrale in Berlin eine Art Selbstbedienungsladen für kostenlose Dinge und mit dem Baustoffzentrum in Zürich ein Materiallager angelegt. Daraus entstand eine Methode für ihre Folgeprojekte an anderen Orten. Das Jellyfish Theatre wurde innerhalb von neun Wochen von 81 Freiwilligen auf dem Marlborough Playground im Stadtteil Southwark errichtet und zwei Monate lang bespielt. Damit wurde der Platz zum kulturellen Zentrum weit über den Stadtteil hinaus. Das verwendete Material wurde nach Abbau zum großen Teil erneut recycelt.

Einfachheit

Für Köbberling und Kaltwasser ist ihre Arbeit „eine Kritik am Spätkapitalismus", der nicht Einfachheit und Reduktion, sondern Überfluss propagiert. Entsprechend bestehen ihre Arbeiten nur aus dem Nötigsten, schaffen aber trotzdem wirkungsvolle Raumgefüge. In London war die einfache Grundform des Theaters durch ein stabiles Gerüst bestimmt, welches spontanes

JELLYFISH THEATRE, London, 2010
Folke Köbberling & Martin Kaltwasser, Berlin with The Red Room Theatre Company and
The Architecture Foundation, London

Architecture and Nature

The Jellyfish Theatre was built in the framework of the Oikos Theatre Festival and the London Festival of Architecture, as a temporary 120-seat venue for a theater focusing on environmental topics. The name makes a reference to nature, even if many people find jellyfish disturbing. With their fragile nature, they signify fleeting life. "They need the clean water, we are making dirty. And they appear to come and go, just like that,"[1] similar to the temporary building by Folke Köbberling and Martin Kaltwasser. The theater is also reminiscent of a jellyfish due to its form: the round lounge on one side, and on the other the changing rooms with their flowing tentacles.

Inside and Outside

The interior of the theater was determined by the support structure and consisted of a rectangular, flexibly usable, largely neutral space. On the exterior, the rectangular core of the Jellyfish Theatre was encircled by rather loose areas, which contributed to its jellyfish shape and produced permeable zones between the theater space and its surroundings. They encouraged the contact between the theater and the surrounding area.

Opposites

The Jellyfish Theatre featured many contrasts: the very name evokes a contradiction to the city. Moreover, with the theater a representative cultural center emerged for a short time, which was created from recycled material. Waste was converted here into something meaningful and useful, and thus a critique was leveled against consumerism, which made clear the results to which a greater appreciation of our resources can lead.

Change

Folke Köbberling and Martin Kaltwasser understand the city as a resource. They call their basic attitude, "One man's trash is another man's treasure." At the beginning of their artistic and architectural work, they created a kind of self-service shop for free things with their self-service center in Berlin, and a materials warehouse with their building materials center in Zurich. From this experience, they developed a method for their follow-up projects in other locations. The Jellyfish Theatre was built on the Marlborough Playground in the London Borough of Southwark—in nine weeks by eighty-one volunteers—and performances were held there for two months. The location became a cultural center far beyond the borough. After dismantling, most of the material used was recycled again.

Simplicity

For Köbberling and Kaltwasser, their work is "a critique of late capitalism," which does not promote simplicity and reduction, but abundance. Accordingly, their work consists only of the necessary, but nevertheless creates effective spatial structures. In London, the simple basic form of the theater was determined by a stable framework, which allowed spontaneous work almost without plans with on-site guidance by the artists. Thereby, recycled materials were used—such as fruit pallets from Covent Garden Market, leftover pieces of wood from building materials dealers and construction

Arbeiten nahezu ohne Pläne nach Anleitung vor Ort durch die Künstler erlaubte. Dabei kamen recycelte Materialien wie Obstpaletten vom Covent Garden Market, übriggebliebene Holzteile von Baustoffhändlern und Baustellen, nicht mehr benötigte Schulmöbel, Türen, recycelte Nägel und alles, was Anwohner und lokal ansässige Betriebe bereitstellen konnten zum Einsatz. Es wurde gezeigt, was aus einfachen, nicht mehr gebrauchten Materialien alles gebaut werden kann – welche Wunder solche Dinge also noch vollbringen können.

Unvollkommenheit

Ihr temporäres Theater verstehen die beiden Künstler/Architekten als „soziale Plastik"[2]. Sie haben zwar die Ausgangsidee, aber am Ende entsteht durch den Einsatz der Mitmachenden eine Assemblage von Ideen. Das Herausfordernde an dieser Vorgehensweise ist es, eine Grundidee bis ins letzte Detail tragbar zu vermitteln. Und das Schöne an dieser großzügigen Haltung besteht darin, dass das Ergebnis am Ende allen gehört und entsprechend auch geschätzt wird.

Durchlässigkeit

In der Zusammenarbeit, in der soziale oder ethnische Grenzen abgebaut werden, liegt für Folke Köbberling und Martin Kaltwasser ein Schlüssel für die Zukunft. Denn das Jellyfish Theatre war „ein bahnbrechendes Projekt, voller Optimismus und Spaß, das die Leute darin bestärkte, zukünftig neue Möglichkeiten des gemeinsamen Zusammenlebens zu realisieren. Im Bestreben, dieses Theater Realität werden zu lassen und aufzubauen, entstand eine echte Zusammenarbeit von lokaler Bevölkerung, Schulkindern, Umweltschützern, Theaterbesuchern und all jenen, denen unsere Stadt am Herzen liegt"[3].

Ambivalenz

Für das Jellyfish Theatre stand, wie im *Kunstforum International* beschrieben, „die Würfelqualle, Chironex Fleckeri, das giftigste Tier der Welt und zugleich eines der schönsten" Pate. „Sie spielt auf die freie Form der Architektur an, auf ihre Fragilität und die ideelle, politische Brisanz, solch eine mit primitivsten Mitteln und der Mithilfe von Londoner Bürgern erbaute Architektur der herrschenden Geldideologie gegenüberzustellen."[4] Mit dieser vielfältigen Ambivalenz eröffnete das Projekt ein Forum, unsere heutigen Gewohnheiten, unser zukünftiges Leben und vielleicht auch Überleben öffentlich zu thematisieren.

Wachstum

Jeder durfte bei diesem Theaterbau mitmachen und war im Vorfeld öffentlich dazu aufgerufen, alte Dinge wie Küchen oder Schuppenteile, die er nicht mehr brauchte, mitzubringen. Aus dem Mitgebrachten wurde dann unter der Anleitung von Martin Kaltwasser Neues erschaffen. Er sah dabei „seine Rolle vor allem darin, jedem das Gefühl zu geben, am richtigen Ort zu sein – wie in einer Sportmannschaft". In diesem Prozess verstand sich Kaltwasser „als Coach und Spieler zugleich", da er das Gesamtziel im Auge hatte, dabei aber selbst tatkräftig zupackte.[5]

Authentizität

Vom *Guardian* treffend als *Junkitecture* bezeichnet[6], ist Folke Köbberling und Martin Kaltwasser mit dem Jellyfish Theatre ein perfekter Rahmen für ein Theaterfestival mit ökologischen Themen gelungen. Der temporäre Bau aus allem was die Ressource London 2010 zu bieten hatte, sprach auf poetische Weise für sich, nicht nur durch seine fantasievolle Architektur mit politischer Aussage, sondern auch

sites, discarded school furniture, doors, recycled nails, and everything local residents and businesses could provide. It illustrated what could be built from simple materials that are no longer used—thus, the miracles such items can still perform.

Imperfection

The artists/architects understand their temporary theater as a "social sculpture."[2] They may have the initial idea, but in the end an assemblage of ideas emerges through the efforts of those taking part. The challenging aspect of this approach is to convey a basic idea viably to the end. The beauty of this generous attitude is that the end result belongs to everyone, and is valued accordingly.

Permeability

For Folke Köbberling and Martin Kaltwasser, a key to the future lies in cooperation, in which in social or ethnic boundaries are removed. Because the Jellyfish Theatre was "a groundbreaking project, full of optimism and fun, which empowered people to realise new possibilities in how we might live in the future. It involved a real collaboration between local residents, school children, environmentalists, theatregoers and anyone who loves our city in building and making real this theatre."[3]

durch die Freude und Begeisterung aller am Bau Beteiligten, Nutzer und Besucher.

—

1   Jonathan Glancey, „Junkitecture and the Jelly-fish Theatre", *The Guardian*, 16.08.2010, http://www.theguardian.com/artandde-sign/2010/aug/16/junkitecture-jellyfish-theat-re-kaltwasser-kobberling

2   The Red Room, Video „A Salvaged Stage in the Heart of Southwark", http://www.theredroom.org.uk/projects/jellyfishtheatre/
3   Ebd.
4   *Kunstforum International*, März/April 2013, S. 8
5   The Red Room, Video „A Salvaged Stage in the Heart of Southwark"
6   Jonathan Glancey, „Junkitecture and the Jelly-fish Theatre", *The Guardian*

Ambivalence

The model for the Jellyfish Theatre, as described in Art Forum International, was "the box jellyfish, Chironex Fleckeri, the most poisonous animal in the world and at the same time, one of the most beautiful.... The free form of the architecture alludes to it, its fragility, and the ideational, political explosiveness to confront the ruling ideology of money with such an architecture—built with primitive means and the help of Londoners."[4] With this diverse ambivalence, the project opened a forum to publicly address our current habits, our future life, and perhaps also survival.

Growth

Everyone was allowed to participate in building this theater, and publicly called on beforehand to bring along old things—such as kitchen or sheds parts—that were no longer needed. From the things that were brought to the project, something new was created under the guidance of Martin Kaltwasser. He saw "his role primarily in giving everyone the feeling of being in the right place—like in a sports team." In this process, Kaltwasser understood himself both "as a coach and player at the same time," because he had the overall goal in mind, yet energetically lent a hand.[5]

Authenticity

Aptly called "junkitecture" by *The Guardian*,[6] Folke Köbberling and Martin Kaltwasser succeeded in creating with the Jellyfish Theatre a perfect space for a theater festival focusing on environmental issues. The temporary structure, made of everything that the London resources of 2010 had to offer, spoke for itself poetically—not only through its imaginative architecture with political message, but also through the joy and enthusiasm of all those involved in construction, the users, and the visitors.

———

1   Jonathan Glancey, "Junkitecture and the Jellyfish Theatre," *The Guardian*, August 16, 2010, http://www.theguardian.com/artand-design/2010/aug/16/junkitecture-jellyfish-theatre-kaltwasser-kobberling (accessed April 19, 2016).
2   The Red Room, Video "A Salvaged Stage in the Heart of Southwark," http://www.theredroom.org.uk/projects/jellyfishtheatre/ (accessed April 25, 2016)
3   Ibid.
4   *Kunstforum International*, March/April (2013): 8.
5   The Red Room, Video "A Salvaged Stage in the Heart of Southwark."
6   Jonathan Glancey, "Junkitecture and the Jellyfish Theatre," *The Guardian*, August 16, 2010.

Gegensätze

Das Cineroleum war für das Kollektiv Assemble „eine Improvisation der reichen Ikonografie dekadenter Interieurs aus dem goldenen Zeitalter großer Kinopaläste".[1] Eine verlassene Tankstelle mit wenigen verfügbaren Ressourcen bildete die Ausgangssituation; mit Materialien aus ganz anderen Zusammenhängen gelang es Assemble, ein glamouröses temporäres Kino zu errichten. Dieses Experiment wurde beim Chichester Theatre Festival mit dem Theatre on the Fly als einem neu errichteten temporären Bau fortgeführt.

Wandel

Bei fast all ihren Projekten transformieren Assemble etwas Vorgefundenes in etwas Neues; hier beim Cineroleum verwandelten sie eine obsolete städtische Situation für sechs Wochen im Sommer in einen bereichernden urbanen Beitrag. Die eingesetzten Materialien waren recycelt oder gespendet. Die Tribüne und Klappstühle wurden aus Bestandteilen von Baugerüsten, der Vorhang aus Dachabdichtungsmembrane gefertigt. Beim Theatre on the Fly wurde die Tragstruktur sowie die Zuschauertribüne aus einem Baugerüst, die Fassaden aus Holzlatten und Membranen erstellt.

Architektur und Natur

Der Einsatz von natürlichen Materialien wie Holz und viel Handarbeit der Architekten und freiwilligen Helfer beim Selbstbau schaffen einen Bezug zu den produzierten Objekten. Auch für Besucher und Nutzer wird diese Verbindung und Wertschätzung an allen Projekten von Assemble greifbar.

Innen und Außen

Die offene Fläche unter dem Tankstellendach des Cineroleums wurde jeweils erst bei Vorstellungsbeginn durch eine heruntergelassene Membrane geschlossen, wodurch das Kino die meiste Zeit Teil des öffentlichen Raums blieb. Das Theatre on the Fly war sowohl als geschlossenes Theater mit Bühne im Innenraum nutzbar als auch als Bühnenhaus mit Zuschauern außen im Park. Hierzu ließen sich die Tore an der Stirnseite öffnen; so konnte das Theater sogar als Haus in der Parklandschaft bespielt und diese mit in die Szenerie einbezogen werden.

Einfachheit

Für das Cineroleum nutzten Assemble die bestehende Tragstruktur einer Tankstelle und benötigte wenig zusätzliche Mittel, um daraus ein Kino zu machen. Beim Theatre on the Fly wurde ein großes Baugerüst als Tragstruktur mit Tribüne und Dach aufgestellt und mit Holzlatten und Membranen zum Theaterraum geschlossen. Beide Beispiele zeigen, dass sich mit einer einfachen Grundstruktur viel erreichen lässt.

Ambivalenz

Trotz Verwendung einer Dachabdichtungsmembrane als Vorhang rund um das Tankstellendach des Cineroleums, gelang durch Glanz und Raffung der Effekt eines festlichen Theatervorhangs. Verstärkt wurde dieser Effekt noch durch eine große Leuchtschrift auf dem Dach. Auch beim Theatre on the Fly – bestehend aus einem Baugerüst, Holzlatten und Membranen – konnte die Wirkung eines festlichen Theaterbaus erzielt werden. Die transluzenten dunklen

THE CINEROLEUM, London, 2010 / **THEATRE ON THE FLY**, Chichester, 2012
Assemble, London

Opposites

For the collective Assemble, The Cineroleum was "an improvisation on the rich iconography and decadent interiors of the golden age picture palace."[1] An abandoned gas station with few available resources was the starting point; with materials from entirely different contexts, Assemble succeeded in building a glamorous, temporary cinema. This experiment was continued at the Chichester Theatre Festival as a newly constructed temporary construction with the Theatre on the Fly.

Change

In almost all of their projects, Assemble transform something found in something new; with The Cineroleum, they transformed an obsolete urban situation for six weeks in the summer into an enriching urban contribution. The materials used were recycled or donated: the stands and folding chairs were made of components from scaffolding and the curtains from waterproof roofing membrane. At Theatre on the Fly, the support structure and the bleachers were created from scaffolding and the façades of wooden slats and membranes.

Architecture and Nature

The use of natural materials like wood and a lot of manual work by the architects and volunteers in the construction created a relationship to the produced objects. For visitors and users, this connection and appreciation are also palpable with all of Assemble's projects.

Inside and Outside

The open area under the gas station roof of The Cineroleum is first closed at the beginning of the show, by lowering a curtain; most of the time, however, the open cinema remained part of public space. The Theatre on the Fly was useable both as a closed theater with a stage in the interior space, as well as a stage house with spectators outside in the park. To this end, the gates could be opened at the gable end; thus, the theater could even be performed as a building in the park, which was included with the scenery.

Simplicity

For The Cineroleum, Assemble used the existing support structure of the gas station and required few additional resources to turn it into a movie theater. With Theatre on the Fly, a large scaffolding was erected as a support structure with bleachers and a roof, and closed with wooden slats and membranes for the theater space. Both examples show that a lot can be achieved with a simple, basic structure.

Ambivalence

Despite using roofing membrane as a curtain around the gas station roof of The Cineroleum, the effect of a festive theater curtain was managed by shine and gathering. This effect was reinforced by a large neon sign on the roof. Also at Theatre on the Fly—made from scaffolding, wooden slats, and membranes—the effect of a festive theater construction was achieved. The translucent dark membranes that closed the room, along with the wooden slats, allowed views into the surrounding park during the day, and left the lighted interior visible at night from the outside. Hence, both projects oscillated between two worlds, which accounted for their charm.

Membranen, die den Raum zusammen mit den Holzlatten abschlossen, gewährten bei Tageslicht Ausblicke in den umliegenden Park und ließen das erleuchtete Innere nachts von außen sichtbar werden. Beide Projekte oszillierten so zwischen zwei Welten, was gerade ihren Reiz ausmachte.

Unvollkommenheit

Das Cineroleum konnte innerhalb kurzer Zeit realisiert werden, weil sich über hundert Freiwillige am Aufbau beteiligten. In diesem Prozess wurde improvisiert und gelernt; Handzettel zur Anleitung ermöglichten spontane Mitarbeit. Das Theatre on the Fly wirkte unvollendet: Wo an einer Stirnfassade Wand und Tore aus Holzlatten gefertigt waren, bildete an der anderen eine transluzente Membrane die Außenhaut des Baus, die Einblicke in die alltäglichen Theaterprozesse ermöglichte und Raum gab für Fantasie.

Diese offene Herangehensweise an Arbeitsprozess, Wirkung und Nutzung von Architektur bietet Mitwirkenden, Nutzern und Betrachtern vielfältige Möglichkeiten der Partizipation.

Wachstum

Aus dem Cineroleum als Anfangsprojekt Assembles entwickelten sich eine ganze Reihe von Projekten wie das Theatre on the Fly, das Yardhouse oder die Open Studios, die Assemble bald als neues Büro dienen sollen. Assemble begreifen Architektur als längeren Entwicklungsprozess; so ist es beispielsweise beim Yardhouse vorgesehen, dass die Nutzer den scheunenartigen Raum anpassen und weiterbauen können. Für Assemble bringt jedes Projekt einen Maßstabssprung mit sich. Dabei versuchen sie, Arbeitsweisen aus vergangenen Projekten in neue Kontexte zu übertragen und erfinden sich selbst gleichzeitig immer wieder neu.

Authentizität

Mit dem Cineroleum als selbst initiiertem Pop-up-Projekt sollte die Aufmerksamkeit der Öffentlichkeit auf das große Potenzial innerstädtischer Brachen gelenkt werden. Dieses Experiment führte für Assemble zu weiteren Projekten und Aufträgen. Allen Projekten gemeinsam ist eine Haltung, „welche Menschen in die Lage versetzt, mit der Stadt in Beziehung zu treten"[2]. Dabei bringen sich Assemble in den Kontext ein, den sie vorfinden, und übernehmen volle Verantwortung für das, was sie machen. Unter ihrer Leitung entstehen so jeweils einzigartige, stimmige und ermutigende Architekturen. „Dinge und Bedeutungen zu erzeugen", ist für Assemble „etwas Erfreuliches und Befreiendes!"[3]

—

1   Assemble, The Cineroleum, http://assemble-studio.co.uk/?page_id=2
2   „Arch+ features 47: Assemble", in: *Arch+* 222, 2016, S. 3
3   Ebd.

The Cineroleum

Imperfection

The Cineroleum could be realized within a short time, because more than a hundred volunteers participated in its construction. During this process people improvised and learned; handouts with instructions enabled spontaneous participation. Theatre on the Fly seemed like it was not built to completion: where on one end façade, the wall and gates were made of wood slats, on the other a translucent membrane formed the building's exterior skin—which enabled insight into the theater process and allowed space for fantasy.

This open approach to the work process, effect, and use of architecture offers contributors, users, and observers diverse opportunities for participation.

Growth

Out of their original project, The Cineroleum, Assemble has developed an entire series of projects—such as the Theatre on the Fly, Yardhouse, and the Open Studios, which they will soon use as their new office. Assemble understands architecture as a longer development process; thus, for example, at Yardhouse it is planned that users can customize and continue building the barn-like space. For Assemble, each project brings with it a leap in scale. They try to transfer working methods from past projects into new contexts and, at the same time, reinvent themselves time and again.

Authenticity

With The Cineroleum as self-initiated pop-up project, the public's attention was meant to be drawn to the great potential of urban wastelands. This experiment led Assemble to other projects and contracts. What all of their projects have in common is an attitude, "which puts people in a position to enter into a relationship with the city."[2] To this end, Assemble plays a part in the context they find, and take full responsibility for what they do. Consequently, under their direction, unique, harmonious, and encouraging architectures arise. For Assemble, "creating things and meanings" is "something delightful and liberating!"[3]

—

1 Assemble, "The Cineroleum," http://assemblestudio.co.uk/?page_id=2 (accessed April 25, 2016).
2 "Arch+ features 47: Assemble," in: *Arch+* 222 (2016): 3.
3 Ibid.

Theatre on the Fly

ALLEMÄNNA BADET, Frihamnen, Göteborg, 2014
raumlaborberlin, Berlin

Architektur und Natur

Das Allemänna Badet wurde 2014 als öffentliche Sauna in Göteborgs aufgelassenem Hafen Frihamnen von raumlaborberlin zusammen mit Menschen aus der Bevölkerung errichtet. Es greift das Hauptmotiv Wasser auf und stellt ein eigenes Schwimmbecken im Hafenbecken bereit. So sind Sauna und Bad nicht nur aufgrund der Verwendung von recycelten Materialien als nachhaltige architektonische Lösung und zukunftsweisende Adaption der Umgebung zu sehen, sondern vor allem aufgrund des Konzepts, den Menschen der Stadt einen Zugang zum Naturelement Wasser zu ermöglichen.

Innen und Außen

Durch das Zusammenspiel von Saunaturm auf dem Steg, schwimmendem Becken sowie Duschen und Umkleiden am Ufer entstehen komplexe Bezüge sowohl zum Wasser und zu den Kränen im direkten Umfeld des Hafens als auch zu den Wohngegenden der weiteren Umgebung. Zudem erzeugt die Einbeziehung der Menschen vor Ort beim gemeinsamen Bauen eine Gemeinschaft, die Grenzen überwinden und Perspektiven entwickeln kann.

Gegensätze

Der Saunaturm, der wie ein alter Kran „auf Spinnenbeinen im öligen Wasser des Hafens" steht, bildet mit seiner eher weichen Form und seinem Patchwork aus alten Wellblechtafeln eine Mischung aus Verweisen auf Urgeschichte und Science-Fiction.[1] Sein intimer Saunaraum im Inneren ist behaglich mit Zedernschindeln verkleidet und mit einem Ofen und drei abgetreppten Sitzbänken bestückt. So

vereint er den Gegensatz zwischen der rauen Hafenumgebung und der Nacktheit seiner Besucher.

Wandel

Der Hafen von Frihamnen wie auch die gesamte Stadt Göteborg befinden sich durch die Auflösung der Werften in einem grundlegenden Wandel. Das Allemänna Badet ist als architektonische Intervention Teil seiner Transformation, die 2021 im Jubilee Park münden soll. Die recycelten Materialien setzen Pflege und Instandhaltung voraus; die Nachhaltigkeit des Badet wird so in die Hände der Gemeinschaft gelegt.

Einfachheit

Für die differenziert und schön gestaltete Anlage der Sauna wurden durchweg einfache, größtenteils recycelte Materialien verwendet. Die Außenwände des Saunaturms sind aus wiederverwertetem Wellblech, die Decke und Wände im Inneren der Sauna aus Zedernschindeln, die Wege am Ufer aus Brettern zusammengesetzt, die Umkleiden mit rostenden Stahlblechen verkleidet und die Duschkabinen am Ufer aus runden Glasbausteinen gefertigt. Mit dieser Auswahl wird deutlich, dass ein wundervoller Ort, der eine schwellenlose Nutzung für jeden ermöglicht, nicht viel kosten muss.

Unvollkommenheit

Der verwaiste Hafen von Frihamnen mit seinen leeren Hallen ist als Ausgangssituation unvollkommen und fordert zur Aktivität heraus. Da liegt die Partizipation der lokalen Bevölkerung beim Bau des Allemänna Badet nahe. Auch die wiederverwendeten Materialien mit ihren Ge-

ALLEMÄNNA BADET, Frihamnen, Gothenburg, 2014
raumlaborberlin, Berlin

Architecture and Nature

Allemänna Badet was built in 2014 as a public sauna in Gothenburg's abandoned Frihamnen harbor by raumlaborberlin together with people from the community. It takes up the central theme of water and provides a swimming pool in the harbor. Thus Allemänna Badet can be seen not only as a sustainable architectural design and pioneering adaptation of the environment through the use of recycled materials, but above all through its concept, which enables the city's residents access to the natural element of water.

Inside and Outside

Through the interaction of the sauna tower on the pier, swimming pools, as well as showers and changing rooms on the waterfront, complex relationships emerge—both to the water and to the cranes in the immediate vicinity of the port, as well as to the residential areas of the wider area. In addition, the involvement of local people in the joint construction creates a community that overcomes boundaries and develops perspectives.

Opposites

The Sauna Tower, which stands like an old crane on spider legs in the oily harbor water, constitutes a mixture of references to ancient history and science fiction,[1] with its rather soft shape and its patchwork of old corrugated metal panels. The intimate sauna room in the interior is comfortably clad with cedar shingles and equipped with a stove and three stepped benches. Thus it combines the contrast between the harsh harbor environment and the nakedness of its visitors.

Change

Frihamnen harbor and the entire city of Gothenburg are undergoing a fundamental transformation due to the closure of the shipyards. As an architectural intervention, Allemänna Badet is part of this transformation, which will culminate in in 2021 with Jubilee Park. The recycled materials require care and maintenance, thus the sustainability of the Allemänna Badet is placed in the hands of the community.

Simplicity

For the differentiated and well-designed sauna facility, consistently simple and mostly recycled materials were used. The exterior walls of the sauna tower are composed of recycled corrugated iron, the ceiling and walls in the interior of the sauna are made of cedar shingles, the paths along the waterfront of boards; the changing rooms are clad with rusting steel sheets, and the shower stalls on the waterfront are made from round glass blocks. With this selection of materials, it is clear that a wonderful place that allows for barrier-free use for everyone does not have to cost a lot.

Imperfection

With its empty warehouses, the abandoned Frihamnen harbor is imperfect as a starting situation and challenges one to action. As a result, the participation of local people in the construction of Allemänna Badet suggests itself. With their traces of usage, the recycled materials correspond to this character. At the same time, they bring the facility close to everyone because of their imperfection: what is missing is supplemented in the imagination, and allows visitors to take interest in the site.

brauchsspuren entsprechen diesem Charakter.
Gleichzeitig machen sie die Badeanlage durch
ihre Unvollkommenheit nahbar für jeden Einzelnen: Was fehlt wird sofort im Geiste ergänzt
und lässt den Besucher Anteil nehmen am Ort.

Durchlässigkeit

Das Allemänna Badet ist als öffentlicher Raum
für Begegnungen konzipiert und verweigert
sich daher bewusst dem Wettbewerbs- und
Konsumverhalten oder der Eventkultur.[2] Es ist
für jedermann frei zugänglich, bringt so unterschiedlichste Bevölkerungsschichten zusammen und knüpft an eine lang vergessene Ba-
dehaustradition an, als das öffentliche Bad ein
Zentrum städtischen Lebens bildete. Bereits
durch den gemeinsamen Aufbau ist es ein Teil
der lokalen Gemeinschaft geworden und trägt
durch seine Existenz zu deren Fortbestand bei.

Ambivalenz

Der Saunaturm, der Anleihen an Urgeschichte
und Science-Fiction zeigt, ist ein ambivalen-
tes Wesen, das sich einer exakten Zuordnung
entzieht. Dadurch regt er die Fantasie des Betrachters an, das Potenzial vor Ort zu erkennen
und fortlaufend weiterzudenken.

Wachstum

Das Allemänna Badet generiert einen temporären Freiraum, in dem Architektur und öffentlicher Raum einen Grad an Unabhängigkeit und
Unvorhersehbarkeit annehmen, der ihnen in
den eng getakteten Zeitschienen öffentlicher
Bauvorhaben normalerweise versagt ist. raumlaborberlin hat mit dieser Sauna nicht einfach
ein schönes kleines Bauwerk geschaffen, sondern einen Freiraum für ausgiebige Reflexion.
„Schon in wenigen Jahren könnten die Ideen
für ein neues Göteborg, die im Bauche dieses
Dings … ausgebrütet wurden, in die Tausende
gehen."[3]

Authentizität

„Die sinnlichen Qualitäten des Allemänna Badet machen es zu einem Ort, der Wettbewerb,
Konsum und Spektakel vergessen lässt, an
dem der Fokus stattdessen auf dem Teilen von
Räumen und Gedanken liegt und dem Genießen
und Profitieren der vorhandenen natürlichen
Ressource Wasser."[4] Es verbindet Geschichte
(Hafenareal) und Gegenwart (Freizeitgebiet) zu
einer stimmigen und funktionierenden Einheit,
die Impulsgeber für die Zukunft ist.

—

1   Björn Ehrlemark: „Steam Dreams", http://www.
    baunetz.de/meldungen/Meldungen-Sauna_in_
    Goeteborg_von_raumlaborberlin_4554529.html
2   raumlaborberlin, http://raumlabor.net/bathing-
    culture
3   Björn Ehrlemark, „Steam Dreams"
4   raumlaborberlin, http://raumlabor.net/bathing-
    culture

Permeability

Allemänna Badet is designed as a public space for encounters, and therefore consciously refuses competition and consumer behavior or event culture.[2] It is freely available to everyone; hence, it brings diverse social classes together and builds on a long-forgotten bathhouse tradition, from an era when the public bath formed a center of urban life. It has already become a part of the local community because of the joint construction, and through its existence, contributes to the community's continuation.

Ambivalence

Its character, which shows borrowings from primeval times and science fiction, makes the Sauna Tower an ambivalent creature that defies exact classification. Thus, it stimulates the observer's imagination to recognize the potential on-site and to conceive it further.

Growth

Allemänna Badet generates a temporary open space, in which architecture and public space accept a degree of independence and unpredictability, which is typically denied them in the tightly scheduled timelines of public building projects. With this sauna, raumlaborberlin has not simply created a beautiful little structure, but they have also built a space for extensive reflection. "In a few years time, the ideas for a new Gothenburg spawned in the belly of this creature could be in their thousands."[3]

Authenticity

"The sensorial qualities of the baths provide us with a place where there is no competition, consumption or spectacle, but where the focus is purely on sharing spaces and thoughts, and enjoying and benefiting from the water."[4] It combines the past (harbor area) and the pres-

ent (recreational area) into a coherent and functioning unity that is a driving force for the future.

---

1   See Björn Ehrlemark, "Steam Dreams", http://www.uncubemagazine.com/blog/16065171 (accessed June 17, 2016).
2   raumlaborberlin, http://raumlabor.net/bathing-culture (accessed April 25, 2016).
3   Björn Ehrlemark, "Steam Dreams"
4   raumlaborberlin, http://raumlabor.net/bathing-culture (accessed April 25, 2016).

MAKOKO FLOATING SCHOOL, Lagos, 2013[1]
NLÉ, Amsterdam/Lagos

Architektur und Natur

Makoko ist ein Stadtteil von Lagos, der größten Stadt Nigerias, und liegt im Wasser am westlichen Rand der Lagune. Die Menschen leben in Pfahlbauten und betreiben hauptsächlich Fischerei. Durch Schwankungen im Wasserspiegel kommt es auch zu Überschwemmungen, weshalb die alte Schule oft nicht genutzt werden konnte. NLÉ hat die neue Schule schwimmend konzipiert, sodass sie bei jeder Wetterlage einen trockenen Lernraum bietet. Die Holzkonstruktion auf einem Panton aus recycelten Plastikfässern hat einen dreieckigen Querschnitt und damit einen niedrigen Schwerpunkt, wodurch sie auch bei starkem Wind und Seegang stabil ist. Die Schule wurde mit lokal verfügbarem Material und traditionellem Handwerk errichtet.

Gegensätze

Im Gegensatz zu den traditionellen Pfahlbauten steht die Makoko Floating School nicht im, sondern schwimmt auf dem Wasser. Darüber hinaus wurden bei ihr neben der traditionellen Holzbaukunst auch neue Techniken wie zum Beispiel Solarenergie und eine Komposttoilette eingesetzt. Dies ermöglicht es der Schule, im Slum ohne Infrastruktur autark zu operieren. Die Form der Schule ist neu und auch größer als die sie umgebenden traditionellen Bauten. Somit stellt sie als Prototyp eine neue Typologie vor.

Innen und Außen

Die Schule ist auf einem Panton von zehn x zehn Metern errichtet, zehn Meter hoch und in drei Stockwerke gegliedert. Die untere Ebene dient als eine offene Spielzone für die Pausen und zum Versammeln der Schüler. Die zweite Ebene ist ein geschlossener Raum, unterteilt in zwei bis vier Klassenzimmer. Er ist groß genug für 60 bis 100 Schüler. Ein auf der Seite liegender Treppenturm verbindet die offene Spielzone mit den Klassenzimmern und einem halb geschlossenen Workshopbereich unter dem Dach.

Wandel

Die offene Spielzone dient nach dem Unterricht auch als Gemeinderaum. Der Panton trägt bis zu 100 Erwachsene, auch bei schlechten Wetterverhältnissen. Der Prototyp kann auch skaliert und an andere Nutzungen wie Gemeindebüro, Gesundheitszentrum, Markt, Unterhaltungsstätte oder Wohnen angepasst werden.

Einfachheit

Die einfache und zugleich innovative Struktur bietet ein gutes Beispiel für nachhaltige Entwicklung. Sie nutzt lokale Ressourcen und neue Technik gleichermaßen und kann durch ihre simple Bauweise leicht nachgebaut werden.

Unvollkommenheit

Da die schwimmende Makoko-Schule von lokalen Handwerkern aus Holz und Bambus gefertigt wurde, steht sie in der Tradition des lokalen Handwerks. Dazu gehören auch kleine Unterschiede im Material, Alterungserscheinungen sowie Werkzeug- und Gebrauchsspuren. So entsteht eine Nähe zu den Fischerbooten, meist Pirogen, mit denen man zur Schule gelangt, wie zu den traditionellen Pfahlbauten, aber auch zum Menschen und seinem eigenen Alterungsprozess.

MAKOKO FLOATING SCHOOL, Lagos, 2013[1]
NLÉ, Amsterdam/Lagos

Architecture and Nature
Makoko is a district in Lagos, Nigeria's largest city, and is located by the water on the western edge of the lagoon. The people live in houses built on stilts and are primarily engaged in the fishing industry. Because of fluctuations in water levels, there is also flooding, which is why the old school often could not be used. NLÉ designed the new school to float, so that it provides a dry learning space in all weather conditions. The wooden structure rests on a base made from recycled plastic barrels, has a triangular cross section, and thus a low center of gravity, which makes it stable even in high winds and rough seas. The school was built with locally available materials and traditional craftsmanship.

Opposites
Unlike traditional stilt houses, Makoko Floating School does not stand in the water, but floats on top of it. Furthermore, in addition to the traditional wooden architecture, new techniques are utilized—such as solar energy and a composting toilet. This allows the school to operate autonomously in the slum without infrastructure. The shape of the school is new and also larger than the surrounding traditional buildings. Thus, as a prototype, it presents a new typology.

Inside and Outside
The school is built on a ten-meter x ten-meter base, is ten meters high, and is divided into three stories. The lowest level serves as an open play area for breaks and for student gatherings. The second level is a closed space and is divided into two to four classrooms. It is large enough for sixty to one hundred students. A stair tower located on one side of the structure connects the open play area with classrooms and a semi-closed workshop area under the roof.

Change
After school, the open play area serves as a community space. The base supports up to one hundred adults, even in poor weather conditions. The prototype can be scaled and adapted to other uses—such as community office, health center, market, entertainment center, or housing.

Simplicity
The simple yet innovative structure offers a good example of sustainable development. It uses local resources and new technology equally, and can be easily copied due to its simple design.

Imperfection
Because Makoko Floating School was crafted from wood and bamboo by local artisans, it follows in the tradition of local crafts. This also includes small differences in material, aging, as well as the traces of tools and usage. Thus, a closeness emerges not only to the traditional stilt houses and fishing boats—primarily the pirogues with which one reaches the school—but also to the people and their own aging process.

Permeability
With its open arrivals level, Makoko Floating School is easily accessible. Its generous triangular shape is partially roofed over and is clad with bamboo poles. This offers light protection from the sun and makes the structure seem permeable.

Durchlässigkeit

Mit ihrer offenen Ankunftsebene ist die Makoko-Schule leicht zugänglich. Ihre großzügige Dreiecksform ist in den Schrägen nur teilweise überdacht und mit Bambusstangen verkleidet. Diese bieten leichten Sonnenschutz und lassen das Bauwerk durchlässig wirken.

Ambivalenz

Halb Floß und halb Gebäude bildet dieses Bauwerk eine neue Typologie in der Lagune von Lagos, deren Potenzial nun von ihren Nutzern entdeckt werden kann.

Wachstum

Der Prototyp ist als Modul koppelbar und stellt daher, zusätzlich zu seinen verschiedenen Nutzungen, eine neue Typologie für die Lagune von Lagos dar. Daraus könnte hier ein ganz neues Stadtviertel mit Infrastruktur entstehen.

Leere

Durch ihre Form und durch die mehrheitlich undefinierten, kaum ausgestatteten Bereiche bietet die Schule Raum für verschiedenste Aktivitäten und bleibt in ihrer Nutzung flexibel.

Authentizität

Mit der schwimmenden Schule von Makoko ist ein Bauwerk entstanden, welches lokale Traditionen wie den Holzbau aufgreift und mittels neuer Form und Technik zu einer zukunftsweisenden Typologie umsetzt, aus der weit mehr als eine Schule werden kann. Die Schule bietet eine authentische Lösung für lokale Anforderungen in der Lagune von Lagos und darüber hinaus ein Modell für ähnliche Situationen weltweit.

—

1   Inzwischen fertigte NLÉ den weiterentwickelten Prototyp MFS II, der auf der Architekturbiennale 2016 ausgestellt ist und mit dem Silbernen Löwen ausgezeichnet wurde. Er stellt eine robustere, vorgefertigte und industrialisierte Version für breite Küstenregionen dar. Es steht zu hoffen, dass dieser bald den ersten Prototyp der Makoko Floating School in Lagos ersetzen wird, der am 7. Juni 2016 während eines schweren Gewitters einstürzte. Drei Monate zuvor war die Schule bereits geräumt worden und für den Abbau vorgesehen.

Ambivalence

Half float, half building, this structure forms a new typology in Lagos Lagoon, whose potential can now be discovered by its users.

Growth

In addition to its various uses, the prototype can be connected as a module—thus providing a new typology for Lagos Lagoon. From this, a completely new urban area with infrastructure could emerge here.

Void

Due to its form and the largely undefined, hardly equipped areas, the school provides space for various activities and remains flexible in its use.

Authenticity

With the Makoko Floating School, a building emerged that takes up local traditions—such as the timber construction—and with its new form and technology implements a future-oriented typology, from which much more can be made than just a school. The school not only offers an authentic solution to local requirements in the Lagos Lagoon, but also a model for similar situations around the world.

—

1   Meanwhile, NLÉ produced the further developed prototype MFS II, which is exhibited at the Architecture Biennale 2016 and was awarded the Silver Lion. It represents a more robust, prefabricated, and industrialized version for wide coastal regions. It is hoped that this will soon replace the first prototype of Makoko Floating School in Lagos, which collapsed on June 7, 2016 during a severe thunderstorm. Three months previously, the school had already been evacuated and was scheduled for dismantling.

AUSBLICK

Die in diesem Buch vorgestellten Gestaltungskriterien und ihre Erläuterung an Beispielen der gegenwärtigen Architektur stellen nur eine Momentaufnahme dar. Nicht alle Gestaltungsmöglichkeiten, die hier für eine neue Architektur des offenen Hauses definiert wurden, können gleichzeitig und mit gleicher Gewichtung bei jedem Objekt umgesetzt werden, denn die Gegebenheiten und Notwendigkeiten variieren. Trotzdem eröffnen die Kriterien ein Feld, über eine neue, offene Architektur nachzudenken, wie sie bereits weltweit in einigen Bauten in unterschiedlichen Ausprägungen zu finden ist. Der Leser ist eingeladen, die Kriterien zu ergänzen und die Vergleiche fortzusetzen – vor allem aber einen eigenen und lebendigen Ausdruck für eine in unserer heutigen Gesellschaft relevante Architektur zu finden.

Sind die Gestaltungskriterien in der Architektur gut angewendet, können sie beim Betrachter zu einer erhöhten Aufmerksamkeit und damit zu einer gesteigerten Wahrnehmung führen. Die Achtung und Wertschätzung gegenüber den Dingen kann steigen, Raumgrenzen können zurücktreten oder der Raum kann sich weiten, bis hin zu Erfahrungen der Transzendenz. Auf diese Weise ergeben sich individuelle und vielfältige Entfaltungsmöglichkeiten für den Betrachter und Nutzer in Bezug zu sich, zu anderen und zur Umgebung. Die jeweilige Erfahrung bleibt jedoch der individuellen Wahrnehmung des Betrachters vorbehalten.

Die analysierten architektonischen Beispiele im Kapitel „Gebäudetypologien" haben gezeigt, dass insbesondere ein feinmaschiges Netz aus Bezügen durch Ineinandergreifen mehrerer Gestaltungskriterien Betrachter und Nutzer intuitiv an der Architektur teilhaben lässt und ihnen zugleich ihr Eingebundensein in einen größeren Kontext vor Augen führt. Eine höhere Dichte an Bezügen steht damit für eine höhere Qualität der Architektur. Diese qualitätvolle Architektur ist dem Menschen zugewandt und schafft ein humanes und integratives Umfeld. Die Gestaltungskriterien versuchen dabei, diese Qualitäten der Architektur zu erfassen. Als Beweis dafür, dass die Architektur stimmig ist, steht der von ihrer Schönheit, Subtilität und Rafinesse oder auch von ihrer Unvollkommenheit und Ambivalenz berührte Betrachter.

Ziel dieses Buches ist es, die Entwicklung der Architektur hin zur Gestaltung einer humanen, demokratischen und offenen Gesellschaft zu fördern. Die Publikation will international vielfältige Wege in diese Richtung aufzeigen und damit Anregungen für eigene Umsetzungen geben. Die hier vorgestellten architektonischen Beispiele vermitteln durch ihre unterschiedlichen Typologien und Standorte, vor allem aber durch das Erfüllen mehrerer Gestaltungskriterien ein breites Spektrum an Möglichkeiten, wie eine hohe Differenzierung in gestalterischer Sprache erreicht werden kann.

OUTLOOK

The design criteria and their explanations, with examples from contemporary architectures, which are presented in this book provide only a snapshot. Not all of the design options for a new architecture of the open house, which have been defined here, can be implemented at the same time and with equal weighting for each object, because the circumstances and needs vary. Nevertheless, the criteria launch a field to think about a new, open architecture, as can already be found in some buildings in various forms around the world. The reader is invited to supplement the criteria and to continue the comparisons—but above all, to find his own and vibrant expression for an architecture relevant in today's society.

If the design criteria are well applied in the architecture, they can lead to increased attention from observers and thus to a heightened sense of awareness. The respect and appreciation towards things can rise, spatial boundaries can withdraw, or the space can widen—up to experiences of transcendence. In this way, individual and diverse development opportunities ensue for observers and users with respect to themselves, to others, and to the environment. However, the respective experience is reserved for the individual perception of the viewer.

The architectural examples analyzed in the chapter "Building Typologies" have shown that, in particular, a fine-meshed network of relationships allows viewers and users to participate intuitively in the architecture by interlocking several design criteria, and at the same time shows them their embeddedness in a larger context. A higher density of relationships thus represents a higher quality of architecture. This high-quality architecture is oriented towards people and creates a humane and inclusive environment. The design criteria are attempting to capture those qualities of architecture. As proof that the architecture is coherent, the affected observer stands touched by its beauty, subtlety, and sophistication—or its imperfection and ambiguity.

The aim of this book is to encourage the development of architecture striving towards the design of a humane, democratic, and open society. The publication aims to show internationally diverse paths in this direction and thus provide ideas for individual implementations. With their different typologies and locations, but above all by fulfilling several design criteria, the presented architectural examples convey a wide range of possibilities of how high differentiation can be achieved in design language.

Especially at a time when more and more people have to make do with fewer resources, a differentiated design shows that generosity and a high quality of living can also be produced even in small spaces and with simple materials. Here, the elementary can be an incentive for appropriation and supplementation by the user. With the recycling of used materials, the appreciation for things increases and thus

Gerade in einer Zeit, in der immer mehr Menschen mit immer weniger Mitteln auskommen müssen, zeigt eine differenzierte Gestaltung, dass sich Großzügigkeit und
hohe Wohnqualität auch in kleinen Räumen und mit einfachen Materialien erzeugen lassen. Dabei kann das Elementare Ansporn sein für Aneignung und Ergänzung durch die Nutzer. Mit der Wiederverwendung gebrauchter Materialien steigt
die Wertschätzung für die Dinge und damit auch der Selbstwert des Menschen.
Aus Eigeninitiative gemeinsam Dinge zu schaffen, macht Freude und erzeugt nachhaltige Verbindungen. Ästhetische Differenzierung und gestalterischer Reichtum
spiegeln die Fülle des Lebens und wirken der zunehmenden Monotonie unserer
Städte entgegen. Fehlendes zu ergänzen oder nicht Passendes umzuwandeln, setzt
immer Kreativität voraus. Und hier sollten wir ansetzen: Bequemlichkeit in Beweglichkeit zu verwandeln.
Die gesteigerte Komplexität unseres globalisierten Lebens stellt uns vor viele neue
Herausforderungen, die sich nur mit einem ganzheitlichem Denken lösen lassen. In
diesem Sinne kann die Architektur als Gestalterin unserer Gesellschaft viele Wege
eröffnen, denn sie kann uns die vielfältigen Bezüge zu unserem Umfeld, unseren
Mitmenschen und zu uns selbst vor Augen führen.

also people's self-esteem. An independent initiative to create things together is fun and generates sustainable links. Aesthetic differentiation and creative wealth reflect the fullness of life and counteract the increasing monotony of our cities. Adding what is missing or converting what doesn't fit always requires creativity. And we should start here: transforming convenience into mobility.

The increased complexity of globalized life presents us with many new challenges, which can only be solved with a holistic approach. In this sense, architecture as designer of our society can open many paths, because it can show us the varied relationships to our environment, to our fellow human beings, and to ourselves.

Literatur
Literature

Alexander, Christopher / Ishikawa, Sara / Silverstein, Murray: *A Pattern Language – Towns, Buildings, Construction*. New York: Oxford University Press, 1977

architekten de vylder vinck taillieu / Lackner, Linda: „Haus Bern Heim Beuk", in: *ARCH+* 220, August 2015, S./p. 88–91

Bayerische Staatsgemäldesammlungen / Stiftung Udo und Anette Brandhorst (Hg./Eds.): *Museum Brandhorst – Die Architektur*. Ostfildern: Hatje Cantz, 2009

Blechschmidt, Johannes / Tajeri, Niloufar: „Rural Studio. Versuchslabor des Upcycling / Experimental Upcycling Laboratory", in: *ARCH+* 211/212, Juni 2013, S./p. 160–163

Bradley, Kimberly: „In Berlin, Filling a Gap", in: *The New York Times*, 23. Februar 2010, http://www.nytimes.com/2010/02/24/greathomesanddestinations/24gh-berlin.html?_r=0

Botton, Alain de: *The Architecture of Happiness*. New York: Vintage International, 2008

Arno Brandlhuber im Gespräch mit Nikolaus Kuhnert und Anh-Linh Ngo: „Brutiful", in: *ARCH+* 195, November 2009, S./p. 2–13

Becker, Annette / Kienbaum, Laura / AA Projects / Cachola Schmal, Peter (Hg./Eds.): *Bauen und Wohnen in Gemeinschaft / Building and Living in Communities*. Basel, Boston, Berlin: Birkhäuser, 2015

Della Casa, Francesco / Meilz, Eugène: *Rolex Learning Center*. Lausanne: EPFL Press, 2010

Dörries, Cornelia: „Luxus der Einfachheit. Die Landhäuser des Berliners Thomas Kröger in der Uckermark sind Landschafts-Architektur im besten Sinne", in: *Deutsches Architektenblatt* 12/14, S./p. 20–23

Druot, Frederic / Lacaton, Anne / Vassal, Jean-Philippe: *Plus: Large-scale Housing Developments – An Exceptional Case*. Barcelona: Editorial Gustavo Gili, 2007

ELEMENTAL / Steiner, Evelyn: „Wachsendes Haus in Chile / Growing House in Chile", *ARCH+* 211/212, Juni 2013, S./p. 132–135

Miralles, Enric / Tagliabue, Bendetta: *EMBT – Enric Miralles, Benedetta Tagliabue: Work in Progress*. Actar 2004

Fujimoto, Sou: *Architecture Works 1995–2015*. Tokio: TOTO, 2015

Fujimoto, Sou: „Die Architektur der primitiven Zukunft", in: *ARCH+* 208, August 2012, S./p. 66–69

Fujimoto, Sou: „House NA – ein Haus wie ein Baum", in: *ARCH+* 208, August 2012, S./p. 72–75

Fitz, Angelika: „Gegenkulturen des Wohnens", in: *ARCH+* 198/199, Mai 2010, S./p. 60–65

Hutton, Louisa / Sauerbruch, Matthias: *Sauerbruch Hutton Archive*. Zürich: Lars Müller Publishers, 2006

Garcias, Juliette: *The "Wa Shan" Guesthouse – A Mountain of Tiles on Elephant Hill*. Films d'Ici, arte, 2014

Klanten, Robert / Feireiss, Lukas (Hg./Eds.): *Space Craft – Fleeting Architecture and Hideouts*. Berlin: Gestalten, 2007, S./p. 226–227

Klanten, Robert / Ehrmann, Sven / Borges, Sofia (Hg./Eds.): *Rock the Shack – The Architecture of Cabins, Cocoons and Hide-Outs*. Berlin: Gestalten, 2013, S./p. 42–45, 166–167, 208–211, 216–219

Kére, Francis: „Francis Kéré über Architektur der Notwendigkeit/on Architecture of Necessity", in: *ARCH+* 211/212, Juni 2013, S./p. 194–209

Kuhnert, Nikolaus / Ngo, Anh-Linh: „Die
Architektur der differenziert-temperierten
Umwelt. Das Projekt ‚Antivilla' von Brandl-
huber+", in: *ARCH+* 208, August 2012,
S./p. 170–175

Maak, Niklas: „Mutige Entscheidung für einen
Bau-Aktivisten", *Frankfurter Allgemeine Zeitung*, 13.01.2016, http://www.faz.net/aktuell/
feuilleton/nobelpreis-fuer-architektur-
mutige-entscheidung-fuer-einen-bau-
aktivisten-14012500.html

Maak, Niklas: „Utopia am Fluss – Wohnen
in Berlin", *Frankfurter Allgemeine Zeitung*,
11.11.2015, http://www.faz.net/aktuell/
feuilleton/wohnen-in-berlin-utopia-am-
fluss-13900990.html

Maak, Niklas: *Wohnkomplex. Warum wir neue
Häuser brauchen.* München: Hanser, 2014

Matzig, Gerhard: „Die Welt als Villa und Vorstellung", *Süddeutsche Zeitung*, 31.03.2014,
S./p. 10

Meyer-Grohbrügge, Johanna / Chermayeff,
Sam: „Negotiating Boundaries", in: *ARCH+*
208, August 2012, S./p. 116–117

Nishizawa, Ryue: „Moriyama House", in:
ARCH+ 208, August 2012, S./p. 110–115

Ochs, Birgit: „Viel mehr als nur ein Haus",
Frankfurter Allgemeine Sonntagszeitung,
Drinnen & Draußen, 13.10.2013, S./p. V5, V7

Oppenheimer Dean, Andrea / Hursley,
Timothy: *Proceed and be Bold – Rural Studio
after Samuel Mockbee.* New York: Princeton
Architectural Press, 2005

Olumuyiwa, Fey F.: „Makoko Floating School:
Design Informed by the Needs of the Local",
in: Art Base Africa, http://www.artbaseafrica.
org/issue/designing-africa/makoko-floating-
school-design-informed-by-the-needs-of-
the-local

Pollock, Naomi: „Naked House", in: *Modern
Japanese House.* New York: Phaidon, 2005,
S./p. 214–228

Popp, Peter: „Urbanes Baumhaus: House NA
von Sou Fujimoto", in: *DETAIL*, 15.05.2013,
http://www.detail.de/artikel/urbanes-baum-
haus-house-na-von-sou-fujimoto-10535/

Sack, Florentine: *Das offene Haus – Für eine
neue Architekur / Open House – Towards a
New Architecture.* Berlin: jovis, 2006

Schittich, Christian: „Die Inszenierung der
Oberfläche/Masterly Surfaces – David Chip-
perfields Neues Museum Berlin", in: *DETAIL*
5/2009, S./p. 424–427

Schittich, Christian: „Hotel in Obanazawa", in:
DETAIL 4/2008, S./p. 342–346

Schittich, Christian: „Restaurant in Teshima/
Restaurant on Teshima", in: *DETAIL* 6/2011,
S./p. 710–712

Scholz, Claudia: „Grau ist eine warme Farbe",
Welt am Sonntag, 29.11.2015, S./p. 64

Heringer, Anna / Sturm, Philipp: „Anna
Heringer – Erneute Tradition: Lehmbau in
Bangladesch und Marokko / The New Ver-
nacular: Earth Architecture in Bangladesh
and Morocco", in: *ARCH+* 211/212, Juni 2013,
S./p. 62–65

Tezuka Architects: „Ring Around A Tree", in:
JA83, Emergent Spatial Frames, September
2011, S./p. 96–103

Weissmüller, Laura: „Beton ist unschuldig",
Interview mit Hubert Klumpner und Alfredo
Brillembourg, *Süddeutsche Zeitung*,
01.12.2015, S./p. 13

Zancan, Roberto: „Tokyos's vertical thresholds
#3: Sou Fujimoto", in: *Domus*, 20.12.2011,
http://www.domusweb.it/en/architec-
ture/2011/12/20/tokyo-s-vertical-thresholds-
3-sou-fujimoto.html

Impressum
Imprint

© 2016 by jovis Verlag GmbH
Das Copyright für die Texte liegt bei der Autorin.
Das Copyright für die Abbildungen liegt bei den Fotografen/Inhabern der Bildrechte.
Texts by kind permission of the author.
Pictures by kind permission of the photographers/holders of the picture rights.

Alle Rechte vorbehalten.
All rights reserved.

Umschlagmotiv Cover: Kanagawa Institute of Technology Workshop, Tokio Tokyo,
Junya Ishigami / Foto Photo: Iwan Baan

Übersetzung Translation (dt.–eng.): Inez Templeton, Berlin
Korrektur Proofreading (eng.): Inez Templeton, Berlin
Gestaltung und Satz Design and setting: jovis: Susanne Rösler, Samuel Zwerger
Lithografie Lithography: Bild1Druck, Berlin
Druck und Bindung Printing and binding: Graspo CZ, a. s., Zlín

Bibliografische Information der Deutschen Nationalbibliothek
Die Deutsche Nationalbibliothek verzeichnet diese Publikation in der Deutschen
Nationalbibliografie; detaillierte bibliografische Daten sind im Internet über
http://dnb.d-nb.de abrufbar.
Bibliographic information published by the Deutsche Nationalbibliothek
The Deutsche Nationalbibliothek lists this publication in the Deutsche National-
bibliografie; detailed bibliographic data are available on the Internet at
http://dnb.d-nb.de

jovis Verlag GmbH
Kurfürstenstraße 15/16
10785 Berlin

www.jovis.de

jovis-Bücher sind weltweit im ausgewählten Buchhandel erhältlich. Informationen
zu unserem internationalen Vertrieb erhalten Sie von Ihrem Buchhändler oder unter www.jovis.de.
jovis books are available worldwide in selected bookstores. Please contact your
nearest bookseller or visit www.jovis.de for information concerning your local dis-
tribution.

ISBN 978-3-86859-393-8